데보라한 스미스

홍성정 옮김

내 직업을 찾는 마음의 법칙

데보라한 스미스

홍성정 옮김

내 직업을 찾는 마음의 법칙

물병자리

옮긴이 **홍성정**은 성균관대 불문학과와 서강대 대학원을 졸업하고 컴퓨터 잡지 '컴퓨터 디자인' 편집부장을 역임하였다. 현재는 인터넷 전문 월간지 '해커'의 외신부장으로 재직중이다. 그는 「푸르름을 만드는 힘」, 「창조영성」, 「지구의 꿈」 외 CATV 다큐멘터리·외화 등 다수를 번역하였다.

내 직업을 찾는 마음의 법칙
WORK WITH WHAT YOU HAVE

서기 1999년 3월 5일 초판 1쇄 발행
지은이 데보라한 스미스
옮긴이 홍성정
펴낸이 유희남
편집 강혜련
펴낸곳 도서출판 물병자리
등록 1997. 4. 14. 1-2160호
주소 서울 종로구 종로1가 24번지 수도빌딩 506호
전화 (02) 735-8160 전송 (02) 735-8161

ISBN 89-87480-17-8 03300

감사의 말

　다른 모든 일과 마찬가지로 책을 쓰는 일 역시 사상과 이해를 공유하는 공동의 작업이다. 나는 내게 도움을 준 많은 이들에게 특별한 감사의 마음을 전한다. 하버트 벨, 엘리자베스 베시아, 크리스 브레이더, 헬렌 하우어 브레이더, 멀린 브로쯔만, 도로시 클리블랜드, 제리 클리블랜드, 애밀리 드블르와, 마크 휘시백, 캐서린 칼리프, 제스 스미스와 헬렌 스미스, 이들의 부친 고(故) 제스 F. 스미스 경 그리고 알렉산더 토마스. 또한 샴발라 출판사의 모든 이에게 깊이 감사드린다. 인내를 가지고 끝까지 도와준 편집자 데이브 오닐과 켄드라 크로센버러, 끊임없는 지원을 아끼지 않은 조나단 그린 그리고 이 책이 세상의 빛을 볼 수 있도록 보이지 않는 곳에서 정말 중요한 작업을 해준 샴발라의 여러 직원에게도 감사의 말을 전한다.

　그리고 자신의 소중한 경험을 선물로 나눠준 모든 이에게도 깊은 감사를 드린다.

　"춤을 추지 않는 사람은 세상일을 모른다." 이 말을 한 사람은 예수인 것 같다. 어쩌면 부처나 크리슈나무르티, 메허 바바 * 또는 그의

---

* 메허 바바 : 인도의 영적 스승으로 미국을 비롯하여 서구에 독특한 영적 가르침을 전파하였다

영적 친구들이 한 말인지도 모르겠다. 어쨌든, 나는 이 책을 잠깐씩 틈을 내어 춤을 즐기는 이들에게 바친다. 그들은 자신의 주변에서 어떤 일이 일어나는지 알고 자신이 누구인지 이해하고 그들이 지닌 능력으로 일을 하는 사람들이다.

머리말

대학에 들어가기 전의 여름, 나는 일을 배우면서 동시에 운전을 배웠다. 내가 운전 연습을 했던 장소는 뉴욕 이타카에 위치한 재향군인회 건물 뒤편의 벌판이었다. 차는 대략 1964년쯤 만들어졌음직한 10년이나 된 지저분한 램블러였다. 당시 재향군인회를 관리하던 할아버지는 나의 고용주이자 운전교사였다. 그분이 내게 맡긴 임무는 세 가지였다. 직업에 대한 감각을 익히고, 잡초를 뽑고, 도로를 달리는 법을 배우는 것이었다. 하지만 정확히 말해 그 벌판은 도로라 할 수 없었고 고물 램블러도 만족할 만한 작업환경은 아니었다. 그러나 할아버지는 "어차피 어디에서든 시작해야 할 것 아니냐? 여기서 일을 시작하는 것도 그리 나쁘진 않을 거다"라고 말했다. 그것이 그 여름에 내가 한 일이었다.

할아버지의 가르침은 아주 단순했다. "이게 액셀이고 이건 브레이크 그리고 이게 키라는 거다. 이제 해봐라. 끝내고 돌아오면 네가 써버릴 돈을 주마." '내가 써버릴 돈', 할아버지는 내 급료를 그렇게 불렀다. 할아버지는 현관 앞에 차를 대는 곳까지 주크박스 * 를 끌고 와

---

* 동전을 넣고 원하는 노래를 선택해서 들을 수 있는 장치

서 내가 25센트짜리 동전 하나만 넣고도 원하는 곡을 마음껏 들을 수 있도록 아예 동전상자의 덮개를 벗겨버렸다. 그리고는 사무실 안으로 들어가서 재향군인회 업무를 계속했다. 나는 차를 몰고 벌판을 뺑뺑 돌다가 일을 하고, 다시 운전을 배우다가 주크박스의 음악에 맞춰 목이 터져라 노래를 부르곤 했다.

할아버지는 평생 많은 직업을 전전했다. 아마 그분의 자동차만큼이나 종류가 다양했을 것이다. 할아버지는 하루의 일과가 끝나면 차가운 라임 주스와 콜라를 앞에 놓고 내게 몇 가지를 당부했다. "네가 가야할 길을 똑바로 보고 정신을 집중해라. 운전석에 앉아 있는 것도 중요하지만 좋은 승객이 되는 법도 배워야 한다. 네 자신을 귀하게 여겨라. 앞차를 추월할 생각이 아니라면 네가 달리던 길을 벗어나지 마라."

할아버지는 내가 당신의 말씀에 귀를 기울이고 있다는 것을 확인하고는 계속 말을 이어나갔다. "항상 성실해야 한다. 자신에게 진실하되, 너보다 앞선 사람들의 지혜를 받아들여라. 너 자신을 돌볼 줄 알아야 한다. 비록 친구와 현명한 스승이 항상 도움을 준다 해도 결국 자신을 정확히 알고 있는 사람은 너 자신뿐이다."

나는 할아버지의 말씀을 기억하며, 그 해 여름 재향군인회에서 맡았던 모든 일에 최선을 다했다. 감자껍질을 깎고 음식을 나르고 접시를 닦고 화장실과 마루를 청소하고 운전을 배우면서 그리고 마침내 벌판을 벗어나 고속도로에서 길을 익힐 때도 그 말씀을 잊지 않았다. 마침내 인생이라는 여정에서 내가 가야 할 방향에 대한 감각을 갖기 시작했다. 할아버지가 '길'이라 불렀던 그 인생에서.

그러나 어느 길을 택해야 할지는 막연했다. 내가 아는 것이라곤 처음 가야 할 곳이 가을 학기가 시작하는 대학이라는 것뿐이었으며 너무나 많은 여러 갈래의 길들이 마음 속에 떠올라 어떤 학문을 선택해야 할지 결정할 수 없었다. 그러나 결국 심리학, 곤충학, 글쓰기의 세가지로 선택의 범위를 좁혔다. 심리학을 염두에 둔 것은 사람들의 갖가지 사연과 그들 마음 속에서 일어나는 많은 사건이 언제나 내게 호기심을 불러일으켰기 때문이었고, 곤충학을 생각한 것은 작은 생명체의 신비에 대해 갖고 있던 커다란 경외감 때문이었다. 글쓰기는 종이 위에 무엇인가 쓰기 시작했던 어린 시절부터 늘 해오던 일이기 때문이었다. 그러나 항상 그랬던 것처럼 이번에도 글쓰기가 승리를 거두면서 그 전리품으로 나를 선택했다.

글쓰기는 어떤 직업에 종사한다고 해도 항상 할 수 있는 일이다. 당신이 재향군인회의 잡다한 일을 다하는 팔방미인이든, 몬테소리 유치원에서 다섯 살 아이들에게 요리를 가르치는 교사이든, 시골 감옥의 죄수들을 탐방하는 기자이든 세상의 모든 일은 다 글쓰기의 대상이 된다. 글쓰기를 지도했던 선생님 한 분이 언젠가 나에게 이런 말을 했다. "글을 쓸 때는 자네가 알고 있는 것을 쓰고 알 수 있는 것을 쓰게. 그러면 글쓰는 일이 그렇게 어렵지는 않을 걸세." 나는 그때부터 그분의 지혜를 글쓰기뿐만 아니라 일상의 일에까지 확장하여 적용시켰다. "자신이 지닌 것을 가지고 일을 하라." "자신이 알 수 있는 것을 가지고 일을 하라." 당신이 속한 분야의 사람들과 그리고 가능한 한 다른 분야의 많은 사람들과 만나도록 하라. 당신이 어떤 직업을 가지고 생계를 꾸려가든 이러한 만남은 상상을 초월한 곳으로 당신을 이끌고 갈 것이다.

나는 지난 20년 간의 나의 경력을 돌아보면서 내가 어떻게 이토록

9

머리말

멀리까지 올 수 있었는지 놀라곤 한다. 처음 10년 간은 '평생직장'으로 생각했던 출판업계에서 주로 글을 쓰거나 기획 일을 했고 잠깐이나마 유치원에서 아이들을 가르친 적도 있다. 그후 나는 프리랜서로 전향했다. 그리고 책과 기사를 쓰면서 동시에 커다란 누비이불을 만드는 것처럼 평생직업에 대한 계획을 세웠다. 도시확장계획을 통한 고용창출방안에 관한 연구, 대체직업교육센터와 래드클리프 대학의 워크숍, 고용관련 상담, 국내의 회의와 행사의 기획, 편집, 임시 관리직, 인형극, 플라워 디자인 따위의 많은 일들이 그 계획에 포함되었다. 나는 커다란 원을 그리며 제자리로 돌아와 이제 자연주의 계열의 잡지를 편집하며 집에서 글 쓰는 일에 대부분 시간을 할애하고 있다.

내가 일을 통해 얻은 많은 혜택 중의 하나는 나의 길에서 만난 사람들이다. 정신요법치료사로 일하는 선(禪)의 대가, 외무고시에 합격해서 외교관이 된 버스기사, 혼자 아이를 키우면서 벼룩시장에서 구한 물건을 되팔아 사업을 성공적으로 일궈낸 가난한 엄마. 이들은 날마다 반복되는 그들의 일에서 진정한 가치를 발견하고 평범함을 비범함으로 이끌고, 더 나아가 주변사람들에게 많은 도움을 제공했다. 또한 자신의 적성을 파악하고 자신이 좋아하는 일을 찾아낸 사람들도 있다. 우리들 대부분이 인생이란 길을 걸으면서 스스로 일을 풀어나가는 법을 터득한다.

나는 이 책을 통해 창조적인 삶으로 이끄는 길을 찾으려 한다. 아침마다 출근부에 도장을 찍고 일 주일에 40시간 이상 근무해야 하는 당신의 직장생활을 의미 있는 일로 만들기 위해 이 글을 쓴다.

이 책에는 자신의 분야에서 자신의 위치를 창출한 사람들의 소중한 체험과 나의 몇몇 경험도 들어있다.

나는 일 속에서 겪은 체험을 유사한 상황에 비유하기를 좋아한다. 일하는 것은 산에 오르는 것과 같고, 서로 닮지 않은 사람들이 함께 엘리베이터에 탄 것과도 같다. 그것은 감옥 같기도 하고 지옥 같기도 하고 하나의 이야기 같기도 하며 춤추는 것 같기도 하다.

일이란 자신의 모습이 담긴 사진을 통해 자신의 성장을 지켜보는 것과 같다. 때로는 일이 꿈처럼 느껴질 때도 있다. 또한 일은 차를 타고 직업이라는 길을 달리는 것과도 비슷하다. 곧 속도를 줄였다 높였다 하면서 서로 다른 풍경이 펼쳐진 수없이 많은 길을 발견해 가는 것이다. 그리고 그 각각의 길은 당신이 예상치 못한 일을 준비해 놓고 있다. 독자들께서는 이 책을 직업이라는 여행을 떠나면서 길잡이로 활용할 수 있을 것이다. 당신 앞에 놓인 무수히 많은 가능성에서 눈을 떼지 마라. 이제 운전석에 앉아 당신 앞에 펼쳐진 모든 길을 천천히 따라가 보자.

차례

영감을 얻는 방법

모든 일은 시작이 중요하다

　사람들이 일에 관해 이야기하는 것을 들을 때마다 나는 그들이 무척 정열적으로 변한다는 인상을 받는다. 자신의 직업을 좋아하든 싫어하든 매일매일의 일과를 얼마나 따분하게 느끼든 간에 많은 직장인은 강렬한 감정을 표출한다. 마치 사나운 짐승이 그들의 내면세계를 휘저어 놓은 것처럼 느껴진다. 그 짐승은 서서히 하품을 하면서 눈을 뜨고 다리를 뻗어 기지개를 켜고는 잠시 이리저리 몸을 움직여 본다. 그러다 정신이 들면 바깥 세상으로 나가고 싶어한다. 이제 주변세계를 의식하기 시작하면서 자신을 알릴 준비를 한다. 마침내 포효할 때가 된 것이다.

　나는 한 회사의 품질관리부장을 만난 적이 있다. 그녀의 일은 그녀를 마치 이빨과 발톱을 곤두세운 퓨마처럼 만들어 버린 것만 같았다. 그녀는 불꽃이 이글거리는 듯한 눈빛과 독기 서린 목소리로 자신의 일만 생각하면 치가 떨린다고 했다. 후에 생각해 보니 그 또한 엄청난 정열인 것 같았다. 그리고 건물의 기초공사를 위해 땅에 구멍을 파고 발파작업을 하는 한 남성과 이야기를 나눈 적이 있다. 그는 앞에 말한 여성과 달리 자신의 일에서 성취감을 느끼고 있었다. 실제로 그 일은 그에게 큰 스릴을 느끼게 했다. 그는 튀어 오르는 다이너마이트 불꽃만 생각하면 새벽 네 시에도 침대에서 벌떡 일어났다. 그는 입가에 웃음을 머금고 "알람시계가 따로 없습니다"라고 말했다. 개인적으로 나는 그런 일이 싫다. 위협적으로 이리저리 튀어 오르는 돌의 파편하며 특히 귀를 찢는 듯한 굉음이 싫다. 그러나 그는 그 일을 몹시 좋아했다. 나는 자신의 일에 대해 열의에 찬 모습으로 이야기하는 그를 보면서 한 마리의 독수리를 연상했다. 그는 하늘로 비상하고 있었다.

사람들은 그들의 열정이 어떤 감정으로 표출되든 화제가 '일'이라는 대목에 이르면 생기가 넘친다. 그들은 좋아하는 것은 무엇이고 싫어하는 것은 무엇이며 돈이나 기회, 동기, 시간이 허락하는 한 어떤 일을 벌이고 또 얼마나 맹렬한 삶을 살아갈 것인가에 대한 구상을 하느라 시간가는 줄 모른다. 어떤 사람들은 5년 계획을 세우기도 하고, 어떤 사람들은 평생의 목표를 정하기도 한다. 또 어떤 사람들은 심지어 다음 생애의 직업까지 구체적으로 계획하기도 한다(실제로 이런 이야기를 수도 없이 듣는다). "다음 생애엔 더 전문적인 재능을 갖고 태어나고 싶어. 그러면 내 일이 더욱 창조적이고 의미 있는 일이 되지 않겠어. 아마 회사에서는 최고의 자리에 오르겠지. 그리고 절대 낙오자가 되는 일은 없을 거야. 그러면 혼자 독립해서 살아갈 수 있겠지."

지나치게 앞서 간다는 생각이 들지 않는가? 당신은 미래에 대한 책임의식을 갖고 자신이 어디로 가고 있는지 또 어디에 있기를 원하는지에 대한 당신의 마음을 파악하는 일이 더 시급한 듯하다. 자신이 일을 잘 처리하는 사람이 되기를 바라는 것은 중요한 일이다. 하지만

내 직업을 찾는 마음의 법칙

당신이 다시 태어나 당신의 능력을 발휘할 때까지 기다려 줄 사람은
없을 것이다. 누가 일 년이나마 기다려 주겠는가? 비록 당신을 잘 안
다고 해도 그 정도의 참을성은 없을 것 같다. 내가 바라는 것은 당신
이 바로 지금 여기서 자신의 직업에 만족하는 것이다.

  플라톤은 "일을 함에 있어 시작이 가장 중요하다"라고 했다. 나는
이 말에 대해 많은 것을 생각하고는 분홍색 메모지에 옮겨 적고 컴퓨
터 앞에 붙여놓았다. 그런 다음 머리 속에 이 말이 각인될 때까지 큰
소리로 되뇌었다. 그리고 계획들을 하나씩 들여다 보며 어디에서 시
작해야 할지 하나씩 정리하기 시작했다. 지금도 나는 나의 일이 정확
히 어디에서 시작되는지 곰곰이 생각에 잠기곤 한다. 월요일 아침일
까? 새로운 계획이 떠오르는 순간일까? 아니면 그보다 더 심오한 계
기에서 비롯되었을까? 삶에 대한 열정이나 관대한 영혼에서 비롯되
었을까 아니면 신의 계시일까? 이 외에도 더 많은 시작이 있는 것은
아닐까?

  가장 단순한 몸짓 하나에서부터 아주 복잡한 문제에 이르기까지
그것이 어떤 동기이든 반드시 시작은 존재하기 마련이다. 시작은 지
적 수준이나 영적 수준과 관계없이 무슨 일에나 존재한다. 사람마다
시작의 의미는 서로 다르다. 한 예로, 나는 바비 인형 공장에서 일했
던 한 여성을 알고 있다. 당시에는 아직 공장이 자동화되지 않았던
때라 몇 년 동안 그녀가 한 일은 인형의 머리를 목 위에 딸깍하고 끼
워 넣는 일이었다. 날마다 그녀가 한 일은 그것이 전부였다. 머리를
딸깍하고 끼워 넣는 일 그 이상도 그 이하도 아니었다. 그 이야기는
다이너마이트에 성냥불을 붙이는 생각으로 아침을 맞이하는 것만큼
이나 끔찍하게 들렸다. 내가 그녀에게 어떻게 그런 일을 할 수 있냐

고 묻자, 그녀는 미소를 지으며, 매일 아침 남편이 한잔의 커피와 키스로 그녀를 잠에서 깨운다고 말했다. 30년 동안 단 한 번도 빠뜨린 적이 없다고 했다. 그녀가 커피를 마시고 나서 남편과 함께 일터를 향해 집을 나서기까지 그들 부부는 자신들의 꿈에 대해 이야기를 나눈다. 그녀는 "서로에 대한 깊은 애정과 진지한 대화로 하루를 시작하니 어떻게 매일매일이 멋지지 않겠어요?" 하고 말했다.

그녀에겐 커피와 키스가 시작이었다.

그후 얼마 되지 않아서 3년 간의 베트남 복무를 마치고 돌아온 한 남성과 이야기할 기회가 생겼다. 한번 전투에 나가면 몇 주일 동안 땅바닥에서 잠을 자야 했고 뛰어다니면서 음식을 먹어야 했으며 목욕은 생각조차 할 수 없었다고 말했다. 그는 매일 아침마다 세수를 한 다음 꼭 면도를 한다. 정글에서 진을 치고 있을 때도 깨끗하게 면도한 얼굴은 그에게 마음의 안정을 찾아 주었고 전투중에도 자긍심을 잃지 않게 했다.

그에겐 깨끗함과 자긍심이 시작이었다.

사진 기자인 한 친구가 언젠가 이런 말을 한 적이 있다. 37살이 되서야 자신이 생계를 위해 일을 한다는 사실을 깨닫게 되었다고 했다. 그녀는 15년 간 전력을 다해 일에 몰두했다. 자동차 충돌사고 후에 서로 화해의 악수를 나누는 두 사람, 모래 위에 그림을 그리는 스님, 산처럼 쌓인 외투더미 아래 웅크린 채 잠이 든 여인, 요양소에서 노래하는 개구리 같은 모습으로 가장행렬을 벌이는 아이들, 산사태, 홍수, 화재, 미식축구경기의 돌발사태, 몇몇 미국 대통령, 로마 교황에 이르기까지 웬만한 장면은 거의 다 빠뜨리지 않고 카메라에 담았다.

이런 장면을 모두 카메라에 담을 수 있었다는 점에서 그녀의 직업에 부러움을 느꼈다. 나는 그녀에게 당신이 그 동안 했던 일들이 자신에게 있어 무엇이냐고 물었다. 그녀는 이렇게 대답했다. "일은 생계를 꾸리기 위한 것일 뿐이야."

나는 이런 대화를 나누기 전까지 한 번도 내 직업에 대해 그런 식으로 생각해 본 적이 없다. 직업이 나의 삶과 분리된 또 하나의 활동이라거나, 인간의 경험을 구성하는 또 하나의 요인이라고 생각해 본 적이 없다. 물론 나의 활동을 큰 도표에 표시한다면 그것도 일리가 있는 이야기이다. 일을 하고 가족과 친구들과 시간을 보내고 노숙자 숙소에 가서 자원봉사를 하고 집안을 청소하고 거미가 집을 짓는 광경을 구경하다가 명상센터로 향한다. 그리고 책을 읽고 식사를 준비하고 사랑을 나누고 산책하고 에어로빅 강습을 받으러 간다. 또한 영화를 보러 가기도 하고 슈퍼마켓에 가서 음식을 사기도 한다. 나는 작업을 하면서 이런 일들을 모두 처리한다. 나에겐 직업이 있고 내게 이 직업은 무척 중요한 의미를 지닌다. 직업은 나의 수입원이자 사회에 대한 기여이기도 하며 동시에 자기의 표현이자 만족이기도 하다.

그러나 직업은 나의 남은 인생을 보완한다는 의미이지 다른 모든 것에 앞설 만큼 중요한 의미를 담고 있다는 것은 아니다.

또 하나의 시작은 삶을 조각그림으로 이루어진 하나의 큰 퍼즐로 보고 일을 그 중의 한 조각으로 보는 것이다.

몇 달 전 나는 달라이 라마가 이야기하는 모습을 보았다. 그분은 이런 말을 했다. "우리는 누구나 삶과 일 속에서 행복할 수 있는 권리가 있습니다. 나는 불교도로서 이 행복을 향해 나아가는 데에 있어 가장 중요한 요소가 마음가짐이라는 것을 깨달았습니다. '마음의 평화'에 모든 해결의 열쇠가 담겨 있습니다."

나는 직업을 앞으로 남은 인생의 여러 요소 중의 하나로 여기기 때문에 사무실에서 '마음의 평화'를 찾을 수 있다는 말에 동의한다. 하지만 '마음의 평화'를 구하는 것은 참으로 어려운 과제이다. '마음의 평화'는 당신이 아이디얼 마켓(Ideal Market)에 들어가 그것을 진열대 위에서 브로콜리, 레몬, 크래커와 함께 쇼핑바구니에 담아 올 수 있는 것이 아니다. 강아지처럼 이름을 불러 당신의 머리 속으로 들어오라고 할 수 있는 것도 아니다. 그렇다면 마음의 평화는 어디서 오는 것인가? 어떻게 마음의 평화를 당신의 생활이나 사무실로 불러들일 수 있을까?

나는 영적인 정신집중을 통해 나의 일에 큰 변화를 일으킬 수 있다는 것을 알았다. 호흡을 가다듬고 명상에 빠져들다 보면 이따금씩 한 자락의 '마음의 평화'가 나의 내면을 스쳐 지나가는 것을 느낄 수 있었다. 선불교의 승려인 한 친구는 내게 이렇게 말했다. "네가 하는 일이 무엇이든 날마다 그 일에 모든 신경을 집중하다 보면 마음의 평화가 찾아올거야". 현관을 청소하든 정원에서 잡초를 뽑든 자신의 동작 하나하나에 정신을 집중하다 보면 일순간의 평온함을 맛볼 수 있을 것이다. 다른 친구 한 명은 친절하게 애정을 베푸는 일에 몰두함으로써 마음의 평화를 찾았다고 한다. 그녀는 자신의 울타리에서 벗어나 다른 이들에게 도움을 베풀고 이야기를 들어주면서 스스로 직장 생활과 인생에서 더욱 안정되어 감을 느꼈다.

또 하나의 시작은 마음의 평화를 찾는 일이다.

당신이 지금 느끼는 마지막 여운이 '마음의 평화'일지도 모른다. 어쩌면 당신은 지금 막 긴 겨울잠에서 깨어나 허기에 지쳐 신경이 날카로워진 커다란 회색곰보다 더 심각한 상태일 수 있다. 당신은 당신

의 직업을 증오하고 상사를 증오한다. 동료들은 하나같이 모두 지옥
에서 보낸 복제인간들이다. 현재도, 내년에도, 아니 앞으로 30년을
더 산다 하더라도 즐거운 기분으로 일할 것같지 않다. 마음의 평화라
니? 길도 방법도 보이지 않는데…….

하지만 당신이 믿든 안 믿든, 바로 지금이야말로 가장 좋은 출발점
이다. 지금 당신을 흥분시키는 그 에너지로 당장 일을 시작할 수 있
기 때문이다. 내 친구 발레리는 마구간을 청소하는 일을 하는 동안
하나의 전환점을 맞았다. 발레리가 어느 날 말똥을 치우기 위해 몸을
구부렸을 때 말 한 마리가 발길질을 하는 바람에 하마터면 머리를 크
게 다칠 뻔했다. 그 말은 그렇게 그녀의 하루를 망쳐 놓은 걸로는 충
분치 않았던지 계속해서 더 많은 똥을 퍼질러댔다. 발레리는 저절로
욕설이 튀어나왔다. 지금껏 주워들은 온갖 욕에다가 막 새로 만들어
낸 욕까지 덧붙여 마구 소리를 질러댔다. 나중에 내가 그 버릇없는
짐승과 친해진 게 아니냐고 묻자, 발레리는 "무슨 말이야. 완전히 엉
망진창이었단 말야"라고 대답했다.

그러나 그때 발레리에게 놀라운 일이 일어났다. 그 말이 미칠 듯이
화가 난 그녀의 기분 따윈 아랑곳하지 않고 미안해 하는 기색조차 없
이 계속해서 마른풀만 씹고 있을 때 발레리는 자신의 목소리를 들었
다. 그녀는 자신이 내지르는 욕설을 들으며 자신의 감정이 얼마나 격
렬했는지, 자신이 그 일로 인해 얼마나 좌절하고 있는지를 느꼈다.
그리고 그 감정의 소용돌이 속에서 갑자기 힘이 솟아나는 것을 느꼈
고 살아 있다는 강렬한 느낌을 받았다.

그 다음 순간, 발레리는 시작에는 여러 가지가 있다는 것을 깨달았
다. '분노'라는 연료를 가득 채운 감정을 그대로 인정하고 그 감정을

이용해 앞으로 나아가는 것이 하나의 시작인 것이다. 비록 그 한해 동안은 마구간 청소를 할 수밖에 없었지만, 그녀가 자신의 능력을 조금 더 발휘할 수 있는 조건으로 나아가기 위해 스스로 책임질 줄 아는 행동을 해야 한다는 것을 깨달은 것 자체가 또 하나의 시작이다. 그녀는 이제 말똥을 보더라도 거기에서 하나의 상징적 의미를 생각해 낸다. '말똥은 식물이 잘 자랄 수 있도록 도와주는 거름이다.'

또 하나의 시작이 여기 있다. 당신을 흥분시키는 정열의 정체가 무엇이든 그 정열을 통해 당신의 일에 책임감을 갖고 당신의 성장에 도움을 주어라.

당신이 무슨 말을 하고 싶은지 안다. 당신 자신은 사장도 아니고 회사에서 최고의 위치에 있는 것도 아닌데 어떻게 책임감을 가질 수 있겠냐고 생각할 수 있다. 당신은 이렇게 물을지도 모른다. "회사야말로 우리의 가치를 알아보고 더 잘 대우해야 하는 게 아닌가? 책임은 경영진이 져야 하는 게 아닌가? 우리는 인정받고 존중받길 원한다." 우리는 누군가 다른 사람이 우리의 일상 생활의 꿈을 충족시켜주길 바란다. 그러나 왜 뒤로 물러난 채 모든 것이 저절로 이루어지길 기다리는가? 왜 스스로 기회를 만들어 자신의 가치를 드러내려 하지 않는가? 결국 우리는 인생의 40퍼센트라는 시간을 일에 투자하지만, 왜 그 시간을 가치 있는 것으로 만들어 우리 자신에게 되돌려주려고 하지는 않는가?

시작이란 당신의 정직한 목소리를 알아듣고 당신의 일을 소중한 것으로 만들 책임을 느끼는 것이기도 하다. 나는 최근에 사람을 녹초로 만드는 회의를 일 주일에 무려 19시간씩이나 했다는 사실을 깨달았을 때 그러한 시작을 체험했다. 나는 정작 내가 해야 할 일을 미룬

채 그 회의에 매달려 있었다. 그래서 소매를 걷어붙이고 내 권리를 쟁취하겠다는 결심으로 편집장을 찾았다. 그러나 기대와 달리 편집장은 나와 맞붙어 싸울 생각은 않고, 오히려 나를 일식 집으로 데리고 가서 다과와 차를 권하며 나의 생각을 들어 보자고 했다. 나는 불쑥 이렇게 말했다. "내 평생 이번 같은 일 주일을 다시 겪고 싶지 않습니다." 그녀는 미소를 지으며 대답했다. "좋은 일이죠."

영감을 얻는 방법

영감을 얻기 위해 노력하라

나는 일을 하다가 뭔가 좀더 영감을 불러일으키고 싶은 생각이 들면 도로 위의 코끼리를 생각한다. 이것은 언젠가 특집 뉴스에서 들은 적이 있는 트럭운전사에 관한 이야기이다. 그 운전사는 항상 지나다니던 고속도로에서 굉음을 내며 달리고 있었다. 그때 다른 운전사가 지나가며 큰소리로 경고했다. "저 앞에 코끼리가 있어!" 그러나 트럭운전사는 믿을 수 없었다. 어떻게 그 말을 믿을 수 있겠는가? 그는 텍사스 서부의 고속도로 위에서 반평생을 보냈지만 지금까지 코끼리를 본 적은 단 한 번도 없었다. 혹시 아르마딜로나 방울뱀, 재블리나, 코요테, 늑대라면 믿을 수 있었다. 이미 여러 번 본 적이 있기 때문이다. 하지만 코끼리라니? "웃기는군. 분명 그 친구가 농담을 했거나 아니면 뭔가 착각을 했겠지." 코끼리가 있을 리 없었다. 그것도 이 텍사스 오지의 고속도로에서는.

그러나 우리가 삶에서 예측할 수 있는 일이란 그리 많지 않다. 그곳에서 멀리 떨어지지 않은 곳에 서커스단이 천막을 치고 야영을 하고 있었다. 바로 거기서 코끼리 몇 마리가 도망쳐 나와 이 텍사스의 고속도로 위를 어슬렁거리고 있었다. 다행히 트럭운전사는 차를 제

때 세우기는 했지만 자신의 눈을 의심하지 않을 수 없었다. 지금껏 고속도로를 수없이 지나다녔지만 도로 위에서 코끼리를 마주친 적은 없었다. 그러나 지금 그의 눈앞에서 실제로 코끼리가 어슬렁거리고 있었다.

일을 하는 것은 매일매일 별다른 사건 없이 길고 어두운 고속도로를 운전하며 달리는 것과 같다. 중앙선을 따라 달리고 구부러진 급경사를 미끄러져 내려가고 어떤 때는 잠이 든 채로 가는 듯 마는 듯 천천히 도로를 지나갈 때도 있다. 그 길은 이번 삶을 지나 다음 삶까지 지루하게 끝없이 이어질지 모른다. 거기서 무슨 변화를 기대할 수 있겠는가?

그런데 어느 날 예기치 않은 일이 일어난다. 그것은 코끼리일 수도 있고 동료 운전사가 전하는 다른 사건일 수도 있으며 뜻하지 않게 문득 떠오른 생각일 수도 있다. 그것이 무엇이든 색다르고 특이하다는 이유 때문에 또는 단지 바로 앞에 있다는 이유만으로 당신은 좀더 자세히 그것을 바라볼 것이다. 그러다 갑자기 당신 앞의 도로보다 더욱 멀리 펼쳐진 길이 보일 때가 있다. 그것은 당신이 오랫동안 눈에 익은 길 위에서 새로운 가능성을 엿본 것이다. 바로 그때 당신은 자신이 새로 태어나고 있음을 느낀다. 마침내 영감을 얻기 시작한 것이다.

실제로 영감이란 무엇일까? 하늘에서 내려주는 것일까? 당신은 아무런 기대도 않고 있는데 직업의 신이 당신의 방문 앞에 몰래 들여다 놓고 가는 것일까? 아니면 이미 알고 있는 것들이 깊은 잠재의식 속에 묻혀 있다가 어느 날 갑자기 "아하!" 하고 떠오르는 것일까? 아마도 그것은 당신이 애타게 찾아 헤매던 것인지도 모른다. 그것은 코끼리처럼 어느 날 갑자기 나타나 당신의 직업에 새로운 전망을 펼쳐 보인다. 어쩌면 영감이란 위에 열거한 모든 것 즉 애타게 찾는 우리 자신과 신의 공동작품이라고도 할 수 있다.

도덕경은 이렇게 가르친다. "당신이 어떤 것에 마음을 열고 있다면 당신은 그것에 가까이 다가가 이미 하나가 된 것입니다." 그러니 당신이 영감을 향해 마음을 연다면 영감은 이미 당신의 마음이 미치는 곳에 대기하고 있을 것이다. 당신은 어디서든 어떻게든 그것을 찾아낼 것이다. 당신이 영감을 얻기 위해 노력할 때 당신은 영감의 실체에 마음을 열고 있는 것이기 때문이다.

나는 그 트럭 운전사가 길 위의 코끼리를 보고 난 후 일을 하며 부딪히는 새로운 경험들을 좀더 마음을 열고 받아들이게 되지 않았을까 생각한다. 아마 그럴 것이라고 짐작할 뿐이다. 그러나 그는 분명 코끼리를 본 일에 대해 몇 년 동안 수도 없이 떠들고 다녔을 것이다. 나는 이 이야기를 통해 마음을 열라는 영감을 받았다. 나는 요즘 하얀 종이 한 장을 앞에 놓고 앉아 있을 때나 창조력을 필요로 하는 새로운 계획을 구상할 때, 스스로에게 이렇게 말하곤 한다. 중용을 지켜라. 기어를 바꾸고 핸들을 돌릴 때처럼 정신을 집중해라. 과거의 경험에만 너 자신을 국한시키지 말고 일상적인 일에서도 전혀 새로운 비전을 발견해 보라. 바깥 세상으로 나가 뒤섞여 보라. 오늘은 뭔가 또 다른 일이 일어날 수 있다. 코끼리들이 다시 한번 길 위에 나타날지도 모르는 일이다. 그 광경을 놓치지 마라.

당신의 일에 귀를 기울여라

나는 코끼리에 대한 이야기를 들었을 즈음에 메사추세츠 주의 케임브리지에 살고 있는 선(禪)의 대가 조지 보우먼을 만났다. 정확히 말해, 그의 목소리를 들었다.

　그 날은 눈보라가 치는 2월의 어느 저녁이었다. 나는 어두컴컴한 명상실의 검은 방석 위에 앉아 30명의 다른 참선 도반들과 함께 호흡을 했다. 적어도 다른 사람들은 명상에 집중하고 있었을 것이다. 그러나 나는 머리 속에서 설쳐대는 잡념을 떨치기 위해 갖은 애를 쓰느라 시간을 다 허비했다.

　그때 갑자기 깊은 곳에서 울려오는 조지의 곡소리가 들렸다. 갑자기 잡념들이 사방으로 흩어지고, 나는 다시 맑은 정신으로 되돌아왔다. 그 목소리는 우리에게 밤이 들려주는 소리에 귀를 기울여보라고 했다. "밤이 자신의 이야기를 하는 소리를 들어보십시오. 밤이 무슨 이야기를 했는지 말할 필요는 없습니다. 밤이 어떤 이야기를 해야 한다고 생각할 필요도 없습니다. 단지 듣기만 하십시오. 그러면 밤이 자신의 이야기를 들려 줄 것입니다."

　30명의 사람들이 귀를 기울이자 방안에서는 놀라운 일이 일어났다. 모두가 동시에 정신을 집중해서 듣고 있었다. 그것은 자신들뿐만 아니라 주위에 둘러앉은 모든 사람들을 대신해 귀를 기울이는 것 같았다. 그러자 주변의 모든 소리가 점점 크고 명확하게 들리기 시작했다. 실제로 서로의 생각까지 들리는 듯했다.

　조지의 말은 옳았다. 내가 주의를 집중하자 밤이 이야기를 하기 시작했다. 화덕에서 탁탁거리는 소리, 진눈깨비가 창문 밖으로 미끄러져 내리는 소리, 옆 사람이 방석 위에서 약간 몸을 움직이면서 내는 실크 바지의 사각거리는 소리, 집 건너편에서 조그만 소리로 울어대는 고양이 소리, 눈 위를 지나가는 자동차 바퀴 소리 그리고 적막감이 감도는 어두운 명상실 안의 들이키고 내뿜는 숨소리. 밤은 많은 이야깃거리를 가지고 자신의 이야기를 하고 있었다.

너무도 놀라운 마음의 평정에 이르렀던 그 날 밤 이후로도 오랫동안 나는 이 일에 대해 오랫동안 생각에 잠겼다. 그 이후로 몇 년 동안 조지 보우먼의 목소리만큼 내게 영감을 주는 사람을 만나지 못했다. 당신이 밤의 이야기를 들을 줄 안다면, 이제 귀를 기울여 당신의 일 외에 삶의 어떤 부분에라도 마음으로 다가갈 수 있을 것이다.

당신의 일이 바이올린을 연주하거나 드릴로 구멍을 파거나 또는 자신의 어린 시절을 장황하게 늘어놓는 고객을 상대하는 일이 아니라면, 실제로 당신의 일이 소리를 내지는 않을 것이다. 내가 새로 작업을 시작할 때 단지 듣기만 한다고 해서 내 머리 속의 생각들이 글로 기록되어 책으로 만들어지는 따위의 기적은 일어나지 않을 것이다. 그러나 온전히 정신을 집중하여 조용히 귀를 기울이고 있으면, 이야기가 마음 깊은 곳에서 떠오르기 시작한다. 귀를 기울이기만 하면 마치 고속도로 위의 코끼리를 보는 것처럼 나의 모든 감각들이 살아 움직이기 시작한다. 나는 "한 사람의 마음 속에 온 세상이 펼쳐져 있다"는 크리슈나무르티의 말이 무엇을 의미하는지 깨닫기 시작했다. 그것은 나의 일에 생명을 불어넣는 영감의 세계를 의미하는 것이다.

세계적으로 위대한 많은 이들이 영감을 구할 수 있었던 것은 바로 이 '듣기'를 통해서였다. 많은 유명한 철학자와 화가들이 자연의 소리를 통해 그들의 위대한 사상에 다다를 수 있었다. 요한 세바스찬 바하는 밤늦게까지 깨어 밤의 소리에 귀를 기울이곤 했다. 그가 들은 것은 삶에 대한 모든 질문 즉 그의 머리 속에 줄곧 맴돌던 "만약 이러이러하다면 어찌될까?" 하는 질문들이었다. 그는 언제나 대답에 비해 질문이 너무 많다는 결론을 내렸다. 그래서 그는 음악을 통해

내 직업을 찾는 마음의 법칙

그 수많은 질문들에게 답변을 했다.

내가 나의 일에 귀를 기울이는 방법 가운데 하나는 명상을 통해 일에 접근하는 것이다. 나는 책상 앞에 앉거나 바닥에 앉아서 잠깐 동안 조용히 내 계획에 초점을 맞춘다. 일을 하기 위함이 아니다. 단지 그러한 것이 있다고 내 귀에 들려주는 것뿐이다. 나는 때때로 향을 피우기도 하고 자주 녹차를 마시기도 한다. 가끔은 아주 적은 양으로도 집중력 향상에 큰 도움이 되는 밤나무 향료를 조금씩 차에 넣어 마시기도 한다. 그리고 바닥에 앉아 내 생각이 자리를 잡아가는 것을 지켜보면서 일에 귀를 기울이기도 한다.

언젠가 한 번은 일 주일을 꼬박 이런 식으로 앉아 있었던 적이 있다. 글을 쓰다가 도저히 깰 수 없는 벽에 부딪혔을 때였다. 나는 내 일에 귀를 기울이고 나바호족의 피리연주를 들으면서 마음 속의 백조들을 꼭 감싸 안았다. 그 주가 다 끝나갈 무렵 내 마음 속은 이미 수많은 각양각색의 백조들로 가득 차 있었다. 무당벌레처럼 작은 것도 있었고, 독일산 테리어 개처럼 큰 것도 있었다. 나중에 나는 그 백조들을 상자 속에 넣고 포장해서 친구들에게 보냈다. 이미 내 앞을 가로막고 있던 벽은 사라진 지 오래였다.

당신의 일이 들려주는 이야기를 듣기 위해 당신이 꼭 음악가나 작가가 되어야 하는 것은 아니다. 나는 컴퓨터의 정보 서비스, 사진 복사기, 접시 위에 떨어지는 물, 물건들을 채워 넣는 봉투에게서도 이야기를 듣는다. 내가 하는 일이 무엇이든 열심히 귀를 기울이면, 일은 신이 난 듯 재미있는 이야기를 들려준다. 일은 언제나 중요한 말을 들려주고 싶어한다.

영감을 얻는 방법

과정에 몰입하라

자신이 하는 일에 귀를 기울이는 것은 순간순간의 과정에 몰입하는 것이다. 내 이웃에 사는 조각가 헬렌이 커다란 대리석에 부처의 모습을 새길 때처럼 말이다. 몸의 윤곽은 몇 주에 걸쳐 서서히 드러난다. 이어서 명상자세를 취한 손 모양과 연꽃에 둘러싸인 다리가 나타난다. 그때 헬렌은 반쯤 열린 눈과 관조하는 듯한 미소의 얼굴을 새겨 넣는다. 나는 헬렌이 조각한 부처의 얼굴에 담긴 미소가 좋다. 나는 그 조각들을 볼 때마다 얼굴에서 중생을 교화하는 미소를 보고 헬렌의 일에서 강한 영감을 느낀다.

헬렌은 돌을 깎으면서 일이 들려주는 이야기에 귀를 기울이고 일의 과정 속에 자신을 온전히 내맡긴다. 어떤 날은 어느 부분을 조각할지 어떠한 선을 새겨 넣을지 선명하게 떠오른다. 그러나 어떤 날은 확신이 서지 않아 앞으로 해야 할 작업을 깊이 생각하느라 인내심을 갖고 돌을 문지르기만 할 때도 있다. 또 전혀 작업을 하지 않는 날도 있다. 그런 날은 미루어두었던 일상생활을 하며 가능한 한 알차고 즐겁게 보내기 위해 작업에서 손을 뗀다.

영감이란 귀기울여 듣는 것, 매일매일 당신 앞에 놓인 일의 과정에 몰두하는 것, 길 위의 코끼리처럼 전혀 새로운 가능성을 지켜보는 것이다. 영감은 당신의 생활을 위해 가능한 한 완벽하게 일에서 잠시 손을 떼야 할 때가 언제인지를 아는 것이다. 트럭을 운전하든, 음식을 준비하든, 문서를 작성하든, 조각품을 새기든 영감은 바로 지금 당신이 지닌 것을 갖고 일에 착수하는 것이다. 때로는 멋진 선을 깎기도 하고, 때로는 그저 돌만 문지르기도 하면서 날마다 순간순간 돌

내 직업을 찾는 마음의 법칙

을 다듬는다. 이제 당신은 어떤 아름다움이 그 자태를 드러내는 것을
볼 수 있을 것이다. 그런 가운데 당신은 하나의 작은 부처를 조각해
내기도 한다.

무수한 가능성

　오늘날 변화가 심한 고용시장에서 영감을 얻을 수 있는 또 하나의 방법은 수많은 가능성을 맞아들이는 것이다. 당신은 이 여자가 정신이 있나? 하고 항의할지 모른다. 경제 분야에서 많은 변화와 개혁이 이루어지고 있는 때에 진지하게 '무수한 가능성' 이라니?

　이미 사양길에 접어든 것이 아닌가 하는 걱정이 앞서고 매일 끊임없는 변화로 인해 확신이 서지 않기는 하지만, 실제로 우리가 선택할 수 있는 가능성은 아주 많다. 사실 경제학자와 미래학자의 보고에 따르면, 시장은 위축되는 것이 아니라 전환점을 맞고 있고 그 결과 지금까지 유례가 없던 기회가 생겨나고 있다고 한다. 실제로 가능성은 무수히 많다. 다만 중요한 관건은 기회가 있다고 믿고 기꺼이 그 기회를 찾아내려는 의지라고 하겠다. 아마 눈치가 빠른 독자는 이 책을 통해 실제적인 구직과 관련된 정보를 얻을 수 있지 않을까 생각할 것이다. 그것이 바로 영감이다. 영감은 우리의 상상이나 행동 또는 내면세계를 초월해 있다. 직업을 구하거나 전문성을 조금 더 발전시키기 위해 보통 사용하는 이력서나 전산망을 이용해 영감을 얻을 수도 있다. 그것은 필요한 연장을 몸에 지니고 그 연장을 이용해서 가능성을 찾아 탐험을 떠나는 것과 비슷하다. 이 탐험에 관해 몇 가지 다짐해 둘 것은 당신은 처음에 어디로 가야 할지 정확한 판단이 서지 않을 수 있다는 것이다. 또는 같은 자리를 계속해서 돌고 있다는 느낌을 받을 수도 있다. 요즈음은 직장을 구하는 것이 다람쥐가 쳇바퀴를 도는 듯한 인상을 주기 때문에 미칠 듯한 기분이 들 수도 있다는 것이다. 마치 시험에 든 것처럼 마음이 가라앉았다가 다시 짜증스러움이 밀려오곤 한다. 그나마 다행인 것은 당신이 조금씩 균형을 찾고 거기에 적응해 가고 있다는 것이다. 이제 기운을 차리고 일어나 생각을 정리하고 혼란스러운 감정을 재정립하고 방향감각을 회복하라. 그리고 영감을 얻기 위한 마음의 준비를 시작하라.

당신이 현재의 상황에서 영감을 얻으려 하든 새로운 직업을 진지하게 고려하든 당신은 다음을 고려함으로써 그 가능성을 타진해 볼 수 있을 것이다.

- 현재의 직업 안에서 기회를 찾으려 할 때 : 현재 직업의 긍정적인 면과 앞으로 발전할 수 있는 잠재력 그리고 당신이 지금까지 쌓아 온 모든 경력을 생각해 보라.

- 당신이 의지해야 할 자신만의 여러 가지 능력 : 그 동안의 경력과 교육적 배경, 전문적 기술과 대인관계, 인생 경험, 당신의 일에 영향을 미칠 독특한 성격, 직업에 대한 자세, 세상을 살아가는 방식 등을 고려해 보자.

- 현존하는 수십만 가지의 직업 중 수백 가지의 직업에서 아마 당신이 생각하는 것 이상으로 당신의 능력을 인정받을 수 있을 것이다. 그리고 조금 더 기술을 향상시키면 수백 가지 이상의 직업

에서 당신의 능력을 인정받을 수 있을 것이다.

*

일을 함에 있어 생각했던 것 이상으로 필요한 것들이 많다. 어떤 가능성을 받아들이고 싶은지 먼저 결정하고 구체적인 계획을 세운 다음 그 길로 똑바로 나아가는 일이다.

지금 여기서

　몇 년 전 나의 상사 한 분은 마케팅과 통계에 관한 세미나에 참석
하여 하루를 보낸 적이 있다. 세미나의 진행자 바로 옆 칸막이 쪽에
두꺼운 종이로 만든 토스터 크기만한 상자가 있었다. 상사는 그 동안
여러 번 세미나에 참석한 경험으로 미루어 그 상자가 틀림없이 어떤
중요한 의미를 지니고 있으리라고 짐작했다. 그러나 정확히 무엇인
지는 알 수 없었다. 그는 세미나 도중 격렬한 토론이 벌어지는 순간
에도 그 상자의 정체를 파악하는 데에간 온 신경을 집중했다.

　그러나 시간이 많이 흘렀는데도 진행자는 상자에 별다른 관심을
보이지 않았다. 그녀는 상자 안에 무엇을 집어넣거나 꺼내는 행동을
취하지도 않았고 전혀 상자를 쳐다보는 것 같지도 않았다.

　결국 세미나가 끝나기 한 시간 전에 상사는 더 이상 참지 못하고
손을 들어 상자 안에 뭐가 들어 있는지 물어 보았다. 진행자는 미소
를 지으며 상자 안에 손을 넣어 빳빳한 100달러 지폐를 꺼내더니 그
것을 나의 상사에게 건네주었다. "이것은 상자 안에 무엇이 들었는
지 질문하신 것에 대한 대가입니다."

　나는 많은 직업의 가능성에 대해 곰곰이 생각할 때면 언제나 이 이

영감을 얻는 방법

야기가 떠오른다. 때때로 가능성은 지금 여기 바로 당신의 눈앞에 있기 때문이다. 당신이 컴퓨터로 반쯤 쓰다만 이력서처럼 그리고 세미나의 종이상자 안에 숨겼던 100달러짜리 지폐처럼 현재 직업의 가능성은 이미 당신의 옆에 다가와 있는지도 모른다.

지금 현재 당신이 하고 있는 일에서부터 시작해 보자. 긍정적이고 창조적인 책임감, 계속되는 도전, 회사의 업무나 제품에 대한 강한 믿음은 무엇인가? 무엇이 날마다 당신을 다시 돌아오게 하는가? 당신을 분발케 하는 동료, 유쾌한 환경, 융통성, 개인적인 인정, 만족할 만한 보수 따위들 때문인가? 큰 의미를 지닌 당신의 지위 아니면 그보다 더 근본적인 것인가? 당신을 계속 돌아오게 만드는 것은 정확히 무엇인가?

나와 이야기를 나눈 한 회사의 매니저는 계속해서 일터로 향하는 이유를 그녀의 동료 하나가 지구상에서 가장 맛있는 레몬 케익을 만들기 때문이라고 했다. 나도 전에 한 동료가 직접 만든 환상적인 생일 케익을 선물로 받은 적이 있었기 때문에 그 기분을 이해한다. 나는 계속 질문을 던졌다. "그런데 일과 관련해서 좋아하는 것은 없나요?" "일이라?" 그녀는 눈빛을 흐리며 이렇게 대답했다. "글쎄요. 음, 어쨌든 그 케익은 말이죠……."

이제 케익은 한쪽으로 치우고 당신의 발전을 위한 가능성에 대해 생각해 보자. 당신은 직장생활을 조금 더 가치 있게 만들 수 있는 도전에 대한 욕구가 있는가? 당신의 전문적인 경험을 살릴 수 있는 분야가 있는가? 어쩌면 당신의 회사가 새로운 개발 계획이나 확장 계획을 발표할지도 모른다. 또 기존의 사업장에서 급격한 성장이 이루어질 수도 있다. 이런 여러 가지 가능성 가운데 한 가지가 정확히 당신의 욕구와 맞아떨어질 수도 있지 않겠는가?

몇몇 전문가는 그들의 회사에서 새로운 지사를 개설했을 때 그 지사의 근무를 자청하여 회사의 유력한 위치까지 올랐던 예가 있다. 그리고 어떤 사람들은 더 많은 직무를 떠맡기를 자청함으로써 자신의 위치를 격상시키기도 했다. 진취적인 사고를 소유한 어떤 직원은 지금까지 없던 직책의 필요성을 지적함으로써 자신을 위한 새로운 업무를 창출하기도 했다. 새로운 아이디어와 계획을 제안하는 기획팀장과 같은 것으로서, 그는 그 직책이 회사조직에 얼마나 유용한 직책인지를 요약한 제안서에 자신이 왜 그 직책에 적합한 인물인지에 대한 합당한 이유와 자신의 자질을 함께 기록했다. 이 이야기들은 나의 상사와 비밀의 상자가 그런 것처럼 가능성은 때로는 도전하는 사람에게 열려 있다는 사실을 깨닫게 한다.

'지금 여기서' 시작하는 것은 한편으로 당신이 날마다 경력을 쌓아 가고 있다는 사실을 염두에 두어야 한다. 비록 현재의 직업이 당신이 원하던 일이 아니더라도 미래의 직장에서 활용할 수 있게 될 능력으로 하루하루를 창조해 나갈 필요가 있다 당신이 현재 책임지고 있는 업무를 한번 살펴보라. 당신의 이력서에 그런 사항들이 모두 들어 있는가? 다시 한번 살펴보라. 확실한가? 그렇다면 이제 당신의 업무가 아니지만 당신이 진행하고 있는 일에 대해서도 생각해 보자. 이들도 이력서에 들어가 있는가? 아니라면 모두 포함시켜야 한다. 왜냐하면 당신이 하는 모든 일은 아주 하찮은 일일지라도 앞으로 직업을 선택할 수 있는 범위를 그만큼 넓혀 주기 때문이다.

새로운 직업을 찾기 위해 고용시장에 나서지 않는다 하더라도, 당신의 경력을 주기적으로 새롭게 작성하는 것은 좋은 생각이다. 그렇게 함으로써 자신의 기술을 다시 한번 점검하고 어느 부분이 부족한지 평가하여 새로운 기회를 맞을 준비를 할 수 있기 때문이다. 또한 정기적으로 자신의 성취도를 점검하는 것은 사장에게 임금을 인상하거나 승진할 때가 되었다는 것을 상기시켜 주는 계기가 될 뿐만 아니라 자신에게도 힘이 될 수 있다.

승진에 관해 이야기가 나왔으니 말인데, 당신은 스스로 얼마나 융통성이 있고 다재다능하다고 생각하는가? 이러한 자질은 모든 직장인들이 꿈꾸는 '보편적인 기술'에 속한다. 그리고 이런 기술을 갖추고 있다면 가능성은 더욱 무궁무진해진다.

사장이 가장 좋게 평가하는 사원은 변화를 잘 받아들이고 새로운 기술을 기꺼이 배우려 하며 능력을 확대해 나가는 것에 관심이 많은 사람이다. 따라서 당신이 제공하는 것이 많을수록 그만큼 승진의 기회는 많아지는 것이다.

오해하지 말길. 나는 지금 '좀비'를 말하는 것이 아니다. 회사의 기준에 맞추기 위해 어설프게 뛰어들어 자신의 본래 모습을 바꾸려 애쓰는 사람을 이야기하려는 게 아니다. 그러나 당신이 여러 분야에 재능이 있다 하더라도 한 가지 분야에서만은 전문가라는 전제 하에 융통성이라는 것에 대해 생각해 보자. 융통성을 조직 개편의 시기에 안전을 보장받을 수 있는 수단으로 생각하라. 또는 단순히 삶에 맛을 더해 주는 다양함으로 생각하라.

다재다능은 곧바로 출세의 길이 되기도 한다. 동료신문기자 한 사람은 여러 방면의 기사를 두루 쓸 수 있는 재능이 있었다. 결원이 생겨 누군가 그 자리를 채워야 할 때는 얼마든지 옮겨다니며 기사를 썼다. 결국, 그 신문사의 편집장은 그녀가 소중한 인재임을 알아차리고 그녀를 한 부서의 책임자로 승진시켰다.

저기, 어딘가에

다른 사람들은 그럭저럭 현재 상태에서 기회를 찾아냈다고 하지만 당신은 어떠한가? 사하라 사막 같은 직장에서 아주 작은 한 줄기의 오아시스조차 발견할 수 없다면 어찌 할 것인가? 당신은 가능한 기회가 있을 때마다 자신의 잠재력을 이미 다 발휘해 보았건만, 당신의 회사라는 불모의 땅에서 모래를 체에 걸러 작은 낱알이라도 찾아보려 했건만, 아무 결실도 없다면 그때는 어떻게 할 것인가? 활짝 핀 선인장이라곤 눈을 씻고 찾아봐도 없고, 보이는 것이라곤 모두 말라비틀어진 선인장뿐이라면? 당신은 최악의 상황을 맞은 것이다. 나도 그런 일을 몇 번 경험한 적이 있다.

아마 직장을 옮겨야 할 때가 된 것인지도 모른다. 사람과 상황은 계속 바뀌기 마련이다. 우리의 목표와 철학 역시 현재 우리의 욕구를 뛰어넘어 발전해 간다. 일 년 전 기막힌 아이디어라고 생각했던 일도 지금은 형편없이 초라해 보이기도 한다. 이제 시대의 흐름에 맞는 새로운 직업을 찾아 여행을 떠날 때가 되었다. 여유를 갖고 주변을 둘러봐야 할 때가 된 것이다.

그러나 과연 어떤 일을 찾아낼 수 있을까? 생소함과 두려움이 가득 몰려온다. 지금과 같이 어려운 경제 상황에서 내가 할 수 있는 일이 남아 있기나 할까? 그러나 새로운 관점으로 다시 바라보자. 수많은 일이 당신을 기다리고 있다. 지금이라도 이력서를 다시 작성한 다음 당신에게 맞는 일을 찾아 나서라. 길은 찾으려 노력하는 이에게 그 모습을 드러낼 것이다.

경력을 초월하자

일전에 내가 진행했던 워크숍에서 한 여성이 했던 말이 생각난다. "인생을 종이 한 장 위에 다 기록한다는 것은 불가능해요. 나는 내 이력서보다 내가 더 낫다고 생각해요."

그녀는 농담처럼 이야기했지만 그 말은 생각할수록 일리가 있는 말이다. 오늘날의 고용시장에서는 당신이 기본적으로 갖춘 전문 기술의 범위를 넘어 다양한 일을 할 줄 아는 능력이 있을 때 출세가 가능하다. 당신의 보스에게 단지 당신에 대한 신임장만 건네 줄 것이 아니라 그가 당신의 잠재력을 엿볼 수 있는 기회를 만들어 주어야 한다. 그래서 당신이 실제로 어떤 인물인지 생각하게끔 해야 한다.

하나의 방법은 당신의 이력이나 경력 사항에 교육 배경과 직업 경력을 나열한 다음 짧게 '기타 특기사항'을 추가하는 것이다. 컴퓨터를 능숙하게 다루거나 사람들과 대화를 잘 이끌어나가는 장점이 있거나 아니면 앞에서 언급한 '보편적인 기술'을 갖추고 있다면, 이런 것을 특기사항에 포함시키자. 당신은 조직내의 다양성을 포용하며 일을 해나갈 능력이 있는가? 나날이 진보하는 기술을 따라잡을 수 있는가? 과거에 여러 분야에서 성공을 거두었던 방법에 대해 짧게 설명할 수 있는가? 이들도 모두 적어 넣자. 기업은 다방면에 걸친 기술을 가진 사람을 고용하고 싶어한다는 연구결과가 있다. 당신의 특별한 기술은 아마도 직업을 구하는 행운을 가져다 줄 것이다. 최근에 한 대학에서 회사의 인사 담당 임원들을 상대로 한 설문 조사에 따르면, 학생들의 정규 과목 이외의 과외 활동도 임용요건에 포함된다고 했다. 자원봉사, 취미, 체육활동 그리고 다른 개인적인 관심 분야도 채용과정에 영향을 미칠 수 있다는 것이다. 고용주는 분명 그 외의 것들도 중요하게 고려할 것이다.

경력에 변화를 주고 싶은 마음은 잠시 접어두고, 당신의 개인적인 경험과 취미에 대해 생각해 보자. 현재의 일을 하는 데에 꼭 필요하지 않더라도 다른 분야에서 오랫동안 진가를 발휘했던 기술과 재능이 있는지 생각해 보라. 그 중 구직에 이용할 만한 재능들이 있는가? 당신의 취미 중에 구직에 절대적인 영향을 미칠 만한 것은 있는가?

어쩌면 당신은 몇 년 간 교회의 연례 행사를 지휘하면서 조직에 대한 경험을 쌓고 대표자로서 많은 경험을 키웠을지도 모른다. 한 친구는 자신의 그런 장점을 발견하고는 집에서 아이를 키우는 엄마라는 위치에서 벗어나 어느 비영리 단체의 행사기획자로 변신하기도 했다. 당신이 몇 년 동안 참선 수업을 받고 명상을 했다면 모교에서 당신에게 명상을 지도할 자격을 부여할지도 모른다. 동료 한 사람은 기업의 경영인으로 일하다가 지금은 글쓰는 일을 하고 있다. 그녀는 어떻게 그런 변신을 도모할 수 있었을까? 그녀는 한 육아 잡지에 기고할 자신의 글에 경력사항을 쓰던 중 자신이 공립학교에 다니던 시절 글을 썼던 경험이 있다는 것을 발견했다고 한다.

이런 이야기 가운데 내가 가장 좋아하는 것은 오랫동안 개인적으로만 즐겨왔던 사진 찍는 취미를 아예 직업으로 바꾸어버린 친구의 이야기이다. 그는 출판사의 홍보직을 그만둔 후 가족을 부양하기 위한 방편으로 세일즈 프리랜서로 일했다. 그 일을 하는 중간중간 그는 꾸준히 사진기술을 갈고 닦아 몇몇 전시회에 작품을 출품하기도 했다. 그가 결실을 거둔 것은 그후 3년이 지나 그 지역 대학의 한 부서에서 사진작가를 모집했을 때였다. 그는 이미 모든 준비를 마치고 대학의 요구를 충족시켜줄 바로 그 시간 그 자리에 서 있었다.

개인적인 관심 분야를 고려할 때는 내면의 깊은 곳까지 파고들어가 자세히 들여다보아야 한다. 오랫동안 잊혀졌던 어떤 재능이 불쑥 고개를 내밀지 모른다. 창의적으로 그 재능을 발전시키기 위해 많은 열의와 인내심을 발휘하라. 그러면 당신의 이력을 초월하여 가장 만족스런 직업을 맞이할 수 있을 것이다.

가치

요즘은 직업과 관련한 '가치'에 대해 많은 말들이 오고 간다. 당신의 인생관을 현재의 생활에 맞추려 할 때의 '가치', 당신의 직업이 허용하는 한도 내에서 사회에 값진 기여를 하는 행위에 적용되는 '가치'. 이력을 초월하자는 생각은 '가치'와 어떤 조화를 이루는 것일까? '가치'는 수많은 가능성과 어떤 식으로 조화를 이룰까?

이러한 생각에 빠져들다 보면 나는 다알이라는 친구가 생각난다. 다알은 전기기사로서 새로운 방향을 모색하기 위해 직업상담을 하고 난 후 실의에 차 있었다. 그의 카운셀러가 제시한 첫 번째 질문은 가치와 관련된 것이었다. "당신의 인생관에 부합하는 업종이 따로 있습니까? 아니면 이것만은 도저히 계속할 수 없다고 생각하는 일이라도 있는 건가요? 직업을 단지 돈을 벌기 위한 수단으로 생각하나요? 아니면 다른 사람을 도울 수 있는 수단이라고 믿나요? 사회에 중요한 기여를 한 결과는 뭐라고 생각하나요? 당신의 기술과 취미에 맞는 직업이라면 무슨 일이든 할 생각이 있나요? 아니면 깊은 의미가 담긴 직업을 원하나요?"

태어나서 처음으로 다알은 이런 질문에 대해 진지하게 생각해 보았다. "아냐, 핵무기 공장에선 일하고 싶지 않아. 물론 제3세계 국가 어린이의 노동력을 착취하는 사업도 마음에 들지 않아. 그래, 나는 인류의 복지와 환경에 지대한 공헌을 하는 회사에서 일하고 싶어." 그는 삶과 직업에서 사회적 책임을 갖는 일이 무엇보다 중요하다고 생각했다.

그러나 다알은 여전히 의아했다. "그런데 정확히 어디까지를 이야 기하는 걸까? 예를 들어, 환경에 유익하고 어린이의 권리를 보호하는 제품의 개발과 관련된 직업을 꼭 찾아야 하는 걸까? 그게 아니라도 마음만 있다면, 어떤 직업에 종사하든 사회에 기여할 수 있는 것 아 닌가? 다른 사람을 돕기 위해 꼭 '평화단체'에 가입을 해야 하나? 어 떤 직장에 다니든 전력을 다해 일을 하고 예의바르고 친절하게 행동 하고, 만나는 사람마다 모두 잊지 않고 기억한다면 그 사람이 바로 적극적인 직원이 아닐까? 도대체 '의미 있는' 일이라는 건 또 뭐지? 참다운 의미는 직업 그 자체에서 오는 걸까? 아니면 직장 내에서 시 작하는 걸까?"

이 글을 쓰는 지금까지도 다알은 아직 그 질문과 진지한 싸움을 벌 이고 있다. 그리고 이를 바탕으로 해서 계속 새로운 직업을 찾고 있 다. 그는 동시에 현재의 직장에서 파트 타임으로 근무하면서 생활에 약간의 변화를 주기도 했다. 또한 참선에 많은 시간을 할애하여 근본 적인 단계에서부터 자신의 가치에 대해 깊이 생각하고 있다. 사람들 의 말을 충분히 들어주는 일, 단지 자신에게 부여된 일의 처리에 그 치는 것이 아니라 한 걸음 더 나아가 자신을 둘러싼 세상에 관심을 기울임으로써 인류와 환경에 대한 지식을 넓히는 일, 현재의 직장에 서 적극적인 사원이 되는 일 등에 대해 생각한다. 훗날 그는 이러한 가치를 바탕으로 해서 성장한 자신의 모습을 보게 될 것이다. 그러나 지금은 "남에게 해를 끼치지 말자", "좋은 인상을 남기자"라는 개념에 온통 신경을 집중하고 있다.

기다리는 것도 필요하다

'가능성'에 관해 이렇듯 장황하게 이야기를 늘어놓은 지금에 와서, 때로는 기다려야 할 때도 있다는 사실을 짚고 넘어가지 않는다면 사리에 맞지 않을 것 같다. 당신의 신음 소리가 들리는 듯하다. 그러나 삶의 다른 요소들과 마찬가지로 고용 역시 시간이 문제이다. 그시간은 오늘일 수도 있고 아니면 앞으로 3개월이나 1년이 더 걸릴 수도 있다. 어쨌든, 시간은 자신의 스케줄에 따라 움직이게 마련이다. 따라서 기다리는 전략을 활용해야 할 때도 있다.

나는 때를 기다려야 할 경우엔 '인내가 미덕'이라는 말을 스스로에게 상기시키려 노력한다. 그러나 '인내' 역시 삶의 과정에서 만나는 끔찍한 악몽과 같은 것으로서 누구나 마주치기를 꺼려한다. 인내의 장점 하나를 말하라고 한다면 시간을 벌어준다는 것이다. 기술과 확실한 능력을 키울 시간, 절제와 준비에 필요한 시간, 바쁜 때를 대비해 짧은 명상을 할 수 있는 시간.

어떤 사람은 별로 어렵지 않게 새로운 직업을 구하는 것에 반해, 어떤 사람은 오랫동안 기다려야 할까? 사방에서 쏟아져 들어오는 일거리에 내심 흡족해 하며 앞으로 나아가던 중에 갑자기 모든 가능성이 사라져 버린다. 내가 뭘 잘못 말했나? 아니면 다른 일에 착오가 생겼나? 이런, 우표를 붙이기 전에 가그리(구강청결제)까지 했는데도 입 냄새가 이력서에 스며들었나? 그때 나는 너무 앞으로 치닫는 데에

만 열중했다는 사실을 깨닫고 뒤로 한 걸음 물러난다. 그리고 다음과 같이 스스로에게 물어 본다. 나의 기대치를 재조정해야 할까? 접근 방식을 바꿔 볼까? 아니면 나의 개인적인 문제라고 생각할 것이 아니라 그 상황을 단순히 운의 문제라고 받아들여야 할까?

때로는 짧은 기간의 좌절이 오랜 발전을 위한 준비과정이 될 수 있다. 질의 경우가 그렇다. 그녀는 교육 심리학 석사 학위를 땄지만 그 분야에서 일자리를 찾을 수 없었다. 그녀는 일거리를 구하는 일에 필사적으로 매달린 끝에 한 첨단기업의 임시 관리직이나마 구할 수 있었다. 질은 그 일을 하는 동안 기다림의 전략을 적극 활용했다. 탁월하게 업무를 처리하고 자신의 심리학적 재능을 활용하고 필요한 사람들과 관계를 유지함으로써 일 년 후 질은 심리학을 적용한 기술의 발전에 대해 연구하는 "휴먼 팩터" 부서르 자리를 옮길 수 있었다.

어떤 사람은 혼자 체스를 두면서 무려 칠 년 동안 직업을 바꾸는 것에 대해 생각했다. 그의 부인은 남편이 아무 말도 없이 심각한 모습으로 체스를 두는 모습을 보면서 "혁명을 꾸미고 있다"고 말했다. 그녀의 말은 정확히 맞아 떨어졌다. 그는 마침내 직업을 바꿨고 부부생활도 행복하게 변했다. 현재 국무부의 사무관인 그는 이제 체스를 둘 시간적 여유조차 없다. 전 세계를 돌아다니느라 너무 바쁘기 때문이다.

*

무수한 가능성이 당신을 기다리고 있다. 특히 당신이 어느 정도의 능력을 갖춰야 하는지 파악하고 있을 때, 당신이 무엇을 찾고 있는지 알고 있을 때 가능성은 항상 대기하고 있다. 그 가능성은 당신의 일터에서 당신을 기다리고 있을지 모른다. 아니면 당신은 기다림의 전략을 펼치면서 교차로 한가운데에 서 있을 수도 있다. 어느 쪽이든,

영감을 얻는 방법

그러한 과정을 통해 얻어야 할 것이 무엇인지를 생각하고, 당신이 선택한 직업에 도달했을 때 얼마나 기막힌 환희를 맛볼 수 있을지 상상해 보라.

일의 한가운데로 뛰어들자

창조적인 인맥 구축

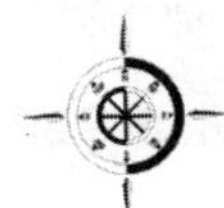

직업을 구하려 할 때 가장 중요한 것이 인맥이라는 말을 많이 듣는다. 이 말은 아무리 강조해도 지나치지 않다. 다양한 사람들이 수많은 가능성의 중심에 있기 때문이다. 요즘은 인맥에 대한 평판이 별로 좋지는 않다. 나도 그것이 얼마나 고약한 것인지 안다. 그러나 개인적인 인맥은 온갖 다양한 직업의 문을 두드릴 수 있는 가장 직접적인 통로이다. 실제로 신문에 실리는 취직자리는 전체의 20퍼센트밖에 되지 않는다. 따라서 개인의 인맥이 아직까지는 일자리를 구하는 데에 최고의 수단이라고 할 수 있다. 인맥은 신중하고 창조적인 방법으로 구축하는 것이 무엇보다 중요하다. 물론 그 범위가 넓으면 넓을수록 좋다.

당신의 내세울 만한 인맥이 별로 없다는 생각이 드는가? 나 역시 처음에는 그렇게 생각했다. 나는 일단 몇몇 이름을 리스트에 적어 보았다. 그러나 내가 그 많은 사람들을 다 알고 있었나 하는 의심이 들 정도로 많은 이름이 그 리스트에 올랐다. 지금까지 만났던 고용주, 동료, 고객, 친척, 이웃, 친구, 친구의 친구들의 이름을 기록하고 나면 틀림없이 그들과 연결되어 떠오르는 또 다른 사람들이 있다. 아마 그

일의 한가운데로 뚜어들자

들이 몇몇 취업기회를 제공할지도 모르는 일이다. 당신이 다니는 교회나 명상센터에서 만난 사람들, 지역식량소비조합에서 함께 자원봉사를 했던 동료, 태권도 도장에서 만났던 모든 사람들, 아이들의 친구의 부모, 한 달에 한 번 모이는 독서그룹에서 만난 상냥한 에제키엘 럼플레토프. 그녀의 이모 머틀은 얼마 전 ○○회사의 부회장으로 승진했다. 그외에 세미나, 취업단체, 인터넷 등의 경로를 통해 새로운 인맥을 창출할 수도 있다. 그리고 의외로 찾아오는 행운까지 곁들인다면 당신의 인맥이 상상 밖으로 널리 퍼져 있고 창조적이라는 것을 알게 될 것이다.

영국 철학자 프란시스 베이컨은 "현명한 자는 그가 찾은 기회보다 더 많은 기회를 스스로 만들어 간다"라고 했다. 나는 이 말을 취업과 연결시켜 "당신의 삶을 하나의 인맥으로 만들어라"라는 말로 해석하고 싶다. 당신은 무엇을 하든 어디를 가든 현재와 미래를 위한 인맥을 창출할 수 있다. 당신이 만나는 모든 사람이 일자리와 연결될 가능성이 있는 인맥이다. 친구와 동료를 부당하게 이용하거나 당신을 신뢰하는 친구에게 물건을 반 강제로 떠넘기라는 뜻으로 이런 말을 하는 것은 아니다. 다만 그들 가운데 어떤 인맥이 있는지 정확히 파악하고 있으면 더 많은 가능성이 당신 앞에 나타날 것이라는 의미에서 하는 말이다.

한 친구는 일전에 같이 근무했던 동료를 통해 교사직을 구할 수 있었다. 그 동료의 현 직장 상사가 그 지역 초등학교 교장의 이웃에 살고 있었다. 또 다른 친구는 인턴사원 공채를 통해 생물공학과 관련이 있는 현재의 직장으로 옮겼다. 그녀는 인턴 사원을 모집하는 장소에서 "눈에 띄는 사람 누구에게나 이력서를 들이밀었다"고 했다. 한번은 시(市) 후원을 받는 취업단체에 가서 대체 직업 유형에 관한 강연을 마치고 밖으로 나왔다. 그때 한 여성이 현관까지 나를 따라왔다. 내 강연의 주제에 대해 토론하려는 것이 아니라, 어떻게 해야 자신이 쓴 책을 출판할 수 있는지 알고 싶다고 했다. 나는 그녀의 뛰어난 기회 포착 능력에 경탄해 마지않으며 즐거운 기분으로 그녀와 몇 가지 의견을 나누었다.

당신의 삶이 인맥으로 형성될 때 당신은 당신에게 어떤 놀라운 일이 일어날지 전혀 예측할 수 없다.

나는 생각지도 않은 곳에서 새로운 직업을 제안받을 때가 있다. 떠들썩한 파티에서, 서점에서, 비행기 안에서, 커피숍에서, 때로는 뉴햄프셔의 화이트산맥에서 하이킹을 하다가 그런 제안을 받기도 한다. 모두 우연한 대화를 통해서 이루어졌다. 한번은 원예센터의 장미나무 단지에서 만난 한 정원사가 내게 승인서를 한 장 써달라는 부탁을 하기도 했다.

보스톤 공항에서는 수속을 기다리는 동안 프리랜서로 일할 기회를 얻기도 했다. 그날 따라 수속을 기다리는 줄이 너무 길어서, 나는 기다리는 동안 뒤에 서 있던 한 신사와 잡담을 나누었다. 그 사람은 시인이었고 천 편이 넘는 시를 지었지만, 서간의 인정을 받지 못할 것이 두려워서 그 시들을 세상에 내놓지 못하고 있었다.

나는 출납직원 앞에 이르렀을 때 그의 작품 출판대리인역을 맡기로 약속했다. 나는 문학잡지와 명시선집에 그의 시를 제출해서 채택이 될 경우 그에게 알리기로 했다. 후에 알게 된 일이지만 그는 독립적이고 부유한 박애주의자로서 시를 쓰지 않을 때는 대부분의 시간을 자선사업에 할애하였다. 얼마 후 그를 다시 만나 이야기를 나누면

일의 한가운데로 뛰어들자

서 그의 시 천 편을 모두 읽어 보았다. 대부분이 마음에 들었다. 그래서 나는 고정보수를 받고 그의 일을 대행하면서, 시 한 편이 채택될 때마다 일정 수수료를 받기로 합의했다. 그 바람에 나는 전국을 돌아다니면서 그의 시 몇 편을 출판하느라 다음해까지도 많은 시간을 투자해야 했다. 그 일이 끝난 후 그는 가문의 소유지를 관리하기 위해 바하마로 돌아갔고 나도 다른 프로젝트를 시작했다.

나는 직업을 구하러 다니는 기간을 사교적인 삶의 시기로 간주할 때 대부분 원하는 성공을 거둘 수 있다고 생각한다. 사교적이 된다는 것은 구세대의 평범하고 따분한 인맥과 창조적인 관계 사이를 구분하는 것이라고 할 수 있고, 자연스럽게 이루어진 짧은 대화가 면세점에서 값싼 가위를 사는 것과 흥미로운 프리랜스 업무를 따내는 일 사이에 명확한 선을 그을 수 있기 때문이다. 더욱이 대화는 당신을 사회적으로 유연하게 만들어 곧 있을 면접에 대비한 좋은 실습을 겸할 수도 있다.

좀더 사교적이 되자. 사람들에게 다가가 말을 걸자. 어두운 골목길만 제외한다면, 지역 사회 모임이나 식료품 가게, 레크리에이션 센터, 통근 기차 어디서나 대화할 기회는 항상 열려 있다. 누군가 당신에게 불현듯 멋진 아이디어와 긴요한 정보, 심지어 일자리까지 제공할 어떤 말을 언제 꺼낼지 아무도 예측할 수 없다.

정보 수집, 텔레파시, 그 밖의 연결 망 자료

정보 수집은 그 행간의 의미 이상을 파악한다면, 창조적인 인맥을 형성할 수 있는 훌륭한 통로가 된다. 신문, 라디오, 잡지, 텔레비전은 고용시장 동향과 조직개편 등에 관한 소중한 최신 정보를 제공하고,

기사, 광고, 리스트, 특집기사의 형태로 구직 관련 정보를 게재한다. 그리고 업종별 전화번호부나 지역정보지, 사보 따위의 하찮게 보이는 자료 역시 당신의 분야에 중요한 사업 기회의 단서를 제공할 수 있다.

나의 한 동료는 자신이 거주하는 도시의 타블로이드판 신문에 실린 구직목록을 통해 한 비영리단체의 마케팅직을 구했다고 한다. 그녀는 그 신문을 보자마자 곧바로 전화를 걸어 거기서 원하는 업무가 마케팅 코디네이터라는 것을 알아내고는 즉시 그곳의 국장에게 달려갔다. 그녀는 도저히 거절할 수 없는 방법으로 국장을 설득하여 일자리를 구했다고 한다. 나도 언젠가 신문에 난 기사를 통해 그녀와 비슷한 방법으로 크리에이티브 디렉터라는 자리를 마련한 적이 있다. 약간의 텔레파시도 그 일에 일조했었다. 정확하게 텔레파시가 아닐지는 모르지만, 그 일에 어떤 동시성이 있었던 것만은 확실하다. 당시 나는 새로운 직업에 대해 신중히 고려하고 있었다. 그때 한 출판사에 관해 소개한 신문기사를 우연히 읽었다. 나는 혹시나 하는 마음에 그 발행인을 만났고, 그가 직원을 충원할 계획을 갖고 있다는 것을 알게 되었다. 그 출판사의 새로운 직책은 나의 글쓰는 재주와 디자인 재능을 모두 필요로 했다. 이 상황에 대해 친구들은 우주가 나를 돌보는 것 같다고 했지만, 나는 그것이 조금 체계화된 텔레파시라고 생각했다. 그후에 나는 그 발행인과 몇 번의 만남을 더 가졌다. 우리는 그 만남 동안 서로의 일에 대한 철학과 점성술의 상징에 관해 서로 의견을 주고받았다(당시는 둘 다 점성술에 관해 별로 아는 것이 없었지만). 우리는 대학생을 주 독자층으로 정한 그 서적을 출판하던 3년 내내 서로 친밀한 관계를 유지했다.

일의 한가운데로 뛰어들자

인터넷

인터넷 구직 사이트에 접속해 보면 많은 분야의 정보를 풍부하게 구할 수 있다. 월스트리트저널지에 따르면, 미국 노동부의 인터넷 서비스 '미국 인력 은행(America's Job Bank)' 을 포함한 상위 15개 인력 은행의 사이트에 매일 50만 개 이상의 직업이 소개된다고 한다. 인터넷을 이용하는 사람들은 직장에서 해직된 후 곧바로 직업을 찾아볼 수 있고, 해외의 고용 기회에 쉽게 접근할 수 있으며, 결과를 신속하게 확인할 수 있다는 인터넷의 이점을 얘기한다. 구직자들은 또한 온라인 구직센터를 이용하여 구직에 필요한 안내와 이력서 작성 요령 등에 관한 정보를 구할 수도 있다.

인터넷을 통한 구직은 앞으로 더욱 활발하게 될 것이다. 아직 통신을 이용하고 있지 않다면 지금이라도 시작해 보라. 컴퓨터가 없다면 대학이나 인력 센터 또는 도서관을 방문하면 그곳의 시스템을 이용하여 쉽게 구직 사이트에 접속할 수 있다. 나와 친분이 있는 몇몇 전문가도 그러한 경로를 통해 해외의 일자리와 재택근무를 포함한 많은 일거리를 찾았다고 한다.

운신이 자유로운 회사

지역 신문과 사업 안내 책자를 훑어보면서 《스스로 택한 검소한 삶(Voluntary Simplicity)》의 저자 듀완 엘진이 직원 200명 이하의 조직을 "운신이 자유로운 회사"라고 부른 것에 대해 생각해 보자. 이 회사는 몸집이 비대한 많은 대기업과 달리 누구나 접근이 가능하고, 예기치 않은 성장의 기회를 제공하고 당신이 직업을 바꾸려 할 때 많은 기회

내 직업을 찾는 마음의 법칙

를 기꺼이 제공한다. 그리고 다양한 사업 분야에서 자신의 기술을 개
발할 기회를 제공할 뿐 아니라 개인의 창의력에 대해서도 상당히 개
방적이다. 또한 발전 가능성이 있는 여러 방향을 제시하기도 한다.

　전세계에 기반을 두고 있는 기업의 경우를 보자. 미래학자에 따르
면, 지리적으로 한정된 자신의 터전을 벗어나 광범위한 지역을 대상
으로 하는 사업이 안전성이 높다고 한다. 그것은 원대한 비전을 품을
수 있고 세계 시장을 대상으로 활동할 수 있기 때문이다. 내세울 만
한 경력도 거의 없고 규모도 작으면서 이미 세계적인 성공을 거둔 기
업이 많다. 이들의 능력을 과소평가하지 마라. 이들 대부분이 연간
수억 달러에 이르는 매출을 올리고, 이들의 고객 중 몇몇은 세계 상
위권에 드는 기업도 있다. 자신의 분야에서 필요로 하는 것이 무엇인
지, 자신은 어느 분야에 적합한지 미리 파악하는 것은 그만한 가치가
있는 일이다.

임시직

　임시직은 자신의 인맥을 형성할 좋은 기회가 될 수 있다. 거의 모
든 분야에서 계약직 근무를 제공하기 때문에 임시직은 다양한 분야
의 경험을 쌓을 수 있는 좋은 방법이다. 임시직은 특히 정규 직원으
로 채용될 수 있는 가능성이 많다. 고용주의 입장에서는 임시직을 통
해 그 사람의 능력을 파악한 후 정규 직원으로 고용하고 싶어한다.
이 방식은 구직자에게도 바람직하다. 구직자 역시 정규 직원으로 채
용되기에 앞서 고용주를 평가할 기회를 가질 수 있기 때문이다.

　마음에 두고 있는 회사에 대해 알아보고 싶은가? 그 회사의 인사과
에 전화를 걸어 계약직을 채용하고 있는지 물어 보라. 그런 제도가

있다면 지원절차를 밟기 위해 무엇이 필요한지 알아 보라. 그리고 그 회사가 대행사를 통해 직원을 고용한다면 어떤 대행사를 이용하는 지 물어 보라. 이제 대행사를 통해 고용계약을 맺고 적합한 업무에 배치해 줄 것을 요청하라. 내가 아는 여러 동료들이 이런 방법으로 원하는 결과를 얻었다. 그들 대부분이 전망이 밝은 회사의 정규 직원 으로 채용되었고, 몇 명은 원하는 회사가 아니라는 판단을 내리고 다 시 조금 더 그들의 목적에 맞는 일거리를 찾아 나섰다. 그리고 회계 사 친구 발레리를 포함한 몇몇 사람들은 임시직을 통해 형성한 소중 한 인맥을 활용해 많은 프로젝트를 수주하기도 했다.

많은 사람이 임시직으로 맺은 인맥을 통해 자신들이 전혀 상상조 차 못했던 분야에 발을 들여놓기도 한다. 동료 한 사람도 이런 경험 을 한 적이 있다. 그녀는 단기간으로 글쓰기 업무를 맡다가 발탁되어 회의기획팀의 책임자가 되었다. 또 한 사람은 임시 사무보조원으로 계약했다가 그 회사의 여행사 정규 직원으로 승진했다. 이런 사례를 통해 볼 때 인맥은 창조적인 가능성과 함께 누구도 예상치 못한 놀라 운 일을 마련해 놓고 있다.

*

분명 인맥이 에어로빅 체조처럼 온 신경을 활력이 가득하게 만들 어 놓는다는 것은 틀림없다. 그러나 현대의 고용시장은 영혼의 시험 이라고 할 것까지는 없겠지만 상당한 인내를 요구한다. 당신이 누구 보다 재능이 뛰어나고 지적이고 경험도 풍부하고 영적으로 탁월하 다 해도, 당신이 얘기를 하지 않는 한 고용주는 그런 사실을 알 리 없 다. 이제 전화를 들고, 있는 힘껏 문을 두드리고, 당신을 알리는 편지 를 쓰자. 이력서 뭉치를 들고 가장 높은 빌딩에 올라가 호외를 뿌리

듯 힘껏 던져라. 로케트를 이용하든 비행사를 고용하든, 가장 마음에 드는 회사의 고용주가 내다볼 수 있는 창 밖의 하늘에 맘껏 당신의 자질을 알려라. 물론 그렇게까지 할 필요가 없을지도 모른다. 그러나 심호흡을 하고 비타민을 먹고 요가 강습에 참석하고 친한 친구에게 윤리적인 도움을 받는 것은 많은 도움이 될 것이다.

물론 인맥의 활용은 상식의 범위 내에서 이루어져야 한다. 이런 이야기를 들은 적이 있다. 한 젊은 여성 작가가 너무도 일을 하고 싶은 나머지 유명한 잡지사의 편집장을 화장실까지 따라갔다고 한다. 그녀는 자신의 글을 클립으로 고정시켜 편집자가 들어간 칸막이 밑으로 밀어 넣었다. 당연히 그녀는 일거리를 얻지 못했다. 아마 그녀는 최후의 수단으로 그 방법을 택했을 것이다. 그러나 그 방법은 사용하지 않은 것만 못했다. 차라리 인내를 갖고 적당한 기회를 기다렸다면 새로운 가능성을 발견했을 수도 있다.

이런 격언이 있다. "모든 일에는 절제가 필요하다. 심지어 절제에도 절제가 필요하다." 그것은 인맥에도 해당되는 말이다. 대부분 삶이 그런 것처럼 인맥 역시 존중과 절제가 수반될 때 참다운 기능을 수행한다. 또한 품위와 자신감을 유지해야 한다. 그러나 지나친 자신감은 금물이다. 누구나 인간관계를 형성하고 싶어한다. 그러나 한 카운셀러의 말처럼 "좋은 관계와 나쁜 관계가 있다면, 당신은 자신에게 적합한 관계를 선택해야 한다."

때로는 어떤 관계에도 속하지 못하는 경우가 있다. 그러나 걱정할 필요는 없다. 사람들과 창조적인 인맥을 형성하면서 모든 만남이 계획대로 이루어지는 것은 아니다. 따라서 당신은 사적 감정 없이 "안돼"라는 말을 수용하는 법과 떳떳하게 "알겠습니다"라고 말하는 법

일의 한가운데로 뛰어들자

을 배워야 한다. 태권도 도장에서 만난 검은 띠를 한 사람은 생각만큼 대단한 인맥을 갖춘 사람이 아닐 수도 있다. 어쩌면 에제키엘 럼플레토프의 이모 머틀이 당신의 자질에 깊은 인상을 받았을지 모른다. 그녀는 지금 당장 어떤 기회를 제공하지는 않겠지만, 당신의 이름을 자신의 파일에 보관하거나 그녀가 일 주일에 한 번은 점심을 대접하는 다른 회사의 사장에게 넘겼을지도 모른다. 때로는 아무 일도 일어나지 않을 수 있다. 그래도 당신은 그녀에게 감사해야 한다. 그녀의 '거절'이 당신에게 더 좋은 기회를 맞이할 여지를 남기기 때문이다.

고용주들은 수많은 이력서와 문의전화를 받지만 당신의 이력서는 그 중의 하나일 뿐이라는 사실을 기억하라. 물론 어떤 형태로든 답장이 없다는 것은 분명 불쾌한 일이다. 특히 당신이 탁월한 자질을 갖추고 있고, 최고의 정성을 기울여 기막힌 인사말을 작성하고, 전자우편(E-mail) 주소와 삐삐 번호에 이르기까지 가능한 연락처를 모두 기록했을 때는 더욱 더 불쾌한 감정을 갖게 마련이다. 다음 세상에 그 인간의 엄마로 태어나 최소한의 예의라도 가르쳐 주고 싶을 것이다. 이제 그 괘씸한 일은 잊고 다시 현실로 돌아와 심호흡을 크게 한 다음, 이력서를 들고 다른 고용주를 찾아가 보자.

참고, 참고, 또 참아야 한다.《역경(易經)》은 다음과 같은 지혜를 들려준다. "차분한 가운데 인내하면 행운이 찾아온다." 실제로 그렇다. 그 누구보다 인내심이 강하다고 자부하는 나의 경우가 그랬기 때문이다. 당신이 인내할 줄 안다면 몇몇 고용주에게 당신의 가치를 확신시키고, 당신이 그 일의 적임자라는 사실을 납득시킬 수 있을 것이다.

내 직업을 찾는 마음의 법칙

과거를 통해 미래를 예견하자

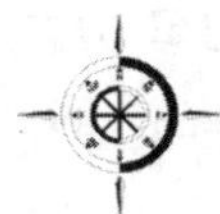

미래의 모습이 궁금하고 일의 가능성을 조금 더 넓히고 싶을 때 과거를 통해 미래를 예견하는 것이 도움이 되기도 한다. 나는 가끔 유명한 점성가 롭 브래즈니의 칼럼을 읽는다. 그가 '과거를 통한 예언'이라 부르는 이 방법은 당신이 과거를 돌아봄으로써 현재 자신이 어디에 있는지, 곧 어디로 향하기 위해 애를 쓰는지 바라보자는 것이다. 과거를 통해 미래를 예견하는 것이다.

어린 시절을 분석하자는 것도 아니고 수많은 전생을 돌아보자는 것도 아니다(나는 분명 전생에 동양의 한 선사(禪寺)를 돌아다니던 거미였을 것이다). 나는 지금 이 현실에 집중하는 것이 더 좋다. 하지만 내가 왜 은행원이 아니라 작가가 되었는지, 왜 평범한 기업의 평생직에 머물지 않고 그토록 다양한 직업을 전전했는지에 대한 명확한 이해를 구하고 싶을 때 과거로 돌아가는 것은 내면세계로 영적 여행을 떠날 수 있게 도와준다. 이제 친구들과 함께 우유를 듬뿍 넣은 모카 커피를 마시며 과거를 탐색해 보자.

당신은 구태여 그럴 필요가 있느냐고 물을지도 모른다. 도대체 과거가 현재와 무슨 관련이 있다는 거야? 과거를 돌아보는 의도가 뭐야, 오늘 일어날 일에 어떤 변화를 일으킬 수 있다는 건가?

과거를 알아야 당신이 왜 다른 길을 놔두고 지금의 길을 걷고 있는지에 대한 이유를 발견할 수 있기 때문이다. 당신이 그 이유에 대해 깊이 인식하고 있으면 다음에 그런 기회가 다시 찾아올 때 당신이 선택할 수 있는 가능성은 더 커진다.

또한 과거를 앎으로써 당신이 그 좁고 곧은 길을 걸어야 했던 지난날의 이유와 전설적인 야구 선수 요지 베라가 "분기점에 다다르면 선택을 해야 한다"라고 제안했던 이유까지 명확하게 재분석할 수 있다.

그리고 당신은 그 분기점으로 되돌아가서 지금도 당신을 막막한 어둠 속으로 끌어들이는 목소리와 달리 스스로의 노력으로 일어서라고 당신을 일깨워 준 목소리를 알아볼 수 있을 것이다. 그것은 당신이 이미 수없이 들었던 목소리이다. 그 목소리는 한밤중에 당신의 침대 옆으로 다가와 이런 말을 속삭이며 꿈자리를 뒤숭숭하게 만든다. "안젤리나, 주식중개인이 되라고 그랬잖아. 그런데 기껏 배고픈 예술가가 뭐니. 쯧 쯧 쯧. 이젠 남부럽지 않은 일을 할 때도 됐잖니?"

당신의 과거를 둘러보면 이 말의 의미를 명확히 알 수 있을 것이다. 또한 그 말이 지금까지 당신의 선택에 어떤 영향을 미쳤는지도 알 수 있을 것이다. 중학교 1학년 때 당신의 학교를 방문했던 어느 화가의 친근한 배려가 자신의 꿈을 추구하는 데에 많은 용기가 되었다는 것을 이제 알 수 있다. 당신의 노랫소리를 진심으로 좋아한다는 말로 당신을 음악가의 길로 이끌었던 선생님의 특별한 관심을 느낄 수 있다. 한창 감수성이 예민한 열다섯 살 나이에 이웃집 작가의 영향을 받았던 것이 당신의 삶에 어떤 변화를 일궈 놓았는지 바라볼 수 있다. 과거를 돌아보는 것의 아름다움은 당신이 더욱 깊이 들어갈수록 과거로부터 더 많은 목소리가 들려온다는 것이다.

당신은 과거를 돌아보면서 당신의 일과 삶에 불쑥 끼어드는 부정적인 목소리를 많이 듣게 된다. 당신은 화가의 길을 걸어오면서 가족의 뜻을 거스르고 아버지의 뒤를 이어 주식중개인이 되지 않은 것에 대해 마음 속 깊이 죄의식을 갖고 있다. 당신은 자신의 길로 걷고는 있지만 "해야 할 일"을 아직 못했다는 것에 대해 여전히 부끄러움을 갖고 있다. 당신은 이러한 죄의식과 부끄러움으로 인해 자신의 일에서 충분한 성과를 거두지 못한다. 부정적인 목소리는 끊임없이 당신을 괴롭히고, 갑자기 당신의 길에 뛰어들어 앞을 가로막곤 한다. 한 심리치료사 친구는 그의 '마음 속의 동료'인 사보티니 부인의 힘을 빌어 환자가 내면의 부정적인 목소리를 극복하도록 도와준다. 그는 이렇게 말한다. "어렸을 때 이웃에 나이 든 이탈리아 여인이 살았어요. 사실 나와 다른 아이들을 키워 준 사람은 실제로 그분이었지요. 어느 날 그 분은 내게 '너는 나를 등지고 네 자신의 길을 떠나야만 된다. 이제 내 목소리가 아니라 너 자신의 목소리를 찾거라. 그리고 혼자서 가거라'라고 말했습니다." 과거를 돌아보는 일을 통해 당신은 당신 안의 사보티니 부인을 불러내어 더 이상 그 목소리에 귀를 기울이지 않겠다고 말해야 한다. 상냥한 어투로 이렇게 말하라. "그동안 돌봐 주셔서 감사합니다. 그러나 선택은 이제 제 스스로 하렵니다. 그 동안 감사했습니다." 그 목소리에게 필요하다면 강한 어조로 말을 하라. "제발 이제 그만 내게서 사라져다오." 당신은 그 순간부터 당신의 잠재력을 최대한 발휘하여 일에 몰두할 수 있을 것이다. 그러기 위해 당신에게 힘을 주는 목소리만 받아들여야 한다.

일의 한가운데로 뛰어들자

일에 대한 우리의 태도 중 몇 가지는 아마 우리가 태어난 지 얼마 되지 않았을 때부터 형성되었을 것이다. 이런 장면을 한번 상상해 보라. 당신의 부모는 저녁식탁에서 그날 있었던 일을 이야기하고 있다. 대학 교수인 어머니는 강의시간에 신입생들의 행동에 대해 흥분한 어조로 얘기하고, 회계사인 아버지는 사장이 '복소수'의 '복' 자도 모른다며 개탄한다. 당신은 높은 의자에 앉아 당근과 완두콩을 갈아 놓은 접시 위에 손가락으로 멋진 그림을 그리고 있다. 당신은 그들의 불평을 어쩔 수 없이 경청해야 한다. 달리 무슨 일을 하겠는가? 빽빽하게 주석을 단 《전쟁과 평화》을 읽을 것인가? 아니면 멀리 다른 곳으로 달아나겠는가? 멋진 요트가 떠다니는 카리브해로?

그럴 것 같지 않다. 당신은 그저 건성으로 듣는 것 외에 다른 선택의 여지가 없다. 그렇게 듣는 소리는 진정한 의미에서 '말'이라고 할 수도 없다. 그것은 흥분되고 지루하고 귀찮은 어조일 뿐이다. 어쨌든, 앞으로 몇 년 동안은 식탁에서 그 어조를 견뎌내야 한다. 어쩌면 그런 어조가 어린 시절의 당신에게는 그다지 영향을 끼치지 않을지 모른다. 그러나 뜻이 애매한 어조 하나가 당신의 섬세한 감각 속으로 비집고 들어와 당신의 머리 속을 헤집고 다닌다. 결국 그 어조가 당신의 최초의 태도를 결정하고, 어쩌면 평생의 태도로 굳어버릴 수도 있다. 이처럼 어린 시절의 영향이 오래도록 남아 사람들의 고용과 직업에 대한 태도를 결정하는 경우가 많다.

당신의 가족과 그 가족의 가족을 돌아보자. 당신의 이웃, 부모의 친구, 친구의 부모를 돌아보자. 당신의 스승, 정신적 지주, 당신이 열 살 되던 해의 여름 휴가 때 버지니아 해변에서 만난 카드 점치던 집시를 떠올리자. 한 대학의 미술실에서 누드 모델을 하던 위층의 러시아인 예술가를 기억하자. 그때는 그것이 그녀의 직업이라는 것을 전혀 생각지도 못했을 것이다.

당신의 머리 안에 비디오를 설치하고 머리 뒤쪽에서 지난 일들을 기록한 테이프 몇 개를 틀어 보자. 그 동안 잊고 지냈던 지난 기억을 되살려 보자. 18세기 중반 여자의 몸으로 혼자 보스톤으로 옮겨와 모자가게를 운영했던 고조모 이야기를 다시 떠올려 보자. 당시의 여성으로서는 감당하기 어려운 대담한 모험이었을 것이다. 코넬대학에서 강의하던 증조부를 회상해 보라. 그분은 영어나 역사 같은 학문이 아니라 치즈 만드는 기술을 가르쳤다. 빙판길 위에서 차를 후진하다 사고로 아버지를 덮친 후 호스피스로 근무하는 사촌, 만나는 사람마다 점성술 도표를 만들어 주던 쌍둥이 고모를 회상해 보자. 그리고 수많은 직업을 전전하고 당신에게 운전하는 법과 일하는 법을 가르치던 당신의 할아버지를 생각해 보라. 그분은 항상 이런 말을 했다. "살아가기 위한 방법은 많다. 원한다면 모두 시도해 봐라. 그러나 너 스스로를 존중하거라."

그 비디오 테이프를 전부 감상했으면 이제 당신의 반응을 살펴보라. 그 당시 당신과 함께 했던 사람들, 현재 당신과 함께 하는 사람들의 이야기가 당신이 진정으로 원하는 일을 시도할 수 있도록 용기를 심어 주었는가? 아니면 당신 스스로에게 다른 사람의 목표를 답습하게 했는가? 그 이야기들이 당신을 평범한 직업의 길로 안내했는가? 아니면 특별한 길로 들어서도록 유도했는가? 당신은 지금까지 스스로 선택하며 살았는가? 아니면 누군가의 기대에 맞춰 삶을 이끌어왔는가?

내 경우에는 부모의 기대와 달리 전통적이지 않은 가치를 받아들

일의 한가운데로 뛰어들자

였다. 그분들은 내가 도서관 사서나 초등학교 학생들을 가르치는 교사처럼 안정된 직장을 갖길 원했다. 사실 지금에야 알게 된 일이지만, 나는 가까운 친척들의 삶을 따라온 것 같다. 그 시대에 여자 혼자의 몸으로 보스톤까지 무거운 짐을 들고 이주한 후 다시 여러 지방을 옮겨다닐 정도로 독립심이 강했던 고조 할머니의 정신을 본받은 것 같다. 나는 증조부처럼 일반 학문과 거리가 먼 과목들을 가르쳤다. 그리고 수많은 직업을 전전했던 할아버지의 발자취를 따라 가고 있다. 나는 아직도 수많은 직업의 가능성을 살핀다. 사실 나 역시 이 부분을 쓰기 전까지 내가 그들 삶의 방식을 얼마나 많이 따라했는지, 그들이 나를 얼마나 이끌었는지 깨닫지 못하고 있었다. 과거를 되돌아보는 의미는 이런 것이다. 과거를 되돌아보는 것은 마음을 열게 하고, 지금까지 걸어온 길을 정리하게 만든다. 이것은 마치 사진을 통해 자신이 성장하는 것을 바라보는 것과 비슷하다. 과거를 되돌아보는 것은 당신을 당신이 원하는 곳으로 인도할 것이다.

다행히 나는 내가 인도된 장소가 좋다. 거의 대부분이 그렇다. 그러나 공동작업을 할 때나 편집장이 나의 원고를 너무 많이 고치려 할 때 나는 마지못해 일을 한다. 그런 때면 나의 과거 속의 목소리가 스스로 말을 건다. 크레용이 너무 선 밖으로 벗어났다거나 나의 자유로운 정신이 지나친 창의력을 발휘하고 있다거나 전체적인 구도에서 볼 때 몇 개의 윤곽선이 꼭 필요하다는 등의 잔소리를 늘어놓는다. 이때가 내가 주의를 기울여야 할 순간이다. 내가 지금까지 따르던 목소리 곧 내게 중요한 말을 들려주던 목소리 외에 또 다른 목소리가 있다는 사실을 상기시키기 때문이다.

과거를 통해 미래를 예견하는 일은 당신에게 새로운 가능성을 열어 줄지 모른다. 한때 두 사람의 동업자와 함께 콜렉션 에이전시를 운영하던 에린의 경우가 그렇다. 사업은 대단한 성공을 거두었지만, 갑자기 큰 불행이 닥쳐 에린은 주식을 모두 팔아야 했다. 이제 어느 길을 택해야 할지 결정할 수 없었다. 그녀는 자신의 과거 속으로 들어가 탐색을 벌이던 중 오랫동안 잊고 있었던 한줄기 가능성을 발견했다. 그녀는 항상 간호사가 되는 것이 꿈이었지만, 어머니는 의사가 되라고 했다. 서로의 평화를 위해 그녀는 의사도 간호사도 아닌 다른 길을 택했다. 그 과거의 기억을 다시 떠올린 그녀는 불현듯 더 이상 어머니가 자신의 진로에 영향을 미치지 못한다는 사실을 깨달았다. 이제 그녀가 무엇을 하든 그 선택은 그녀의 자유였다. 결국 에린은 자신이 가야할 방향을 간호학교로 결정했다.

웨스 역시 과거를 되돌아봄으로써 몇 가지 사실을 깨닫게 되었다. 마케팅 담당 부장인 웨스는 왜 자신이 부하직원들의 신망을 받고 승진의 대열에 합류하지 못하는지 오랫동안 이해할 수 없었다. 그는 훌륭한 관리자였고 모든 일에 공정하고 개방적이었다. 도대체 뭐가 문제일까? 그는 너무도 궁금했다. 그가 과거 속으로 들어가자 그의 아버지가 보였다. 집안 이곳저곳을 돌아다니며 엄격한 명령을 내리던 별 넷의 장성. 웨스는 아버지의 강한 지도력을 높이 평가했던 나머지 자신이 지금까지 아버지의 군대식 관리체계를 모방했다는 것을 깨달았다. 군대에나 적합한 방법이 마케팅 부서에서 통할 리가 없었다.

웨스는 과거를 돌아보고 난 후 지금까지와는 다른 방식으로 일을 하기 시작했고, 그 방식은 자신과 부하직원 모두에게 긍정적인 결과로 나타났다. 요즈음도 자신이 군대식으로 말하는 것을 느끼면, 스스로에게 경례를 한 다음 그 목소리를 과거 속에 묻어두기 위해 많은

일의 한가운데로 뛰어들자

노력을 기울인다.

　나는 당신이 과거를 돌아보는 것에 지나치게 집착하지 않기를 바란다. 또한 심리적인 문제를 해결하기 위해 심리치료사가 필요한 것이 아니라면 깊은 무의식의 세계까지 분석할 필요는 없다. 그리고 동료의 과거에까지 관심을 갖고 살펴보라는 말은 절대로 아니다. 그러나 가끔은 과거로 시간여행을 잠깐씩 떠나 보라. 점심시간에 달리 해야 할 일이 없을 때 또는 컴퓨터가 갑자기 다운되어 다시 복구되기까지 손을 놓고 있어야 할 때. 하품이 날 정도로 따분한 직원회의나 도대체 어쩌다가 이런 직장에 오게 되었는지 궁금한 생각이 들 때면 과거 속으로 돌아가서 당신은 그 동안 어디에 있었는지 그리고 어디로 향할 것인지 점검하는 기회를 만들어 보자.

　언젠가 별점을 보니 이런 결과가 나왔다. "어제만 해도 수백만 마일이나 떨어져 있던 당신의 직업 운이 갑자기 가깝게 다가설 운세이다." 나는 이 운세를 보면서 웃음을 그칠 수 없었다. 이것이 내가 마지막으로 과거를 돌아본 결과와 같은 것일까? 과거를 통해 미래를 예견함으로써 내가 꿈꾸던 직업에 더 가까이 다가갈 수 있었던 것일까? 나는 이를 하나의 가능성으로 받아들인다.

　다시 한번 과거를 돌아볼 것을 권한다. 그것은 당신을 조명하고 당신의 활력을 회복시킬 것이다. 또한 당신을 자유롭게 하고 강하게 만들 것이다.

내 직업을 찾는 마음의 법칙

산을 오르는 것과 같은 직업의 세계

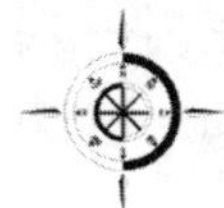

나는 대학을 졸업한 후 2,000마일을 가로질러 한 번도 가본 적이 없는 마을로 집을 옮겼다. 그것은 나의 첫 정규직 직업을 찾아보려는 의도였다. 또한 나는 그것을 성인으로 첫발을 내딛는 출발선으로도 생각했다. 내가 이 마을을 택한 특별한 이유는 선선한 기후의 먼 국경지방이라는 점과 로키산맥과 이어져 있다는 점 때문이었다. 그 당시 나에게 로키산맥은 직업세계에서 성장을 의미하는 상징이었다. 나는 떠나기에 앞서 새로운 출발을 기념하는 어설픈 시를 짓기도 했다.

> 졸업식을 마치고
> 이제 산을 오르려 한다
> 처녀의 고지까지 날아오르려 한다
> 까악, 까악.

그 당시에 나는 성공을 위해서는 화약을 짊어지고 어디든 뛰어들 사람 같았다. 그곳에 도착한지 일 주일도 채 안 돼서, 나는 한 일간신문사에 제작과 디자인직을 구했다. 원서를 낸 후에도 계속해서 신문사에 전화를 건 사람이 나밖에 없었다는 이유에서 90명이나 되는 지원자 가운데 내가 뽑혔던 것이다. 이렇게 해서 나는 생애 최초의 진정한 직업을 갖게 되었다. 나는 새로운 도전의 기회를 찾아 떠났고, 나는 스스로를 아주 중요한 사람이라고 여겼다. 내 분야에서 크게 성공하리라는 생각과 하고 싶은 것은 뭐든지 할 수 있을 만큼의 충분한 돈을 벌겠다는 환상이 내 머리 속을 맴돌았다. 나는 산을 오르려 했고 가능한 한 더 높이 날아오르려 했다.

직업의 세계는 그야말로 놀라움과 도전과 다양한 부류의 동료들로 가득 차 있었다. 그러나 나는 6개월도 채 안 돼서 산을 내려오고 싶은 마음이 굴뚝같았다. 물론 영원히 내려오려 했던 것은 아니고 한 일주일 정도 쉬고 싶었다. 산 위에는 내가 생각했던 것보다 산소도 부족했고, 새로운 풍토에 적응할 시간도 필요했기 때문이다. 그러나 그때까지 말로만 들었던 유급휴가를 얻기 위해서는 객관적이고 타당한 이유가 있어야 했다.

불행하게도, 직업의 신이 그것까지는 염두에 두지 않았던 모양이다. 내가 회사의 관리자에게 휴가신청을 내자 그는 이해할 수 없다는 듯한 표정을 지으며, "일이 마음에 안 드나요?" 하고 물었다. 나는 물론 마음에 든다고 대답했다. "동료들은 어떤가요. 그들과 일하는 것은 즐거운가요?" 나는 그들은 모두 좋은 사람들이라고 그를 안심시켰다. 그런데 그는 뭐가 문제인지 못내 알고 싶어했다. 나는 별 문제는 아니고 단지 휴가가 꼭 필요하다는 말만 반복했다.

관리자는 한숨을 내쉬더니 머리를 저었다. "고용인 안내서를 읽어보지 않았습니까?" "글쎄요, 음……잘 기억이 나지 않는데요." "그럼

내 직업을 찾는 마음의 법칙

66페이지는 읽어 봤습니까?" 나는 한 번도 그 안내서를 들여다 본 적이 없다고 실토하지 않을 수 없었다. 관리자는 다시 한번 고개를 내젓고는 어쩔 수 없다는 듯 아주 친절하게 상황을 설명했다. 나는 앞으로도 6개월 동안은 휴가를 신청할 자격이 없다는 것이었다.

나는 처음에 상당히 큰 충격을 받았다. 마치 누군가가 내 머리에 전기충격을 가한 듯했다. 그러면서 감각이 점점 마비되는 느낌이 들었고 갑자기 모든 것이 혼란스럽게 다가왔다. 나는 목구멍을 타고 올라오는 공포를 억누르며 침을 꿀꺽 삼켰다. 마치 무슨 끔찍한 잘못을 저지른 것 같은 생각까지 들었다. 나는 그의 사무실을 뛰쳐나와 그 안내서를 읽어 보았다. 그리고 내가 앞으로 자그마치 43년에다가 반 년을 더 일해야만 퇴직을 고려해 볼 수 있다는 결론에 도달했다. 나는 그 다음날 유일한 해결책이라고 생각했던 일을 단행했다. 회사에는 몸이 아파 결근한다고 알린 후 도망치듯 캘리포니아로 날아갔다. 나는 일 주일 간 해변을 거닐면서 내가 저지른 일에 대해 냉정한 판결을 내려보았다.

물론 유죄였다. 나는 업무를 조금 더 긍정적인 시각으로 바라보지 않는 한, 앞으로 43년이란 시간을 제대르 버티어낼 재간이 없다는 결론에 도달했다. 직업은 인생에 내려진 판결이고, 직장은 감옥이라는 생각을 버리지 않는다면 말이다. 산에 오르려면 다른 방법을 찾아야 했다. 아니면 등정을 포기하든가.

빗줄 사용 방법

산은 거대하다는 일반적인 관점에서 보면 모든 산은 다 비슷해 보인다. 그러나 산은 어떤 이들에게는 위협감을 주고, 어떤 이들에게는 도전정신을 불러일으키기도 한다. 아마 나는 그 중간쯤 되지 않을까. 내가 처음으로 산과 만났던 때를 되돌아보면, 나는 앞으로 발견할 것에 대한 도전정신과 호기심으로 가득 차 있었다. 분명 산에 오를 준비가 되어 있었다.

내가 처음으로 산에 오른 것은 한 원정여행길을 통해서였다. 나는 어찌나 마음이 급했던지 산에 오르기를 기다리는 동안에도 조바심이 났다. 일이 하고 싶어 안달을 하는 것이 정신없는 짓이라는 것쯤은 나도 안다. 하지만 나는 정말로 새로운 직업의 세계에 대해 모든 것을 속속들이 알고 싶었다. 내가 처음으로 장애물과 맞닥뜨려 다른 길을 택하고 싶은 마음이 들기 전까지는 분명 그랬다.

나는 산과 직업에 대해 다음과 같은 것들을 제대로 모르고 있었다.

- 준비가 되어 있어야 한다.
- 밧줄을 사용하는 법을 배워야 한다.
- 사람마다 행동 방식이 다르다.
- 때로는 임기응변을 해야 할 때도 있다.
- 날씨가 항상 예상과 같지는 않다.

성공하기 위해서는 그렇듯 날개를 서둘러 펼쳐서는 안 된다는 사실 또한 모르고 있었다. 일은 의욕만으로 되는 것이 아니었다. 순수하고 단순하게 겸허한 자세로 그리고 정성을 다해 한 걸음 한 걸음 앞으로 나아가야 했다.

준비가 되었다는 것은 정신적, 육체적으로 만반의 태도가 갖춰졌다는 것을 뜻한다. 그리고 일을 하기 위해 적절한 연장을 갖추고, 가

내 직업을 찾는 마음의 법칙

능한 한 많은 정보를 수집하여 자신이 뛰어들고자 하는 일에 대한 감
각을 익히는 것을 의미한다. 충분한 장비와 정확한 지도 그리고 산에
관한 전문적인 지식이 없다면 산을 오르기가 쉽지 않다. 어디선가 불
쑥 나타날 수 있는 위험한 짐승이나 산행에서 발생할 수 있는 각종
위험에 대비할 수 있는 사전지식을 갖추어야 한다.

직업에도 이와 똑같은 원칙이 적용된다. 그 직업이 당신의 첫 직장
이건 프리랜서로서 받은 백 번째 작업이건 마찬가지이다. 직업을 구
하기 위해서는 당신이 해야 할 일의 내용이 무엇이고, 근무시간과 규
칙과 휴식시간은 어떻게 되는지, 회사의 요구사항은 무엇인지, 당신
이 만날 사람은 어떤 사람인지 알아두어야 한다. 내가 첫 번째 직장
에서 어렵게 얻었던 교훈은 이미 앞에서 얘기했으니, 이제 당신은 회
사의 요구사항에 대해 정확하게 알고 싶을 것이다.

밧줄 사용법을 배우는 것은 자신의 몸을 위나 아래로 움직이게 하
는 법을 배우는 것과 같다. 밧줄을 꽉 조여야 할 때나 조금 느슨하게
해야 할 때 그리고 한 팀의 동료들과 가까운 곳에서 작업을 해야 할
때를 감각적으로 느끼기 위해 세심한 주의를 기울여야 한다. 산을 오
를 때 종종 같은 밧줄로 연결된 동료와 함께 바위 아래로 떨어지는
경우도 있다. 그럴 때마다 아찔한 느낌이 든다. 따라서 산을 오를 때
는 팀워크와 서로에 대한 굳은 신뢰가 필요하다.

업무 또한 마찬가지다. 당신은 누가 밧줄을 책임지고 있는지, 밧줄
을 어떻게 다루어야 하는지, 당신이 믿고 의지할 수 있는 사람이 누
구인지 그리고 절대로 같은 밧줄을 잡고 싶지 않은 사람이 누구인지
익히 알고 있어야 한다. 합동 변호사인 친구 하나는 자신의 일에 자
신감이 넘쳐 났지만, 때로는 선배 변호사의 도움이 필요할 때도 있다

일의 한가운데로 뛰어들자

는 것을 알았다. 그에게는 놀라운 체험이었다. 그는 자신의 일에 필요한 모든 것을 이미 알고 있다고 생각했었다. 즉 자신이 밧줄 다루는 법을 익히 알고 있다고 생각했던 것이다. 그러나 그는 선배의 경험이 말할 수 없이 소중하다는 사실을 깨달았고, 그 선배가 제공한 통찰력은 그의 성장에 많은 도움이 되었다.

사람마다 행동양식이 다르듯 산에 오르거나 일을 하는 데에도 다양한 방식이 존재한다. 어떤 산악인은 밧줄을 사용하고, 어떤 사람은 별다른 장비 없이 산에 오른다. 에베레스트산에만 시선을 고정하고 있는 사람이 있는가 하면 작은 바위산에 올라 큰바위타기라는 기술을 발휘하는 것으로 만족하는 사람도 있다.

직업에도 이와 같은 진실이 존재한다. 내가 산을 막 오르려 할 때, 누가 내가 퇴직하기까지는 아직 43년이나 남아 있다고 말해 주겠는가? 누가 평생 하나의 직업에만 종사하는 것이 내 스타일이라고 말해 주겠는가? 물론 자신의 일을 무척 좋아해서 퇴직할 때까지 한 직장에만 머무는 사람도 있다. 반면에 어떤 사람은 일 년에 한 번씩 직장을 옮긴다. 또 어떤 사람은 50대에 이르러 그 동안 머물렀던 직장을 떠나 자신의 사업을 시작하거나 새로운 분야의 일을 다시 시작하기도 한다. 많은 작가와 화가, 음악가들은 죽는 날까지 그들의 정열을 간직하고, 수녀와 수도자에게는 퇴직이란 없다. 그들은 단지 나이가 들어가면서 기력이 약해질 뿐이다. 당신은 많은 선택권을 갖고 있고 정상에 오르기 위한 길은 수없이 많다. 사람들은 누구나 그들 나름의 방식을 발견해야 한다.

임기응변은 어떤 상황이 닥치더라도 현명하게 대처할 수 있는 능력을 말하는 것으로서 길을 가다가 장애물을 만나면 그 장애물을 돌아가는 한이 있더라도 계속 길을 갈 줄 아는 융통성을 말한다. 또한 마감 직전 마지막 몇 분을 남긴 상태에서 결정을 번복하는 편집장의 변덕에 현명하게 대처하는 것이기도 하다. 이런 임기응변은 어떤 일에나 필요한 능력으로서 때로는 훨씬 좋은 결과를 가져오기도 한다. 임기응변은 목적을 향해 가는 길에서 만나는 새로운 가능성에 즉각 대처할 줄 아는 것이다. 전에 다니던 회사의 사장을 예로 들어보자. 그는 내게 책 한 권을 디자인하라고 건네주며 이렇게 말했다. "일단 만들어 놓게나. 나중에 봐서 잘못된 것이 있으면 일러줌세." 나는 먼저 어느 정도의 윤곽을 잡아달라고 요구했지만 그는 어깨를 한 번 으쓱하고는 내가 작업한 걸 봐야 뭐가 좋고 나쁜지 결정할 수 있겠다고 했다. 달리 어찌 해볼 도리가 없기에 그냥 내 자리로 돌아왔다. 나는 시간이 흐를수록 낭패감에 빠져들었다. 그러다 임기응변의 묘안이 떠올랐다. 나는 잡지란 잡지는 다 모아다가 사장 책상 위에 올려놓은 다음, 하나씩 보여주면서 어떤 디자인이 마음에 드는지 선택하라고 했다. 나는 사장이 마음에 드는 디자인들을 지적하는 것을 보며 속으로 쾌재를 불렀다. 그렇게 나는 그 일을 성공적으로 마칠 수 있었다.

날씨 역시 당신의 예상대로 움직이지는 않는다. 실제로 날씨는 당신이 뒤를 돌아보는 바로 그 순간에 변할 수도 있다. 아침에는 햇빛이 비치다가 오후에 갑자기 얄궂은 비가 내리기도 한다. 파란 하늘을 보고 산에 올랐는데 천둥과 함께 예상치 못한 폭우가 쏟아지는 경우도 있다. 언젠가 사촌 존 패트릭이 신비의 산 '빅 날리'의 정상 가까이 다가갔을 때 갑자기 주변이 어두컴컴하게 변했다. 당연히 구름이 지나가는 것이려니 하고 위를 올려다보았다. 그러나 수백 마리의 독수리 떼가 그의 머리 위에서 큰 원을 그리며 맴돌고 있는 게 눈에 들

일의 한가운데로 뛰어들자

어왔다. 그가 어떻게 했을까? 잠시 상황을 파악한 후 계속 산을 오르기로 결정했다. 그가 지금까지 등반했던 산들 중에서 가장 힘겹게 오른 산이었다. 그는 이러다 독수리의 먹이가 되는 게 아닌가 하는 걱정이 앞섰다. 그러나 그가 정상에 올랐을 때 독수리들은 모두 어디론가 사라져갔다. 그는 정상에서 혼자 중얼거렸다. "와, 이거 대단한 장관인걸."

산과 직업의 공통점이 또 하나 있다. 언제나 깜짝 놀랄 일들이 마련되어 있다는 것이다. 당신이 이 사실을 마음 속에 간직하고 있다면 당신은 완벽하게 대비를 마친 것이다. 억수 같은 비가 쏟아지기도 하고 하늘이 독수리로 뒤덮일 때도 있다. 그러나 어떤 상황이 발생한다고 해도 당신이 주의만 기울이면 그렇게 헤쳐나가기가 어려운 일도 아닐 것이다. 이제 폭풍우가 멎고 독수리의 위협도 사라지고 나면 눈앞에 펼쳐질 멋진 광경을 감상할 준비나 해두자.

좀더 시야를 넓혀서

달라이 라마는 그의 시집 《친절을 베푸는 방법(A Policy of Kindness)》에서 다음과 같은 말을 들려 준다.

당신이 회사에서 근무하거나 공장 노동자로 일하고 있다면, 비록 직접적으로 남을 돕지 못한다고 해도 간접적으로는 사회에 봉사하고 있는 것입니다. 비록 보수를 받기 위한 일을 하고는 있지만, 그것은 간접적으로 사람들을 돕는 일이므로 긍지를 갖고 일을 해야 합니다. '내가 하는 일은 사람들에게 도움이 되는 일이다' 라고 생각하도록 노력하십시오.

내 직업을 찾는 마음의 법칙

달아나듯 캘리포니아로 향했던 당시에 나는 불교명상센터에 나가기는 했지만 직장을 다니는 일이 나 자신을 초월한 어떤 행위라든가, 사회에 대한 봉사나 남을 돕는 행위라고 여겨 본 적은 없었다. 그것은 내가 좀더 넓은 시야로 세상을 바라보지 않았다는 것을 뜻했다. 당시 나는 그 직장에서 거의 신참이나 다름없었고, 직업을 단순히 직업으로만 보고 있었다. X만큼의 임무를 수행하고 나서 X만큼의 돈과 맞바꾸는 행위 정도로 여기고 있었고, Y만큼의 노력을 기울이면 정확하게 Y만큼의 보수를 되돌려 받아야 한다는 생각밖에 없었다.

어느 정도는 맞는 말이다. 그러나 나는 노동과 임금의 교환관계는 이해하고 있었지만, 내가 무엇을 주어야 하는지에 대해서는 아직 정확히 모르고 있었다. 내가 할 수 있는 최선을 다해야 한다는 것은 알고 있었지만, 나 자신이 다른 사람과 함께 공동의 목표를 향해 나아가는 더 큰 공동체의 일원이라는 생각을 해본 적은 없었다. 나는 신문사에서 내가 맡은 일이 사회에 어떤 이익을 돌려주는지는 고사하고 회사 전체에 얼마나 기여하는지도 고려해 본 적이 없었다. 내가 궁금했던 것은 단지 '이 회사에서 내가 얻을 수 있는 것이 무엇인가' 하는 것뿐이었다.

그 신문사는 개인적으로 상당히 많은 것을 얻을 수 있는 곳처럼 보였다. 나는 일 년을 더 그곳에 남기로 했다. 그리고 나는 후에 기대했던 것 이상으로 많은 것을 얻었다는 사실을 알았다. 내게 많은 것을 가르쳐 준 창조적인 작업, 만족할 만한 임금, 일과 흥미를 모두 중요하게 여기는 유쾌한 동료들, 게다가 그곳에서 익힌 일의 기초는 훗날 내가 출판업계에서 좋은 위치를 차지하는 데에 밑거름이 되었다. 동시에 나는 보다 넓은 시각으로 내가 하는 일을 바라보기 시작했다. 지

일의 한가운데로 뛰어들자

구상에서 벌어지는 갖가지 소식을 전하는 나의 작은 역할을 통해 사람들이 더 넓은 시야를 가질 수 있도록 도움을 주고 있었던 것이다.

나는 밧줄을 타고 산에 오르는 기술을 완벽하게 터득하진 못했지만, 밧줄에 의지해 산을 오르다 몇 번 죽을 고비를 넘긴 적이 있었다. 그래서 나는 할 수 없이 다른 방법을 택해야 했다. 그러나 어떤 방법으로 오르든 정신을 집중해서 산에 오르고 나면 나는 살아 있다는 느낌을 받고, 또한 산과 직업에 대한 새로운 인식이 형성된다. 나는 이것이 산을 오르는 가장 궁극적인 목적이라고 생각한다.

내 직업을 찾는 마음의 법칙

자유에 대한 또 하나의 시각

왜 그랬는지는 잘 모르지만, 몇 년 후 직업의 신은 나를 감옥으로 보냈다. 내 첫 직장이었던 신문사에서 그리 멀리 떨어지지 않은 같은 로키 산맥 줄기 아래에, 나는 다른 종류의 출판직을 구했다. 그곳에서 내가 한 일은 살인자, 강간범, 어린이 성추행범, 자동차 도둑, 강도, 마약 사범 그리고 매일같이 잡혀 오는 온갖 범죄자들과 관계된 일이었다. 그 일은 재소자들과 작은 구멍을 사이에 두고 하는 면담의 진행 결과를 적는 일이었다. 나는 콜로라도의 시골 감옥에서 일 년간 그 일에 종사했다.

그 곳에서 날마다 내가 했던 일은 그들의 극히 사적인 삶에 대해 질문을 하는 것이었다. 생전 처음 보는 사람(낯선 죄수들)과 얼굴을 마주 대고 그들의 어린 시절, 부모, 직장생활, 친분관계 등에 관해 꼬치꼬치 물어보는 모습을 상상해 보라. 살인자와 고작 두 걸음 떨어진 곳에 마주 앉아 마치 사업 이야기를 하듯 성생활의 구체적인 부분까지 아무렇지 않게 물어보는 것을 생각해 보라.

그런 다음 재소자들의 응답 방식을 분석하고, 자신의 개인적인 느낌을 첨부하고, 각 재소자에게 적합한 갱생 프로그램(갱생이 정말로

일의 한가운데로 뛰어들자

가능하다면)을 지적하는 정식 보고서를 써서 제출하는 모습을 상상해 보라. 이것이 당시 그 일에 몰두했던 나의 모습이다.

내가 면담을 진행하던 사무실은 감옥 안쪽 깊숙한 곳에 자리잡은 아주 작은 방이었다. 그곳에는 탁자 하나와 의자 두 개 그리고 감시카메라 하나가 전부였다. 그곳에 가기 위해서는 미궁처럼 복잡한 복도를 따라 한참을 걸어 내려가서 육중하게 잠긴 문 앞에 도달해야 한다. 그러면 방탄 유리로 된 통제실에서 무장한 간수가 나와 문을 열어 준다. 그는 내가 들어가고 나면 다시 뒤에서 문을 잠근다. 나는 아직도 날마다 일하러 갈 때, 내 뒤에서 '철컥' 하고 잠기던 자물쇠 소리가 여전히 나를 따라다니는 것 같다. 그리고 나를 지켜보며 내 동작 하나하나를 녹화하는 감시카메라도 보인다.

내가 면담을 마치고 떠나려 할 때 재소자 한 사람이 가끔 이렇게 말하곤 했다. "바깥에 나가서 한번 걸어보는 것이 소원입니다."(아이러니하게도, 이 말은 내가 임시직 근무를 마치고 사무실을 나설 때 정규직 직원들에게 자주 듣던 구절이다.) 나 역시 많은 재소자들이 그곳에서 떠나길 바랬다. 몇몇 재소자는 그들이 직접 쓴 시(詩)와 직접 그린 수채화를 내게 건네기도 했고 그들 가슴 속 가장 깊은 곳에 간직한 꿈들을 털어놓기도 했다. 또한 몇몇 사람은 나와 함께 명상도 하고 기도도 했다. 비록 그들이 범죄를 저질렀다고는 하지만, 그들의 마음은 여전히 나와 똑같은 인간이라는 것을 느낄 수 있었다. 그들 역시 일반 사람과 다를 것 없이 가족과 함께 살면서 세상의 일부가 되기를 원했다. 그들은 다시 한번 자유롭게 살아갈 기회를 기다리고 있었다.

나중에 알게 되었지만 여러 재소자에게는 감옥을 떠날 수 있는 기

내 직업을 찾는 마음의 법칙

회가 주어졌다. 몇몇은 봉사 명령을 받아 떠났고, 몇몇은 가석방되어 가족의 품으로 돌아갔고 보수가 좋은 직업도 구했다. 그렇지만 대부분의 재소자들은 연방 감옥으로 옮겨졌다. 몇 년 동안 아니 어쩌면 그들의 남은 인생 동안 그들은 저 자물쇠의 서늘한 메아리 소리를 들을 것이고 자신들을 지켜보는 감시 카메라의 눈에서 벗어날 수 없을 것이다. 또한 자유는 더 이상 그들의 것이 아니라는 사실을 끊임없이 되새기며 살아가야 할 것이다.

자유의 진정한 의미

내가 감옥에서 대규모 통신 회사로 직장을 옮겨 카피라이터로 일하게 되었을 때 나의 반응이 어떠했을지 상상할 수 있을 것이다. 출근 첫날, 내가 책상에 앉아 교도관이 안내하러 올 때까지 기다렸을 것 같은가? 비록 감옥에서 풀려났다고는 하지만 그 정도는 아니었다. 그러나 내가 현실에 제대로 적응하기까지는 한동안 시간이 필요했다. 나는 멍하니 앉아 엉뚱한 생각을 하기가 일쑤였다.

그러다 불현듯 내가 ‘자유롭다’는 현실을 깨달았을 때, 나는 사내 전화로 동료들에게 전화를 걸어 연극 배우처럼 과장된 말로 그 소식을 알리고 싶은 강한 충동을 느꼈다.

“그거 알아? 이젠 허가 없이도 화장실에 갈 수 있다고!”

“휴…… 이제 감시 카메라가 없으니 맘껏 코를 후벼도 되겠군.”

“만세, 자물쇠가 없어졌다. 아무 때나 빌딩을 나가도 된다!”

그러나 나는 자제하기로 했다. 나의 새로운 동료들은 틀림없이 2층의 정신과 의사를 부르려 할 테니까. 하지만 나는 수많은 아이디어를 떠올리고 있었다. 내 머리 속에는 중요한 뉴스의 헤드라인이 떠올랐

다. '우리는 직장에 자원한 병사들이다. 고용인이기는 하지만 우리는 모든 것에서 완벽하게 자유롭다!'

나는 자유를 찾은 것에 경외감을 느끼며 지금까지 내가 거쳐온 직업들을 다시 되돌아보았다. 신문사에 근무할 때는 내가 마치 감옥에 있는 것처럼 느껴져 필사적으로 달아나고 싶어했다. 재소자들을 면담하는 직업은 말 그대로 감옥이었다. 그리고 현재 광고 문안을 작성하는 일에서 나는 사실상 그 어느 때보다도 자유를 만끽하고 있다. 자유의 의미가 언제부터 변하게 되었을까? 고용인들이 갑자기 월급을 받는 자원봉사자가 된 것은 언제부터였을까? 사실 나의 시각 외에 달라진 것은 아무것도 없다. 헤르만 헤세의 말처럼 인정하는 것은 단지 내 마음이 치러야 할 대가였다.

나는 전에 참여한 적이 있는 한 선(禪)수련회를 생각했다. 그곳의 교사는 자신이 처음으로 참여했던 길고 길었던 수련회에 관해 자세히 설명해 주었다. 첫째 날, 그녀는 흥분으로 가슴이 떨렸다고 했다. 모든 것이 새로웠고, 모든 것에 대해 알고 싶었다. 둘째 날, 새로움은 조금씩 사라지기 시작했고, 휴식 시간도 없어졌다. 셋째 날이 되자, 그녀는 자유로운 세상에 나가 초콜릿을 먹을 수 있는 시간에 몇 시간이고 명상용 방석에 앉아 있는 사람들의 정신 상태를 의심하기 시작했다. 마침내 넷째 날 아침, 기상을 알리는 징 소리에 잠을 깨며 그녀는 입으로 욕설을 내뱉었다. "빌어먹을, 또 시작이란 말이야?" 그리고 그 날 내내 그녀는 이 말을 주문처럼 외우고 다녔다.

그렇지만 그녀는 이 수련을 마치고 나면 자신의 사고 방식을 바꿀 수 있지 않을까 하는 생각이 들었다. 그래서 다섯째 날 아침에 징이 울리자, 그녀는 '이걸 꼭 해야만 되나' 하고 불평하는 대신 자신에게 다짐했다. "나는 이걸 꼭 해내고야 말겠어. 나는 수련회에 참석하게 된 이번 기회에, 내게 필요한 가르침을 모두 받아들이겠어." 그것은 그녀에게 하나의 중요한 전환점이 되었다. 그녀는 그 다짐을 수련회에만 적용시킨 것이 아니라 자신의 삶에 하나의 행동지침으로 만들었다. 직업도 이와 같다. 시작할 당시에는 모든 것이 새롭고 흥미롭다. 그러나 금방 편안한 일상에 안주해버린다. 당신이 주의를 기울이지 않으면, 얼마 지나지 않아 그 일상이 "이걸 꼭 해야만 돼?"라고 불평하는 상황으로 변할지도 모른다. 그것은 당신이 더 이상 자유롭지 않다는 것을 의미한다.

"나는 이 일을 해 낼 거야." 이 말에는 자유의 울림이 있다. 당신이 언제 어떤 직업을 택하든 선택의 자유가 당신에게 있다는 사실을 상기시킨다. 당신은 이렇게 말할 것이다. "좋아, 이 일이 세상에서 최고의 직업이라고 할 수는 없겠지만, 어쨌든 지금은 이 일이 나를 지탱하고 있잖아. 이 일은 나의 능력을 더욱 발전시킬 거야. 그러면 나는 어디든지 갈 수 있겠지."

직장 생활을 할 때는 수많은 선택의 길이 있다. 그리고 우리를 자유롭게 해 줄 몇 가지 방법이 있다.

- 주어진 상황에서 부정적인 면에 초점을 맞출 것이 아니라 긍정적인 면을 바라보자.
- 동료들과의 관계에 중요한 의미를 부여하고 생활의 질을 높이고 동료들과 서로 의지하는 관계를 유지하자.
- 벅찬 업무가 있다면 불평만 하거나 곤경에 빠진 채 가만히 있지 말고 그 도전을 받아들이고 해결하자.

- 항상 긍정적인 자세를 갖고 일이 주는 중압감으로 인해 생활의 즐거움이 방해받지 않게 하자.
- 권위를 나타내는 상징과 정책들을 구속이 아닌 하나의 지침으로 여기자.
- 더 많은 교육과 훈련으로 발전을 꾀하자.
- 필요하다면 휴식을 취하자. 가끔은 느긋하게 앉아 긴 점심시간을 갖고, 오후에 스케줄에 없던 수목원이나 미술관을 둘러보는 여유도 가져보자. 어쩌면, 하루를 완전히 투자해서 휴식을 취해야 할지도 모른다.
- 현재의 일이 나와 너무 맞지 않는다고 느껴질 때 또는 이 일을 하고 있기엔 내 능력이 넘친다고 생각될 때, 아니면 단순히 새로운 기회를 맞이하고 싶을 때는 다른 직업을 찾아보는 것도 좋다.

나는 또한 직장에서 좀더 많은 자유를 얻기 위해서는 타협이 필요하다는 사실을 깨달았다. 비즈니스의 세계에서는 실제로 당신이 생각하는 것보다 훨씬 많은 것들이 협상의 대상이 되기 때문이다. 만일 당신이 그것을 요구한다면 말이다.

비록 신문사에서는 휴가를 내는 일에 대해 타협하지 못했지만, 그 후 많은 상황에서 나는 자유롭게 협상을 할 수 있었다. 예를 들어, 나는 그 동안 내가 회사에 얼마나 기여했는지에 관한 리스트를 작성한 후, 사장에게 회사의 이익을 위해 내가 얼마나 끊임없이 노력했는지를 제시함으로써 새로운 임금 수준과 직위에 관한 타협에 여러 번 성공했었다. 또한 근무 시간의 자유, 업무 교대, 직무 연장 등에 관해서도 협상을 벌였고, 그렇게 오래 근무하지 않았던 임시 직장에서도 협상을 시도했다. 생각해 보라. 내가 일했던 감옥의 재소자조차 모범적인 생활을 하면 가석방을 받지 않았던가.

봉사 명령

나는 그렇게 오랫동안 그 감옥에서 일한 것은 아니지만, 노동 봉사 명령을 받고 풀려났거나 가석방 후에 다시 일자리를 구할 수 있었던 몇몇 재소자들과는 아직도 연락을 계속하고 있다. 그들은 편지에 여전히 자유에 대해 언급하고 있다. 그들이 감금되기 전에 자신들이 자유라 생각했던 것과 지금 그들이 바라브는 관점에서 자유를 비교하면서 말이다. 최근의 한 편지는 이렇게 쓰고 있다. "자유를 빼앗겼던 경험은 제가 지금껏 당연한 것으로만 여겼던 일들을 다시 돌아보게 합니다. 불필요한 위험을 감수하지 않고 자유를 누릴 수 있는 것이야말로 진정 중요한 일이라는 것을 새삼 깨달았습니다."

그의 편지에서도 읽을 수 있듯이, 그들은 내가 항상 자유에 대해 자각할 수 있도록 일깨워 준다. 내가 어떤 특정 동료나 특별한 일거리에 대해 거부감을 느낄 때 봉사 명령을 받은 재소자의 심정을 생각해 보게 함으로써, 그들은 내게 봉사의 정신을 심어 준다. 그들은 내가 편견을 없애고 새롭게 시작할 수 있도록 나의 성장을 도와준다. 아무도 내게 지푸라기에서 황금을 만들어 내라고 명령하지 않는다는 사실을 깨닫게 하고, 아무리 까다로운 사장을 만나도 마감 시간까지 엄청난 일감이 쌓여도 내가 해낼 수 있는 일의 양을 나 스스로 선택할 수 있다는 사실을 일깨워 준다. 내가 직장에서 대체로 좋은 대우를 받고 그곳에서 쌓은 경험이 앞으로도 많은 기회를 보장하고 만족할 만한 보수를 가져다 준다면, 나는 이 회사에 남는 것을 선택할

일의 한가운데로 뛰어들자

것이다. 그렇지만 내가 하는 일에서 더 이상 어떤 비전도 찾을 수 없
다면, 나는 직장을 옮길 수도 있다.

　재소자들과 함께 한 경험은 내가 일을 할 때나 삶을 살아갈 때 다
른 시각으로 자유를 바라볼 수 있게 한다. 또한 얼마나 많은 가능성
이 내 앞에 있고, 그것을 선택할 수 있다는 것이 얼마나 큰 기쁨인지
를 항상 기억하게 한다.

인간으로 대접받는가? 직함으로 대접받는가?

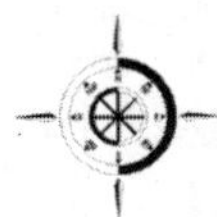

　파티에 가서 누군가 처음 보는 사람을 만났을 때, 그 사람이 가장 먼저 하는 질문은 대부분 '그런데 무슨 일을 하시죠?'라는 것이다. 이런 경우를 셀 수도 없이 많이 겪었기 때문에 당신 역시 이 질문이 의미하는 것이, 어떤 종류의 자원봉사를 하고 있는지 또는 따뜻한 여름날 저녁 기분 전환을 위해 무엇을 하는지 혹은 이웃의 애완용 보아 구렁이가 당신의 대문 밖의 단풍나무를 스르르 감고 올라가는 것을 보았을 때 당신이 어떻게 반응할 것인지를 묻는 것이 아니라는 것을 당신은 안다.

　물론 그 질문의 뜻은 "먹고 살기 위해 무슨 일을 하느냐?"는 것이고, 보통 이렇게 대답한다. "전기기사입니다" 또는 "초등학교에서 아이들을 가르쳐요" 또는 "증권 인수팀에서 일하고 있습니다." 그때서야 질문한 사람은 비로소 당신이 누구인지를 안다고 믿는다. 물론, 이 질문이 단지 대화를 이끌어가기 위한 시작이라는 것을 안다. 대부분의 사람들은 어느 정도 능력이 있고 직업을 갖고 있기 때문이다. 하지만 나는 가끔씩 이 특정한 질문이 어떻게 서로를 소개하는 인사말의 첫 부분에 놓이게 되었는지 궁금하다. 그것 말고는 다른 말이

일의 한가운데로 뛰어들자

생각나지 않아서일까? 그가 또는 그녀가 어떤 일을 하는지 알아야만 그 사람을 안다는 느낌이 들기 때문일까? 아니면 우리 마음 속에 등급을 매기는 기준이 있어서 그 사람이 어디에 해당되는지를 알아야만 마음이 편해지는 걸까? 아마 모두가 조금씩은 일리가 있는 말일 것이다. 하지만 나는 아직도 우리가 어떻게 직함, 즉 우리가 하는 일과 우리 자신을 동일시할 수 있는지 그것이 실제로 어떤 의미인지 곰곰이 생각하게 된다.

독일의 말 도둑 그리고 또 다른 신분

독일 혈통을 이어받은 내 어머니 집안에는 아주 오래 전의 선조들이 말 도둑이었다는 이야기가 전해져 내려온다. 그 이야기에 따르면, 몇 세대에 걸쳐서 그 집안 사람들은 훔친 말을 몰고 국경을 넘어서 유럽 전역의 다른 나라에 파는 사업을 했다고 한다. 사실 그 일이 어떻게 시작되었는지 또는 그것이 사실인지는 아무도 확신할 수 없다. 하지만 말을 훔치는 일은 어머니의 가문이 지닌 동질성의 일부인 것처럼 보였다. 아마 말을 훔치는 속성이 우리의 유전자 안에까지 들어가 있을지도 모른다.

그 이야기에 따르면, 마침내 말 도둑질에 진력이 난 한 선조가 배를 타고 미국으로 건너가 부두 노동자로 일하게 되면서, 나머지 가족들도 그를 따라 건너가서 여러 직업에 종사하게 됐다고 한다. 따라서 말 도둑이라는 어머니 가문의 가업은 거기서 끝이 났다. 그리고 어머니와 내가 아는 한 그때부터 우리 가족 중의 누구도 말을 훔친 적은 없다.

우리 중 많은 사람들에게 직함이 그 사람의 신분을 의미한다는 것은 사실이다. 우리는 말 도둑이나, 의사, 식물학자 또는 레슬링 선수라는 직업을 갖고 있다. 직업은 단순히 우리가 태어날 때부터 정해지기도 한다. 직업은 집안의 가업으로 또는 숙명으로 아니면 억제할 수 없는 충동으로 우리를 엄습한다. 내가 만난 한 여성은 자기 자신과 자신의 시(詩)를 동일시하는 마음이 너무 강했던지, 자기를 소개할 때 "클로에(전원시에 나오는 양치기 소녀의 이름) 시인(詩人)입니다"라고 했다. 아마 그녀는 무심결에 그 말을 내뱉었을 것이다. 내가 아는 한 남자는 편지지에 인쇄된 자신의 이름 길에 '사업가' 라고 써넣기는 했지만, 아무도 그가 실제로 무슨 일을 하고 있는지 모른다. 그리고 내가 몇 년 전에 함께 일했던 그래픽 디자이너 한 사람은 '예술가'였다는 그의 동료만 생각하면 진저리를 쳤다. 이런 사람들에게는 직함이 바로 그들 자신이었고, 그들 자신이 바로 직함이었던 것이다. 그러나 어떤 사람들에게는 배경과 재능과 취미가 그들의 직함과 완전히 별개의 것이기도 하다. 내 친구 존을 예로 들어보자. 파티에 가서 그에게 무슨 일을 하냐고 물으면, 그는 이렇게 대답할 것이다. "영사 기사입니다." 그가 낮에 하는 일은(밤에 하는 일이라고 말해도 별 상관없다. 말 그대로 깜깜한 곳에서 일을 하니까) 영화관의 영사실에서 이루어진다. 그는 이 일을 좋아한다. 월급을 받으면서 좋은 영화를 맘껏 볼 수 있기 때문이다. 하지만 그가 가장 좋아하는 것은 개미다. 그는 온 집안에 개미 농장을 차려놓고 그들의 행동을 관찰하고 그 행동양식을 도표로 만들고 관찰일지를 쓰며 시간을 보낸다. 영화는 존에게 생활을 보장하지만, 곤충학이야말로 그의 진짜 직업인 것이다.

친구 티나가 진짜 잘하는 일은 그녀의 직함과 일치하지 않는다. 현

일의 한가운데로 뛰어들자

재 그녀는 언어학 계통의 직업을 구하면서 임시로 텔레마케팅과 오퍼레이터 일을 하고 있다. 따라서 당신이 파티에서 전채(前菜)요리 테이블 앞에 서 있는 그녀에게 직업을 물어 본다면, 그녀의 대답만 듣고는 그녀를 제대로 알 수 없을 것이다. 또한 티나가 합기도 검은 띠 유단자라는 사실을 알게 된다면, 당신은 그녀와 더 재미있는 대화를 나눌 수 있을 것이고 그녀에 대해 더 많은 것을 알게 될 것이다. 그녀가 우크라이나어를 포함한 5개 국어에 능통하고 일 주일에 하루 저녁은 ESL 학원에 강의를 하러 나간다는 사실과 또한 쿄토에서 영어와 불어 강의를 하면서 일본 문화를 공부한 적이 있고 지구의 반을 여행했다는 사실도 알게 될 것이다.

사람들이 종종 자신의 직업 이외의 일에서도 능력을 발휘하여 그들의 삶을 잘 이끌어가고 있음에도 불구하고 우리 사회는 직함에 너무 현혹되어 있다. 모든 것에 라벨을 붙여 놓아야 한다. 나는 머피라는 아주 작은 푸들 강아지를 만난 적이 있는데, 심지어 그 개조차 직함이 있었다. 머피는 애완견 보호 시설에서 '근무' 하고 있었고, '등록된 보조견' 이라고 씌어진 빨간 배지를 달고 있었다. 그 모습이 무척 귀여웠다는 것은 인정하지만 그때 내게 떠오른 생각은 직함도 아름다움만큼이나 깊이를 가질 필요가 있다는 것이다.

직함에 대한 올바른 시각

열세 살 되던 해 나는 루이스 리키 박사와 함께 즐거운 저녁 시간을 보낸 적이 있다. 그분은 코넬대학의 고고학 교수였는데 그날 내 친구의 아버지를 방문했었다. 나를 어른처럼 대해주고, 내 친구의 고양이 피터와 놀아주는 그 백발의 신사와 함께 우리는 한동안 정말 즐거웠다. 내가 리키 박사는 아주 멋진 사람 같다고 친구에게 말하자, 그녀는 깜짝 놀라며 말했다. "아냐, 이런 바보! 너 모르고 있었니? 그는 멋진 사람이 아니라 유명한 고생물 학자야."

실용적인 관점에서 본다면, 직함이 꼭 필요한 목적을 채워 준다는 것은 분명하다. 그 직함에 해당되는 일과 그 일을 할 수 있는 사람을 짝 지워 놓음으로써, 우리는 우리에게 필요한 물품이나 서비스를 제공할 사람을 쉽게 찾아낼 수 있다. 유명한 고생물 학자를 필요로 하는 프로젝트에 해양 건축가는 적합치 않다. 그리고 당신의 차가 고장났거나 수도꼭지가 샌다면 정비사와 배관공이 필요할 것이다. 직함이 없다면 그 일을 할 수 있는 사람을 어디에서 찾아내겠는가?

좀더 개인적인 측면에서 본다면, 직함은 우리의 능력을 확인하고 경력을 쌓는 데 유용하다. 따라서 직함은 승진의 발판이 되고 성공적인 직업인이 되는 가장 빠른 방법이다.

그러나 인생의 다른 모든 것과 마찬가지로 우리가 올바른 시각을 유지하지 않는다면, 직함은 잘못 취급되기 쉽다. 우리가 직함을 너무 지나치게 중요시하거나 개인적인 명성에만 집착한다면, 직함은 괴물로 변해버릴 것이다. 그 좋은 예가 위에서 언급한 '예술가'이다. 그는 '예술가'라는 직함에 너무 열중한 나머지, 자신의 가장 창조적인 작업을 제외하고는 모든 것을 거부하기 시작했다. 그는 문서를 타이핑하거나 사진을 복사하는 일 따위는 자신이 할 일이 아니라고 불평했다. 그리고 그는 까다롭게 엄선한 그객들만 상대하려 했다. 그가 스스로를 '예술가'라고 생각하는 한 그는 오직 최고만을 차지해야 했다.

그런 사이에 역시 예술가였던 그의 동료들은 분개하여 기강을 바

일의 한가운데로 뚜어들자

로잡을 필요가 있다고 생각했고, 그 '예술가' 가 엄선한 고객들도 서서히 그를 피하기 시작했다. 그들은 좀더 상냥하고 그들의 요구를 융통성 있게 받아들이는 그의 다른 동료들과 일하고 싶어했던 것이다.

직함은 또 다른 방식으로 우리를 따라다니며 괴롭히기도 한다. 우리는 늘 자신이 현재보다 더 나은 존재가 되어야 한다고 느끼기 때문에 직함이 우리의 자부심이나 자존심에 상처를 줄 수 있다. 한 회사의 접수 창구에서 일하는 어느 여성은 자신이 그 비지니스 세계에서 가장 밑바닥에 있다고 느껴 부끄러운 마음에 항상 고개를 숙이고 다녔다. 그녀의 생각에 다른 사람들은 모두 그녀보다는 뛰어난 직업을 가진 것 같았다. 그들은 실질적으로 회사에 기여하고 있는데 반해, 그녀가 하는 일이라곤 오직 전화를 받는 일뿐이었다. 하지만 그녀의 명랑한 미소와 따뜻한 배려가 회사에 얼마나 크게 기여하고 있는지를 그녀 자신은 깨닫지 못하고 있었다. 또한 그녀의 일이 실제로 얼마나 중요한지도 모르고 있었다. 그러나 그녀는 회사의 첫인상을 만들어가고 있었다. 그 첫인상은 직업 세계에서 성공하는 데에 아주 결정적인 역할을 하는 것이다.

초감 트룽파 * 는 이렇게 말했다. "당신이 주유소의 직원이건 나라의 대통령이건 그건 중요하지 않습니다. 당신에게서 살아갈 가치가 있는 장점을 발견해낸다면 당신이 누구이든 무슨 일을 하든 자신을 존중하며 살 수 있습니다." 흔히 직업이 우리를 규정짓는다고 생각하지만 사실 직업을 만들어낸 것은 우리가 아닌가? 결국 모든 지위와 모든 직함은 살아 숨쉬는 인간들이 만들어낸 것이다. 바로 인간들이

---

* 초감 트룽파 : 20세기의 중요한 신비 사상가의 한 명으로 티벳불교를 서구에 알리는 데 중요한 역할을 한 사람

내 직업을 찾는 마음의 법칙

수많은 재능과 인생의 경험이 쌓인 이 독특한 공동체를 만들어냈고, 그 공동체는 그들이 직장에 입사하기 여러 해 전부터 이미 존재하고 있던 것이다. 따라서 직함이 우리를 정의할 수는 없다. 하지만 마이스터 에크하르트가 말한 것처럼, 우리는 우리의 일에 품격을 더할 수는 있다. 우리는 우리가 가진 최선의 모습을 보여줄 수 있으며 놀랄 만큼 상황을 변화시킬 수도 있다. 당신이 하고 있는 일이 무엇이든.

직함이라는 미끼

친구 캐시는 직함과 직무의 내용 설명서야말로 지금까지 그녀가 본 것 중 가장 완벽한 허구라고 말한다. 나도 전적으로 동의한다. 때때로 나는 구인, 구직 광고를 자세히 읽어 보기도 한다. 나는 요즘 직업의 신이 어떤 음식을 차려 놓는지를 살펴본 후에 내가 최근에 본 것이 직함을 창조해 내는 추세인지 궁금해졌다. 예를 들어, 쓰레기를 치우는 사람을 '공중위생 전문가'라고 부르고, 관리 보조원은 '전문요원', 집에서 아이들을 키우는 여성은 '전문주부', 잠수장비 상점 직원은 '해저 예술가' 기타 등등. 이는 완벽한 허구일까 아니면 어느 정도는 진실일까?

가장 최근에 내 시선을 끈 것은 애완동물 상담원을 구하는 광고였다. 나는 상상 속에서 내가 메모장을 손에 들고, 스프링어 스파니엘 종의 개가 뱃속의 아기 강아지와 교감하도록 도와주는 모습을 그려 보았다. 그러나 상상만 하기에는 나는 너무 의심이 많은 사람이었다. 그래서 광고에 적혀 있는 번호로 전화를 걸어 도대체 무슨 일을 하는 것인지 물어봤다. 그쪽에서 하는 말이, 상담원이 하는 일은 온갖 애완용품을 팔고, 금전 등록기를 다루고, 새장을 청소하고, 동물들을

훈련시키고, 부수적으로 가끔 애완동물에 관한 정보를 제공하는 일
이었다. 바로 이 부분이 직함에 적혀 있는 '상담'을 의미한 것이었
다.

　이런 직함은 평범하고 단조로운 일보다 좀더 재미있는 일을 원하
는 지원자들을 유인한다. 내 말은 조금 더 재미있는 일을 하면 안 된
다거나, 사람들이 보다 창조적인 직함을 가지면 안 된다는 말이 아니
다. 하지만 구직자들이 반드시 알아야 할 것은 실제로 떠맡아야 할
임무가 직함이 의미하는 일과 정확히 일치하지 않는다는 것이다. 다
른 세계와 마찬가지로 직업의 세계에도 은어가 만연하기 때문이다.
내가 주워들은 지식에 따르면 '전문가'는 온갖 일을 두루 다 하는 사
람을 의미할 때가 많고, '상담원'은 판매나 청소 등의 일을 하는 사
람을 표현할 때 사용된다. '예술가'는 자주 등장하는 말로서 꼭 예술
적이 아니더라도 손을 사용하는 일에 광범위하게 사용된다. 물론 이
직함들이 실제로 하는 일과 일치하는 경우도 있다. 하지만 행간의 의
미를 잘 파악하고 고용주에게 많은 질문을 함으로써 그 직함이 실제
의 일을 얼마나 반영하고 있는지 확인하는 것이 가장 중요하다.

　비록 이런 직함이 처음에는 사람들에게 그 직업에 대해 좀더 좋은
인상을 줄지도 모르지만, 고용주가 고급 인력을 보다 수준이 낮은 직
업으로 유인하는 속임수로 이용할 수도 있다. 나는 그런 경우를 아주
많이 봤다. 고용주는 능력이 뛰어난 사람을 끌어들이고 싶은 욕심 때
문에 직무 내용을 미화한다. 이런 방법은 보통 쉽게 통용이 되어서
실제로 고용주가 필요로 하는 수준 이상의 능력을 갖춘 지원자들이
대거 몰려든다. 면담이 진행되는 동안 실질적인 직무 내용이 드러나
고, 고용주는 발전의 "잠재력"이 있음을 강조한다. 다시 말해, 고용

내 직업을 찾는 마음의 법칙

인들이 처음에는 광고에 적힌 대로 일을 해 나갈 수 없겠지만, 앞으로 그 업무를 추가할 수도 있다는 설명을 곁들인다. 경우에 따라서는 고용주가 진실을 말하는 것일 수도 있다. 하지만 대개의 경우, 고용주는 단지 곧바로 업무에 투입할 숙련된 기술자만을 원할 뿐이다.

나는 비서직에서 벗어나려고 안간힘을 쓰던 한 여성이 이런 종류의 직업을 갖게 된 것을 보았다. 그녀는 '비서'가 아니라 '기획 관리자'라고 불리게 된 것을 기뻐하며 그 일을 즐거운 마음으로 시작했다. 그러나 그녀는 그 직함이 다른 직원들이 창조적인 일을 하다가 흘린 빵 부스러기를 쓸어내는 업무를 그럴듯하게 표현한 것이라는 걸 알게 되었다. 특정한 임무를 맡지 못하고, 동료들의 최종 작업을 정리하기 위해 그녀는 끊임없이 불려다녀야 했다. 그녀는 그 일이 적성에 맞지 않음을 느꼈다. 먼저의 비서직에서는 최소한 그녀 자신의 일이 있었다. 불행하게도 고용주나 고용인 모두에게 그 상황은 삼 개월을 끌지 못했다. 결국 그들은 양쪽 다 구인/구직 작업을 다시 시작해야 했다. 직무에 관해 정직하지 못할 때 과연 어느 누가 승자가 될 수 있을까?

일의 한가운데로 뛰어들자

정상에 이르는 또 다른 길

아마 성공담을 듣기 싫어하는 사람은 없을 것이다. 그래서 나는 여기에 몇 가지 성공담을 소개하려고 한다.

지질학자인 리는 몇 년 전 석유 공장의 파업에 가담한 후 직장을 잃었다. 그는 다섯 명의 아이들을 부양해야 했기 때문에 무엇보다도 새 일자리를 찾는 것이 시급했다. 그래서 처음으로 찾아낸 정규직 직업인 시내버스 운전 기사직을 받아들이기로 했다. 비록 바쁜 교대 시간과 까다로운 승객, 매일매일 똑같은 길을 운전해야 하는 단조로움에 적응해야 했지만, 그는 최선을 다해 일을 했다. 일을 하는 동안 인내심과 융통성, 승객의 안전에 대한 책임감 그리고 자신의 일에서 유머 감각을 키워나갔다. 어떤 어려운 일에 부딪혀도 해결해 낼 수 있다는 자신감이 그를 항상 즐겁게 했다.

그렇긴 해도, 리는 그가 남은 인생 동안 버스만 운전하며 살 수는 없다는 것을 알고 있었다. 그렇다고 곧 지질학과 관련된 직업에 복귀하리라고 확신할 수도 없었다. 그래서 그는 그의 오랜 관심 분야였던 외무직에 지원하기로 결심했다. 시험이 너무 어려워 몇 년을 공부해도 합격하기 힘들다는 것을 알고 있었지만, 그럼에도 그는 진지하게

내 직업을 찾는 마음의 법칙

그 일에 매달렸다(한 예로, 그는 공공 도서관에서 80권이나 되는 책을 빌려 보았다). 그리고 칠 년 후 그는 자신의 목표를 실현했다. 그는 지금 발트 제국의 한 대사관에 부영사로 근무하면서 정상을 향한 그의 길을 가고 있다.

이번에는 오드라의 이야기를 해보자. 오드라는 한 리서치 회사의 접수 창구에서 일하며 생활을 꾸려가고 있었지만, 아프리카에 가서 영장류를 연구하는 동물학자가 되겠다는 일생일대의 꿈을 향해 한 걸음씩 나아가고 있는 중이었다. 그녀는 이미 생물학 학위를 땄고 대학을 마친 후 르완다로 여행도 다녀왔지만, 그녀의 목적을 이루기 위해서는 추가로 몇 가지의 필요 조건을 충족시켜야 한다는 것을 깨달았다. 하지만 그 필요 조건이 무엇인지 확실치가 않았기 때문에 그녀는 몇몇 고릴라 재단에 출입하면서 그 분야에서 유명한 전문가들과 만남을 유지했다. 그들 중 많은 이들이 그녀에게 중요한 식견을 제공했고 그녀가 계획을 실행할 수 있도록 도움을 주었다. 그녀는 스스로 다음과 같은 그녀만의 계획표를 작성했다. (1) 고급 학위를 취득할 것, (2) 야생동물 촬영기술을 배울 것, (3) 직장에 잠깐 동안 휴가를 내고 다시 한번 아프리카로 떠날 것, (4) 그녀가 참여하고 싶어하는 영장류 보호단체와 관계를 확고히 할 것.

그런 동안 그녀는 힘든 일과를 기꺼이 참아냈다. 끊임없이 울리는 전화 벨 소리 속에서 그녀의 제의를 거절하는 편지들과, 그녀에 대한 염려에서 도저히 불가능할 것처럼 보였던 그녀의 계획을 막아보려 애쓴 친구들과 동료들의 만류를 끝내 이겨냈다. 4년 후 그녀의 힘든 작업이 마침내 결실을 맺게 되었을 때, 주변 사람들이 얼마나 놀랐을지 한번 상상해 보라. 내가 그녀를 마지막으로 보았을 때, 그녀는 그

일의 한가운데로 뚜어들자

때까지 다니던 리서치 회사에 2주 후 퇴직할 것이라고 통보한 후, 자신이 꿈꿔온 일을 하러 떠나기 위해 짐을 싸고 있었다.

꿈이 이루어지도록

소설가로서 글쓰기에 관한 책을 썼던 존 가드너는 이런 말을 했다. "진정한 글을 쓰기 위해서는 꿈을 이루어야만 합니다." 비록 이 말은 야심에 찬 작가들을 겨냥한 것이긴 하지만 사람들이 꿈꾸는 그 어떤 일에도 적용될 수 있을 것이다. 외교관이 되는 일, 아프리카에서 영장류를 연구하는 동물학자가 되는 일, 장거리 달리기, 패션 사진 촬영 등 무슨 일에든지. 그의 충고는 당신이 기회를 갖길 원한다면 그 기회를 잡으라는 의미이다.

나는 작가가 되고 싶어하는 사람들을 자주 만난다. 그들은 글을 쓸 시간이 별로 없다고 한다. 물론 하루가 백 시간 이상이 된다면 글쓰기가 훨씬 더 쉬우리라는 것을 나도 안다. 엄청나게 할 일이 많지만 않다면 가능성은 훨씬 더 커질 것이다. 하지만 당신이 작가가 되고 싶다면 작가가 되고 싶다고 혼잣말만 하지 말고 진짜 작가가 되는 일에 뛰어들어 보라. 삶이 당신의 머리 주위를 시속 80마일의 속도로 달리며 내는 그 굉음을 무시하고, 잠시 길에서 내려 글을 쓰고 싶어하는 당신의 창조적인 영혼과 데이트를 즐겨 보라.

당신이 자신의 꿈을 진지하게 생각한다면 그때가 바로 시작할 때이다. 당신의 꿈이 가장 우선이라고 자신과 협상을 맺는 때가 시작할 시간인 것이다. 당신의 친구가 어찌 생각하든, 당신의 동료가, 메두사 이모가, 볼프강 삼촌이, 다른 누가 어떻게 생각하든 아무 상관이 없다. 또한 당신의 열망이 살아 숨쉬고 힘이 넘칠 때 자리에서 일어나 한 걸음씩 목표를 향해 걸어나가 보라.

　내 친구 마이크는 일 주일에 다섯 번 개일 저녁 식사를 마친 후에 글을 쓰기로 자신과 약속함으로써 목표를 향한 첫 발을 내딛었다. 그가 자신의 창조적인 영혼과 맺은 협정은 최소한 30분 간 글을 쓰거나 한 장면을 마무리할 때까지 쓰거나 둘 중 먼저 끝나는 쪽을 택하기로 했다. 어떤 날은 단 30분 동안만 글을 쓰기도 했고, 어떤 날은 한밤중까지 정신없이 글쓰기에 몰두하기도 했다. 그는 자신의 글이 제대로 편집될 수 있을지는 걱정하지 않고 그저 글을 써내려 갔다. 그는 자신이 쓴 글이 책으로 출판되거나, 그 책이 서점의 책꽂이에 꽂히는 모습은 상상하지도 않았다. 그는 그저 글을 쓸 뿐이었다. 그는 자신이 쓴 책이 대성공을 거두어 직장을 그만두고 엄청난 명성을 얻고 넉넉한 인세로 살아가는 모습을 상상하고픈 유혹을 물리쳤다. 그는 그저 쓰고, 쓰고 또 썼다.

　몇 달 후 마이크는 그가 쓴 글을 친구들에게 선물로 보냈다. 비록 단행본으로 출판되진 않았지만, 그 중 몇몇 작품은 문학잡지에 실렸고, 그 일은 그가 글쓰기를 계속하는 데에 적지 않은 힘이 됐다. 그는 글쓰기 모임에 참여했던 것을 감사하게 생각한다. 글쓰기 모임의 회원들은 그가 자신의 생각을 솔직하게 털어놓을 수 있게 도와주었고, 그의 문체가 지닌 결함을 없애도록 도움을 베풀었으며 좀더 빨리 그리고 쉽게 글쓰는 법을 가르쳐 주었다. 그 모임은 또한 그에게 어떤 일이 있더라도 계속 글을 써나가야 한다는 것을 강조했다. 그는 이제 하루에 두 시간씩 사이코 스릴러 소설을 쓰고 있다.

　당신이 어떤 꿈을 갖고 있든 이와 똑같은 원칙을 적용할 수 있다. 사회사업, 에어로빅 강습, 전자출판 등 그 무엇이든 …… 당신이 비

일의 한가운데로 뛰어들자

록 지금 당장 학교로 돌아갈 시간도 돈도 없다 하더라도, 지금 하는 일에 많은 시간을 뺏긴다 하더라도, 비록 당신의 삶이 편집되지 않아 숨쉴 틈도 없이 나열된 문장들의 끊임없는 연속이고 당신 앞에 멀고 먼 길이 놓여 있다 하더라도, 여전히 당신은 작고 좁은 길에서나마 꿈을 이루기 위한 열정을 불사를 수 있다. 당신은 지역사회의 봉사기 관을 통해 일 주일에 몇 시간씩 자원 봉사를 할 수도 있다. 직장 내에 에어로빅 프로그램을 개설해서, 점심 시간을 이용해 동료들에게 강 습을 할 수도 있다. 글쓰기 모임에 참여하거나 지역 사회의 무료 강 좌에 나가 전자출판 강습을 받고 당신과 비슷한 꿈을 가진 사람들을 찾아낼 수도 있다. 당신에게 조언과 지지를 했던 전문가와 같은 대열 에 설 수도 있을 것이다. 당신이 하루에 단 한 시간밖에 시간을 못 내 더라도 그 짧은 시간 동안이나마 완전히 몰두하면 된다. 당신이 이용 할 수 있는 시간이 어떤 시간이든 당신의 꿈을 이루기 위한 일을 한 다면, 그 시간은 살아 숨쉬는 시간으로 변할 것이다.

시간 여행

유명한 만화《캘빈과 홉스》중에 캘빈이 학교 시험을 피하기 위해 타임머신을 타고 미래로 여행을 떠나는 장면이 있다. 캘빈의 계획은 여행에서 돌아와 시험지를 완벽하게 써낸 다음 좀더 원대하고 훌륭 한 일을 찾기 위해 길을 다시 떠나는 것이었다. 나도 이 책을 쓰기 시 작하면서 그와 똑같은 계획을 시도했지만 아무런 소용이 없었다. 나 는 현실로 돌아와 캘빈처럼 쭈그리고 앉아 시험을 치러야만 했다.

당신의 꿈을 실현하기 위한 한 가지 방법은 시간을 따라 여행하며 당신 자신을 바라보는 것이다. 앞으로 몇 년이라는 시간 내에 당신이 이루고 싶은 목표를 정한 다음, 당신이 그 목표에 도달하기까지 거쳐야 할 시간들을 들여다봐야 한다. 물론 현재도 포함해서. 현재는 당신이 가진 가장 강력하고 커다란 자산이다. 당신이 꿈을 실현하려 할 때, 지금 당신의 발이 딛고 있는 곳이 바로 현실이기 때문이다. 처음에는 어림도 없어 보일지 모른다. 하지만 이렇게 생각해 보자. 오늘은 내일이 되고, 내일은 모레, 모레는 다음 주, 다음 주는 그 다음 주, 그 다음 주는 다음 달 그리고 다음 해가 된다. 당신이 하루하루를 살아가면서 자신의 목표를 향해 조금만 더 노력한다면, 당신이 지닌 능력을 이해할 수 있을 것이다. 마침내 당신이 수많은 시간의 여행을 거쳐 다시 돌아오면, 자신의 꿈이 바로 여기에 있다는 것을 알게 될 것이다. 당신의 꿈은 지금, 여기 당신 앞에 있다.

개인적인 노력 외에도 매일매일 여행을 하는 동안, 당신은 미래의 꿈을 실현하는 데에 도움이 될 소중한 기술을 배울 것이다. 당신은 버스를 운전하는 평범한 일을 통해 인간의 행동에 보다 중요한 것이 있음을 이해하고, 후에 그것이 외무부에 지원서를 내는 동기로 작용할 것이다. 접수창구 직원의 틀에 박힌 일상을 통해 당신은 자발성과 조직에 대한 감각을 개발할 것이다. 그것은 아프리카의 관목 지대를 포함한 지구촌 어디를 가더라도 당신의 훌륭한 장점이 된다.

시간여행의 매력은 언제나 뜻밖의 일을 기대할 수 있다는 데에 있다. 오늘 아침에 관여했던 일 때문에 오후에 어떤 기회가 찾아올지 아무도 알 수 없다. 또 오늘 당신이 만났던 사람이 내일 당신의 꿈을 실현시켜 줄지도 모른다. 나는 처음 프리랜서도 나섰을 때 재정상의 적자를 메우기 위해 여러 가지 임시직을 맡았다. 처음에는 몇 가지 업무에 대해 거부감을 느끼기도 했지만, 그 업무가 내게 가르쳐 준

것에 대해 고마운 마음을 갖고 있다. 나는 융통성과 여러 유형의 사람들과 대화할 때 필요한 화술, 독립심 따위를 배웠고 당시의 이야기를 책으로 펴내기도 했다. 임시 고용인의 세계를 여행한 것은 내가 작가로 성공하는 데에 절대 빼놓을 수 없는 부분을 차지했고 내 목표를 실현하는 데에도 큰 역할을 했다.

서로 다른 사람, 서로 다른 길

당신이 목표를 이루려고 애쓰는 분야에서 이미 성공한 사람들을 바라보며 "왜 나는 저 자리에 있지 못할까?"라는 생각을 떨쳐버리기는 정말 힘든 일이다. 어쨌든 당신은 열정적으로 일을 수행했고 적절한 시간과 적절한 장소에서 등을 구부리기도 하고 물구나무서기도 하면서 잘 해 나왔다. 게다가 당신은 지성적이고, 감각적이고, 재능도 있는 멋진 사람이다. 그런데 왜 당신이 아니라 그 사람이 거기에 있는 걸까?

우리는 성공한 인물과 우리 자신을 비교하면서 우리 모두가 서로 다른 인간이라는 사실을 잊기 쉽다. 우리는 모두 각자의 계획표를 가지고 서로 다른 길을 간다. 어떤 사람이 가는 길은 목표를 향해 일직선으로 열려 있는 반면에 어떤 사람의 길은 더 좁고, 바위도 많고, 멀리 돌아가야 하는 산길이다. 어떤 사람은 산이란 산은 다 넘고 바다란 바다는 다 건너야 하는 것에 반해, 다른 사람은 한 번에 뛰어넘고 쉽게 건너간다. 왜 그런지 나도 모른다. 그러나 콜럼버스를 보라. 신대륙에 발을 들여놓았을 때, 그는 원래 목적지에서 수천 마일이나 빗나가 있었다. 토마스 에디슨은 유명한 발명가로 잘 알려져 있지만, 그의 대부분의 노력은 성과를 거두지 못했다. 그리고 헨리 데이빗 소로우를 보라. 그의 첫 번째 작품 《월든》은 지독한 혹평을 받고 많은 양의 초판본이 그대로 그의 서재에 묻혀버렸다. 오늘날 수많은 사람이 그 명작을 읽는 것을 생각해보면 도저히 상상이 안 가는 이야기이다.

15년이 지나서야 처음으로 꽃을 피우는 사와로 선인장처럼, 늦은 나이에 자신의 꿈을 실현하는 사람들도 있다. 내 어머니의 친구 한 분은 30년 간 전화교환수로 근무한 후에 애팔래치아 산맥의 어느 산간학교에서 교사가 되기 위한 교육을 받고 있다. 나와 함께 일했던 동료 한 사람은 평생을 기업의 재정 분석가로 일했지만 퇴직한 후 변호사로 다시 태어났다. 이외에도 관리자에서 법률 집행관으로, 과학자에서 마사지 치료사로 직업을 바꾼 사람들도 있고, 심지어는 추리소설을 쓰기 위해 승복을 벗은 스님도 있다.

왜 늦게라도 꽃을 피우려고 노력하지 않는가? 70대 후반에 그림을 그리기 시작해서 100살의 나이로 삶을 마감하기까지 무려 1,000여 점이 넘는 그림을 그렸던 모지스 할머니를 따라가 보는 것은 어떤가? 우리의 꿈을 실현하는 데에서 시작하기에 너무 늦었다는 말은 절대 있을 수 없다.

때때로 우리가 가는 길은 힘들게 멀리 돌아가야 할 때도 있고, 오히려 뒤로 물러서야 할 때도 있다. 내가 만났던 전문직에 종사하는 한 부부는 끔찍한 자동차 전복사고를 겪고 난 후 시내의 한 노숙자 보호소에 들어가야 했다. 개인적인 불행이 겹치면서 그들은 직업뿐만 아니라 집까지 모두 잃었다. 그들이 다시 정규직 직업을 구하고 자신들과 10대의 딸이 함께 살 수 있는 새로운 집을 구하기까지 그 시간은 너무도 힘겹고 고통스런 나날이었다. 그렇지만 그들이 나중

일의 한가운데로 뛰어들자

에 알게 되었듯이, 그 상황은 그들에게 새로운 깨달음을 주었다. 그 깨달음의 기회가 없었던들 그들은 계속 자동차를 위험하게 몰았을 것이다. 그 깨달음은 그들에게 속도를 늦추고 타성에 젖은 틀에서 벗어나 새로운 방향으로 나아갈 수 있는 힘을 주었다.

물론, 우리들 대부분이 노숙자 보호소를 거쳐서 우리가 가야 할 길을 찾는 것은 아니다. 그러나 그 길이 어떤 길이든 우리는 계속 나아가야 한다. 지금 당장 자신의 목표를 만나지 못하더라도 이 사실을 기억해 두자. 열망과 성취는 아주 가까운 거리에 있으며, 그리 많은 시간이 걸리지도 않는다. 물론 항상 당신보다 빨리 달리고 항상 일등을 차지하는 누군가가 있다. 그러나 그 사람이 당신보다 더 먼 여행을 했는지 누가 알겠는가? 아니면 제한 속도를 무시한 채 너무 빨리 달려왔을 수도 있다. 하지만 지금 당장은 그런 것들을 모두 잊어버리자. 대신 당신에게 진정으로 중요한 것에 정신을 집중하고 나서 스스로에게 이렇게 물어 보자.

- 나는 실현 가능한 것을 기대하고 있는가?
- 나는 내 목표를 향해 진지하게 접근하고 있는가? 아니면 내가 너무 쉽게 포기하는 것은 아닌가?
- 불가능할 정도로 장기적인 목표를 세우지 말고 작은 성공을 위한 단기간의 목표를 세우는 것은 어떨까?
- 나는 내 꿈을 이루기 위해 진정 노력을 하고 있는가?

당신이 지금까지 얼마나 먼길을 떠나왔는지 돌아보고, 당신 자신의 노고를 치하하라. 그리고 언젠가 당신 자신의 성공담을 이야기할

내 직업을 찾는 마음의 법칙

수 있도록 다시 일을 시작하자. 나는 《주역》의 격언 한 구절을 내 컴
퓨터에 붙여 놓았다. "당신이 만들어 낼지도 모를 이익도 당신에게
닥쳐올지도 모를 장애도 생각지 마십시오. 올바른 길로 계속 나아간
다면 행운이 항상 당신과 함께 할 것입니다."

　언제나 기회는 있다. 그리고 당신도 그 기회를 잡을 수 있다.

일의 한가운데로 뛰어들자

어떻게 헤쳐나갈 것인가

엘리베이터를 같이 탄 사람들

　나는 직장이라는 공동체를 내가 좋아하는 "엘리베이터를 같이 탄 사람들"이라는 이야기에 비유하곤 한다. 이 이야기는 높은 빌딩의 한 엘리베이터 안에 서로 다른 사람들이 꽉 들어차면서 시작된다. 엘리베이터는 위로 한참을 올라가다가 불의의 사고로 인해 갑자기 층과 층 사이에서 멈춰 버린다. 그 안의 사람들, 즉 각자의 중요한 안건과 엄청난 계획이 머리 속에 가득한 이 사람들은 네모난 작은 공간과 시간 속에서 서로 인연을 맺을 수밖에 없다. 서로 성격과 배경이 다르고 어쩌면 언어조차 다를지 모르지만, 그들은 서로 의사를 소통할 수 있는 방법을 찾아 공통된 하나의 목표를 향해 힘을 모아야 한다. 비록 그 목표가 스와힐리어(아프리카어)로 "살려달라!"라고 외치고, 엘리베이터의 신이 그들의 기도를 들어 주길 간절히 바라는 것뿐이라고 해도 말이다.

　엘리베이터의 문이 열릴 때까지 사람들은 조금씩이나마 변화한다. 그것은 레오 리오니의 동화책에 나오는 장면과 비슷하다. 조그만 파란 조각이 조그만 노란 조각을 만나서 서로를 만지는 순간 둘 다 초록 조각으로 변한다. 사람들이 엘리베이터에서 나올 때쯤 그들은 서

어떻게 헤쳐나갈 것인가

로에게 조금씩 물을 들이고, 얼마만큼은 서로를 닮게 된다. 어떤 사람들은 살아온 이야기를 나누고, 어떤 사람들은 전화번호를 교환한다. 몇몇 사람은 서로 싫어하는 관계로 변하기도 한다. 분명히 밀실의 공포와 지긋지긋한 엘리베이터 음악에서 해방됐는데도, 어떤 기쁜 감정도 드러내지 않는 사람들도 있다. 그들이 이 경험을 통해 무엇을 얻었는지는 모르지만, 대부분은 앞으로의 삶에 필요한 새로운 영감을 얻는다. 그리고 이러한 영감은 직업과 인생에 대한 그들의 시각에 어느 정도의 변화를 가져다 준다. 비록 다시는 엘리베이터 안에 발을 들여놓고 싶지 않겠지만.

직장이란 연령과 성별, 개성과 배경이 서로 다른 온갖 종류의 사람들을 모아놓은 거대한 집단과 같다. 생김새와 체격, 인종, 이름, 서로의 생각까지 다른 다양한 사람들이 모인 집합체라고도 할 수 있다. 어떤 사람은 꽉 막힌 보수주의자이고, 어떤 사람은 자유분방하고, 어떤 사람은 개성이 너무 강하다. 직장에는 엘리베이터를 같이 탄 사람들처럼 모든 개성이 다 모여 있다. 특정한 공간 안에 모두. 그러나 그들은 공동의 목표를 향해 함께 나아가야 한다.

물론 당신이 직장에 다닌다면, 당신과 같은 엘리베이터를 탄 사람들에 대해 잘 알고 있을 것이다. 당신은 이미 그들에 대한 전반적인 지식과 그들이 다음에 어떤 식으로 행동할 것까지 다 알고 있다. 그러나 장차 그들 중 누가 당신과 같이 일을 하고, 그들이 당신에게 어떤 영향을 미칠지는 정확하게 알 수 없다. 오늘 당신의 스케줄은 이런 내용으로 채워질 수도 있다.

● 편집장 그리고 머리를 빡빡 밀고는 거기에 보라색 사자와 초록

내 직업을 찾는 마음의 법칙

색 호랑이를 그려 넣은 화가와의 제작회의.

- 매일 점심으로 먹는 두부 파이와 당근으로 영양을 보충한 당신과 평소 세계 곳곳을 돌아다니는 수수께끼의 인물인 총괄 편집장 그리고 매일같이 당신에게 당근을 먹는 사람들은 결국 죽을 거라고 윽박지르는 총무부장이 참여하는 정오의 회의.
- 유행 감각이 뛰어난 미술감독, 당신의 책상을 정리하게 만드는 당신의 비서, 크고 호탕한 웃음을 지닌 마케팅 부사장과의 만남.
- 종종 당신의 책상에 뉴에이지 서적을 갖다 놓는 뮤즈 같은 동료를 사적으로 만나는 일.

어쩌면 악마같이 머리끝을 뾰족하게 세우고 다니는 사장과 함께 당신이 작성한 주간 보고서를 놓고 하루종일 씨름해야 할지도 모른다. 정말 끔찍한 일이다.

직장생활에 엘리베이터를 같이 탄 사람들의 이야기를 적용하는 것은 특별한 사건을 많이 만들어내고, 그날 하루를 좀더 즐겁게 하고, 여러 가능성을 제공한다는 점에서 매력적이다. 또한 동료간의 유대를 강화하고, 모든 상호 관계에서 무언가 유익한 것을 얻는다는 사실도 깨닫게 한다. 예를 들어, 월요일의 회의 덕분에 당신은 더 창조적으로 변할 수도 있다. 물론 머리에 그림을 그릴 정도는 아니겠지만. 화요일에는 베일에 싸인 수수께끼 같은 인물의 비밀을 파헤치고, 동료에게 당근색깔의 소금을 조금씩 나누어 줄지도 모른다. 또 수요일에는 옷장을 깔끔하게 청소하고 사무실을 정리할지도 모르고, 목요일에는 더 많이 웃을 일이 생길지도 모른다. 그리고 금요일에는 창의적이고 영적인 문제에 더 많은 관심을 기울이게 될 수도 있다. 악마

같은 사장의 반짝이는 눈을 쳐다볼 때마다 억지로 창의력과 열정을 짜내야 하는 상황에서 이런 일들이 있다는 것은 참으로 다행스런 일이다.

하루일과가 어떻게 구성되건, 이런 상상은 당신에게 영감을 불러일으키고 최소한 모든 상황을 더 흥미롭게 만들 것이다. 약간의 상호작용과 서로 밀고 당기기, 강력한 화학작용 그리고 연금술도 조금은 첨가할 수 있다. 아마 연기가 날 때도 있을 것이다. 한번은 한 동료의 실수로 발레리의 긴 금발머리에 불이 붙자, 다른 동료가 재빨리 인삼맛 나는 콜라로 그 불을 끈 일도 있었다.

엘리베이터를 같이 탄 사람들의 이야기가 갖는 또 하나의 매력은 이 이야기가 직장 사람들 사이의 상호 관계에 파고들어 직장 내의 인간 관계에 미치는 영향력이다. 당신은 사람들이 항상 사업상의 회의를 하기 위해 엘리베이터를 타고 있다고 생각하는가? 화이트 보드에 등식을 휘갈겨 쓰고, 깔끔하게 정리된 연례 보고서를 나누어 주고, 헛기침을 하고, 점잖을 빼면서? 물론 그렇지 않다. 그 등식과 지루한 보고서 사이에서 그들은 서로 인간적으로 친숙해져 간다. 한 사람은 오늘 아침 사무실로 오는 비행기 안에서 본 푸른 점이 박힌 백로에 대해 이야기하고 있다. 어떤 사람은 모아브에서 휴가를 보내던 중 산악자전거를 타다가 절벽에서 떨어질 뻔했다는 다른 동료의 이야기에 열심히 귀를 기울이고 있다. 어떤 사람이 "아, 배고파 죽겠네. 누구 일본음식 먹을 사람 없어?"라고 묻자, 누군가 "일 끝나고 먹게 캘리포니아 롤과 문어나 사다 줘"라고 응답한다.

사람들은 이런 대화를 통해 공통점을 찾아갈 뿐 아니라 각자의 개성을 초월해 회사의 한 부분이 된다. 그들은 더 많은 대화를 나누고 서로를 격려하고 신뢰하고 존경하게 된다. 또한 생산성과 의욕 그리고 공동목표를 향한 집단의 힘도 함께 커간다. 그들은 인간적인 유대를 형성하여 업무에서도 탄탄한 결속을 맺어나간다.

언젠가는 엘리베이터를 같이 탄 사람 중 하나가 평생 당신의 기억 속에 남을 만한 행동을 할지도 모른다. 내가 보스턴에서 출판작업을 하던 도중에 그런 일이 일어났었다. 그해에 나는 제임스 살터가 쓴 《즐거운 시절(Light Years)》이라는 책을 읽고 있었다. 나는 그의 시적인 문장("인생은 날씨와 같고, 식사와 같다. 또한 소금이 쏟아진 푸른 체크무늬 식탁보 위에서 점심을 먹는 것과 같다 ……")에 매혹되었고 또 그 주인공들이 마시던 산 라파엘이라 불리는 신비스런 음료에 대해 궁금증을 가졌다. 산 라파엘이라는 도시가 어딘가에 있다는 것은 알고 있었지만 그런 이름의 음료수는 금시초문이었다. 이름이 너무 이국적이라서 나는 사무실 사람들에게 그 음료수를 알거나 마셔 본 적이 있는지 묻고 다녔지만 아무도 없었다.

《즐거운 시절》을 몇 주 동안 음미한 후(정말 책을 덮기가 아쉬운 그런 책이었다) 억지로 마지막 페이지를 덮는 순간 너무도 가슴이 아팠다. 그리고 나서 나는 날씨와 같고 식사와 같은 일상으로 돌아갔고 그 음료수에 대한 일은 까맣게 잊어버렸다.

몇 주가 지난 후, 회의를 끝내고 돌아와 보니 한 동료가 내 책상 위에 어떤 음료수 병을 놓고 간 것을 알게 되었다. 그것은 붉은 색 음료가 담긴 산 라파엘이었다. 그날은 금요일인데다가 늦은 오후였기 때문에 나는 병을 따서 모두에게 한 잔씩 돌렸다. 기억하기로는 약간 달콤한 묽은 포트와인 같았다. 어쨌거나 산 라파엘은 순식간에 사라졌고 나의 궁금증도 풀 수 있었다. 그러나 그 직장동료의 사려 깊은

어떻게 헤쳐나갈 것인가

행동은 아직까지 소중한 기억으로 남아 있다.

까다로운 사람들

오래도록 기억에 남을 다른 부류의 인물도 있다. 이들에 대한 기억은 너무도 생생하다. 그들은 당신을 성가시게 하고 미치도록 짜증이 나게 만들고 끊임없이 괴롭히는 사람들이다. 그들은 나도 모르는 나의 잠재된 성질을 한꺼번에 폭발하게 만드는 정말 피곤하게 하는 부류이다. 어떻게 이 사람이 나와 같은 엘리베이터를 타게 됐을까? 누가 이 사람을 이 지구 위에, 내 직장에, 내 삶에 떨어뜨려 놓은 걸까?

나 역시 이런 사람을 여러 번 겪은 적이 있다.

다행스러운 것은 우리들 대부분이 일반 엘리베이터보다는 조금 더 넓은 공간에서 근무하고 있다는 것이다. 그렇지 않았다면 아마 훨씬 더 많은 사람들이 교도소를 가득 채웠을 것이다. 어차피 그들과 함께 일해야 하는 상황이라면 세계 무역센터 같은 빌딩도 그리 넓은 것은 아니다. 그러나 어찌할 것인가? 한 직장에 그렇게 다양한 사람들과 함께 근무하는 한 언제나 피곤한 사람이 몇 명은 있기 마련이다.

시몬 베이유는 "자신의 이성을 잃게 만드는 것에 대해선 그게 무엇이든지 깊이 들여다보아야 한다"고 말했다. 이성을 잃게 만드는 까다로운 동료와 상대할 때면 나는 항상 이 말을 떠올린다. 결과적으로는 그를 죽이고 싶다는 내 마음만 깊이 들여다보게 될 뿐일지라도 말이다. 그래, 죽인다는 것은 좀 심한 말이고, 그 사람을 유체이탈시켜 명왕성으로 보내버린다는 정도로 해두자. 그러고 나면 나는 어느정도 평화와 평정을 찾을 수 있겠지. 그러나 그런 일은 절대로 일어나지 않는다. 나는 그가 여전히 그 자리에 남아 내 영역을 점점 깊이 침투하는 것을 막기 위해 두 눈을 크게 뜨고 지켜볼 수밖에 없다.

불과 얼마 전에 내게 그런 일이 일어났다. 나는 ○○회사에서 계약직으로 일을 할 때 그런 부류의 사람과 맞닥뜨렸다. 그녀는 자신의 업무공간을 확보하는 것에 무척 민감했고, 도움이 필요한 경우라도 공동업무에 대해 의견을 교환하기 싫어했다. 나는 그녀가 먼 우주공간으로 사라지기만을 헛되이 바라다가, 마침내 한 걸음 물러나 그 상황을 다시 한번 검토하기로 했다. 나는 그때 그녀에게만 문제가 있는 것이 아니라 나에게도 문제가 있다는 사실을 깨달았다. 그것은 새로운 자각이었다. 그래서 나는 나의 이면을 다시 들여다보기로 했다.

동료의 못마땅한 행동을 통해 나에게도 고쳐야 할 점이 있다는 것을 인식할 때가 있다. 특히 그들의 행동이 내 신경을 거스를 때 그렇다. 칼 융이 그림자 부분이라고 지칭했던 것처럼, 나는 내가 싫어하거나 인정하기 싫어하는 내면의 그림자를 발견한다. 이런 발견은 나 자신을 더 깊이 이해하게 한다. 나는 ○○사의 동료로 인해 점점 더 피곤하게 되었을 때 나의 그림자를 바라보았다. 내가 싫어하는 그녀의 단점을 내 안의 그림자에서도 발견할 수 있었다. 나는 내 입지를 잃는 게 아닐까 걱정되어 업무나 공간을 공유하기 싫어하는 또 다른 나를 발견한 것이다.

물론 나는 이런 면을 드러내고 싶지 않았다. 오히려 나는 완벽하다고 스스로 위안하고는 모든 것을 그녀의 잘못으로 돌리고 싶었다. 그리고 갈등을 피하기 위해 그녀를 명왕성으로 추방하고, 내가 그 과제를 맡아 내 방식대로 일을 처리하고 싶었다. 그러나 내 잘못을 알게 된 이상, 내 그림자를 인정할 수밖에 없었다. 나는 몇 번 숨을 깊게 들이쉰 다음, 나도 불완전하다는 사실을 인정하고 조금이나마 감정을

어떻게 헤쳐나갈 것인가

누그러뜨리고 나서야 업무를 계속 진행할 수 있었다.

까다로운 사람들은 당신이 당신의 그림자 부분을 들여다보게 만드는 것 외에도 중대한 사건의 촉매제로 작용할 수 있다. 친구 앤은 대기업에서 얼마 동안 업무를 본 적이 있다. 그러나 상사와 성격이 잘 맞지 않았다. 그녀는 그런 상황에 한동안 침울해 하다가 그 업무가 끝날 때까지만 참고 견디기로 결심했다. 그러나 너무 지친 나머지 더 이상 끌고나가기가 불가능한 지경에까지 이르렀을 때, 앤은 작년에 같이 일한 적이 있던 다른 부서의 여자 동료에게 고민을 털어놓았다.

앤이 자신의 고충을 상담했던 그 동료는 당시 글을 써줄 사람을 찾고 있었다. 그 분야에 탁월한 재능이 있었던 앤은 그 짜증스런 업무를 청산하기로 결정했다. 마침내 그녀는 마음에 드는 일로 자리를 옮겼고, 마음이 맞는 동료들과 함께 일하게 되었다. 그 일은 그녀의 일생에서 가장 의미 있는 일이 되었고, 그녀가 글쓰는 작업을 계속할 수 있는 기회를 만들어 주기도 했다. 그녀에게 직업을 바꾸게 만든 어느 피곤한 사람으로 인해 생긴 뜻하지 않은 행운이었다.

때로는 당신이나 당신의 상황을 이해하지 못하는 사람이 당신을 피곤하게 만들기도 한다. 나도 그런 일을 겪었다. 그 사람은 내 책상 옆을 자주 지나다니던 같은 부서의 한 남자직원이었다. 그는 내 근처에 오려고도 하지 않았고 나와 말을 하려고도 하지 않았고 언제나 내 눈을 쳐다보며 인상만 썼다. 처음에는 그 사람이 수줍음이 많아서 그런가보다 하는 생각에 조금 더 친절하게 대하려고 애를 썼지만, 그래도 아무런 효과가 없었다. 그는 여전히 침묵을 지켰고 변함없이 내게 인상을 쓰고 있었다.

얼마쯤 지나자 나는 마음이 불편해졌고 심지어 과대망상으로까지

내 직업을 찾는 마음의 법칙

발전했다. 내 옷차림이 뭐가 잘못된 걸까? 내가 기분 나쁘게 행동했나? 아니면 그가 나를 노리는 살인범일지도 몰라. 어느 날 밤 내가 사무실을 나설 때 나를 습격하려는지도 몰라.

마침내 나는 더 이상 견딜 수 없는 지경에 이르러 그를 찾아갔다. 그는 누군가에게 내가 《임시직(Temp)》이라는 책을 썼다는 얘기를 들었는데, 그 제목을 《포주(Pimp)》로 잘못 알아들었다는 사실을 알게 되었다. 그는 단지 그런 글을 쓰는 여자와 같은 사무실을 쓴다는 사실이 불쾌했던 것이다.

직장생활의 가장 큰 매력은 까다로운 사람 외에도 많은 사람들을 만날 수 있다는 것이다. 그래서 나는 집에서 글을 쓰기도 하지만 가끔은 사무실에 나가 일하는 것도 좋아한다. 그 한 가지 이유는 나는 상당히 사교적인 사람이기 때문에 늘 혼자 지내기가 힘들다는 것이고, 두 번째로 나는 엘리베이터에서 만난 사람들의 이야기를 좋아하지만 나 혼자서 그렇게 다양한 인물들을 상상할 수 있을 만큼 다양한 성격을 갖고 있지 않다는 것이다. 나 역시 직장생활이 언제나 상쾌하고 기분 좋은 일들로 가득하기를 바라는 일반 사람들과 크게 다르지 않다는 사실을 자주 인식하게 된다.

물론 맑은 날도 있고 흐린 날도 있다. 어떤 날은 다른 직장에서 일하고 싶을 때도 있다. 그러나 나는 나의 삶을 풍요롭게 하는 내 주변 사람들에게 언제나 감사하는 마음으로 살아간다.

실제로 나는 몇몇 동료를 엘리베이터에서 만나 친분을 맺기도 했다. 뉴욕의 한 고층빌딩에서 갓 구워낸 쵸코케익을 나누어 준 남자, 세계적으로 유명한 살인사건의 용의자로 지목된 콜로라도의 한 사업가, 검은 푸들 열 마리를 붉은 줄로 묶어 런던의 한 빌딩 꼭대기에 사는 조련사에게 데리고 가던 사람.

　얼마 전 혼자 사무실의 엘리베이터에 올랐을 때, 누군가 낮은 목소리로 알아들을 수 없는 말을 속삭이는 소리가 들려왔다. 분명 그 엘리베이터 안에는 나밖에 없다고 생각했지만 그래도 나는 주위를 둘러보았다. 역시 나 외에는 아무도 없었다. 그러면 그 목소리는 어디서 들려온 걸까? 다시 같은 언어를 사용하는 다른 목소리가 들렸다. 엘리베이터의 신이 그런 걸까? 그 언어는 어디서 사용하는 말일까? 포루투칼어? 아랍어? 스와힐리어?

　그때 남자 두 명이 엘리베이터의 깊숙한 곳에서 보수 작업을 하고 있는 것을 보았다. 그들에겐 엘리베이터가 실제 직장이었다. 어느 정신나간 작가가 만든 상상의 인물이 아니라 실제 엘리베이터 안에서 일을 하는 사람들이었다.

내 직업을 찾는 마음의 법칙

창의력을 발휘하라

　글을 쓰는 작가이든, 아이들을 가르치는 교사이든, 동물학 서점의 계산대에서 일을 하든 또는 엘리베이터를 타고 있는 평범한 사람이든 업무를 수행할 때에는 어느 정도의 창의력을 발휘할 필요가 있다. 때때로 — 2주에 한 번 정도는 어떨까? — 커튼을 젖히고 창 밖의 드넓은 풍경을 바라볼 줄 아는 또 다른 나를 만나야 한다. 만일 당신이 현미경에 익숙한 사람이라면 쌍안경을 이용해 보라. 인쇄된 종이만 쳐다보고 있었다면 커다란 그림을 바라보라. 망원경에 익숙한 사람이라면 확대경을 들여다보라. 단 몇 분만이라도. 만일 자신의 틀을 벗어나 다른 각도에서 당신의 상황을 들여다본다면, 지금 하고 있는 일에서도 창의적인 세계를 발견할 수 있을 것이다. 관점만 바꾸면 직장에서도 창의력을 발휘할 수 있는 것이다.

　우리는 창의력이라는 것을 아주 엄청난 능력이라고 생각하는 경향이 있다. 천재적인 음악을 작곡하거나 거대한 벽화를 그리거나 베스트셀러 소설을 쓰는 일같이 특별한 능력이라고 말이다. 그러나 사실 창의력은 당신의 삶 가까운 곳에 존재한다. 인간이 된다는 것 자체가 창의력을 갖는 일이다. 직업에 관계없이 우리는 본질적으로 창의적이다. 물론 우리 중 몇몇이 다른 사람보다 상상력이 더 뛰어난 것은 사실이지만, 근본적으로 누구에게나 어느 정도의 상상력을 발휘할 능력이 있다. 우리가 해야 할 일은 단지 스스로를 창의적이라고 생각하고, 보다 창의적으로 업무를 수행할 수 있다는 사실을 자각하기만 하면 된다.

스즈키 순류는 "진정한 실체는 매 순간 무(無)에서 출발한다. 무는 언제나 존재하고, 여기에서 모든 것이 생겨난다"라고 말했다. 창의력도 마찬가지이다. 처음에는 아무것도 아니라고 생각한 것에서 출발한다. 텅 빈 백색 화폭이나 아무것도 그려지지 않은 종이 한 장 또는 평범한 월요일 아침에서 창의력은 시작된다. 창의력은 이 순간, 이 공간 내에서 진행되는 우리의 일상 업무에서 출발한다. 창의력은 지금 우리가 가진 능력을 발휘하고자 하는 우리의 의지에서 출발하고 발전한다. 이상적인 직업, 복권당첨, 완벽한 관계, 신이 내린 영감 같은 어떤 기념비적인 사건이 일어나길 기대하지 말자. 바로 지금 여기에 우리에게 필요한 기본 연장은 모두 갖춰져 있다.

책상 위의 물건처럼 평범한 것 하나를 골라 보자. 각도를 조금 바꿔 바라보면 칼라 펜이 들어 있는 둥근 석고 화병이나 친구 에밀리가 그리스에서 보낸 분홍색 조개껍데기, 책상 옆 달력에 그려진 모래 언덕 위를 날고 있는 학 그림 같은 것에서 어떤 아름다움을 발견할 수 있을 것이다.

옆 사무실의 동료를 한번 생각해 보자. 막연히 그녀가 매력적이라는 생각에서 한 걸음 더 나아가라. 그녀가 웃을 때면 담갈색 눈에 빛이 난다는 사실, 그녀가 왼쪽 귀에 항상 옥으로 만든 용모양의 귀걸이를 한다는 사실 그리고 그녀가 토스트마스터 모임의 회원이라는

내 직업을 찾는 마음의 법칙

것을 알리는 진짜 토스트 조각이 그녀의 책상에 매달려 있다는 사실에서 기쁨을 느낄 수 있을 것이다. 이런 것에서 시작해 일상의 다른 면에 대한 관점까지 바꿀 수 있다. 매주 열리는 직원 회의나 일일 보고서, 늘 걸려오는 똑같은 전화 따위의 일상에 대한 관점을 바꿔 보자. 그러면 언제나 똑같이 자동적으로 반응하는 행위에서 벗어나 신선하게 하루를 열어가는 자신을 발견할 수 있을 것이다.

세상에는 특별히 창의적이라고 생각되지 않는 일이 많고, 또한 많은 사람들이 이런 일에 종사하고 있다. 철학자이자 종교작가 시몬 베이유는 여러 해 동안 농장과 자동차 공장의 노동자로 일했다. 작가 피터 매티슨은 한때 부두 노동자로 일하며 생계를 꾸려나갔다. 두 사람 모두 차츰 육체 노동의 참모습을 이해하게 되었고, 나중에 글의 창작에도 그 경험을 이용할 수 있었다.

비슷한 경우로, 내게는 그리니치 빌리지의 조그만 동네 시장에서 농산물을 운반하는 친구가 하나 있다. 매일 그가 하는 일은 하루종일 과일과 야채를 대바구니에서 판매대로 옮기는 것이다. 그는 이 단순 작업을 따분한 일로 여기거나 그 일에 아무런 의미도 두지 않고 하루종일 묵묵히 농산물만을 옮길 수도 있었다. 그러나 그는 과일과 야채를 멋진 색상과 모양, 품위를 갖춘 농산물의 가장행렬로 상상했다. 과일과 야채의 다양한 이름을 이용해 짧고 멋진 시도 지었다. 이렇게 그는 매일매일의 고되고 지루한 작업 속에서 자신의 창의력을 발견한 것이다.

물론, 창의력을 발휘하기가 무척 힘든 날도 있다는 것은 인정한다. 어떤 날은 꼼짝하기도 귀찮은 기분이 들기도 하고, 구덩이에 빠져 허우적대는 듯한 느낌이 들기도 한다. 이런 날에는 당신이 일하는 작은 사무실의 벽지가 시간마다 짙은 회색으로 변하는 듯하다. 그런 때는 당신의 책상 위에 쌓인 업무를 처리하고 싶은 마음이 눈곱만큼도 일어나지 않는다. 게다가 당신 동료가 걸어놓은 토스트에서 독성이 강한 곰팡이가 자라고 있을지도 모른다는 생각까지 든다. 이런 날에는 일상을 창의적으로 바꾸는 일이 불가능하다. 야채에 대한 시를 쓰라니, 어림도 없는 일이다. 단지 모든 것이 지루할 뿐이다.

나는 하루쯤은 이런 날을 견딜 수 있다. 어쩌면 독한 마음을 먹고 며칠 더 견딜지도 모른다. 그러나 그 며칠이란 너무도 기나긴 시간이다. 결국 어느 날, 그 지루한 일상이 참을 수 없을 정도로 따분해지기 시작한다. 그럴 때는 어떻게 해야 할까? 내가 이런 질문을 하자 한 동료가 이렇게 말했다. "그럴 땐 확실한 해결책이 두 가지가 있지. 창의력을 발휘하거나, 그 토스트를 먹어 없애버리는 거야!"

기사를 써 보라

기자인 로버트 와이더는 이렇게 말했다. "창의적인 사람은 공구점에서 역사를 찾아내고, 공항에서 유행을 발견한다" 다시 말해, 창의적인 사람은 어디를 가든 새롭고 신기한 것을 발견한다는 것이다. 이를 염두에 두고, 잠깐 대중매체를 한번 들여다보자. 신문, 잡지, TV, 라디오 같은 매체에는 당신이 하는 일을 포함해서 갖가지 종류의 직업을 가진 사람들에 대한 기사거리로 가득하다. 이들 역시 대부분 누군가에게 고용된 사람들이지만, 그들은 그들의 직업을 아주 매력적으로 그려낸다. 당신이 그중의 한 사람이라고 가정해 보자. 지금 현재 직장을 다니고 있다면 그렇게 어려운 일도 아닐 것이다. 만일 어느 기자가 당신을 인터뷰하기 위해 회사를 방문한다면, 당신이 하는 일에 대해 어떤 이야깃거리를 만들어낼 수 있을까? 당신은 직장에서 뛰어난 재능으로 다른 이들에게 영감을 주고 있지는 않은가? 당신의 고리타분한 직업에 신선한 변혁을 꾀하고 있지는 않은가? 새로 부상하는 신기술을 개발한 일은 없는가? 당신의 직업이 무엇이든, 그 업무에 어떤 질적 향상을 가져온 경험이 있을 것이다. 그 비결은 무엇이었나?

일상을 각색하라

자신이 텅 빈 무대에 서 있다고 상상해 보자. 조금 극적인 방법이기는 하지만 잠시 동안 배우가 되어 보라. 아무도 보는 사람은 없다. 몇 분 동안 똑바로 앉아 당신이 하는 일들로 이 상상 속의 무대를 채워 보자. 날마다 당신을 사무실로 출근하게 만드는 긍정적인 이유들을 생각해 보자. 책상에 앉을 때 느끼는 단순한 기쁨을 상상해 보자. 일할 때 쓰는 도구의 색이라든지(나는 무지가색 펜 세트를 사용한다), 다음 번 마감 날짜나 내용 따위 그리고 오늘 아침에 걸려온 까다로운 고객의 시끄러운 전화벨 소리 같은 구체적인 것들을 생각해 보자. 단 일 분 간만이라도 그 생각 속에 잠겨 보라. 단 1분.

이제 시간이 다 됐다. 멋진 옷으로 갈아입고 파티에 갈 시간이다. 어디서 벌어지는 어떤 파티라도 상관없다. 고르기만 하면 된다. 파리나 리오데자네이로의 축제일 수도 있다. 타지마할 꼭대기에서 열리는 파티일 수도 있다. 어쨌거나 당신은 파티에 가는 거다. 당신은 지금 비싼 와인 한 잔을 음미하며 전채요리가 준비된 식탁 앞에 서 있다. 그때 아주 근사하게 생긴 남자가 다가와 숨막히게 매력적인 이탈리아 억양으로 직업이 뭐냐고 묻는다고 상상해 보라. 첫눈에 평생 동

어떻게 헤쳐나갈 것인가

안 이야기를 나누고 싶은 그런 남자가 당신의 직업을 묻는다면 당신은 본능적으로 당신과 당신의 직업이 대단한 것처럼 들리도록 해야 한다고 느낄 것이다. 당신은 이 상황에서 어떻게 대답할 것인가?

시각화하라

이번에는 그 동안의 직장생활을 뒤돌아보고, 지금까지 직장에서 일어났던 일들 중 가장 특이한 일 열 가지를 리스트에 적어 보라. 아마 지난 직장생활 중에 전혀 깨닫지 못했던 아주 특이한 사건이 많이 떠오를 것이다. 그 사건들이 당신의 업무와 연관되어 있어야 할 필요는 없다. 사실 그렇지 않은 경우가 더 많다. 그 사건들은 정직하게 살려고 노력하는 직장인의 지친 영혼을 위로하는 《닭고기 수프》처럼 여러 사람에게 반복해서 이야기하는 경험담과 같은 것이다.

친구 한나는 사무실에서 자동응답기의 녹음 테이프를 돌리자 개 짖는 소리가 테이프 전체에 녹음되어 있었던 사건을 기억했다. 그리고 대학시절 부두교의 주술 상점에서 일하던 때의 폭풍이 치던 어느 날, 벽에 걸린 커다란 아프리카 가면이 그녀의 머리 위로 떨어졌던 사건을 떠올렸다. 다행히 신의 노여움이 풀렸던지 그녀는 약간의 긁힌 상처를 입는 것으로 끝났지만, 그 일은 상당히 흥미로운 이야깃거리였다. 그녀는 드라마틱했던 그 경험담을 오래도록 이야기했다.

당신의 직장생활에서 일어났던 창의적인 사건들을 생각해 보자. 업무와 상관없이 예상치 않았던 흥미를 안겨 준 사건이나 사람들이 있을 것이다. 동료의 전화를 대신 받았는데, 전화를 건 사람이 20년 전 다른 도시에서 알고 지냈다가 오랫동안 소식이 끊겼던 옛 친구였던 적은 없는가? 전에 내게 일어났던 일처럼, 누군가 당신의 의자에

"모든 일을 잊고 함께 도망가요"라고 적힌 이상한 쪽지를 놓아둔 일은 없는가? 당신을 그리고 당신의 업무를 잠시 멈추게 한 스릴 넘치는 일은 어떤 것이 있는가? 당신의 기억을 돕기 위해 내가 지난 몇 년간 여러 직업을 거치며 경험했던 일들을 소개한다.

- 첨단기술 회사에서 포스터를 디자인하고 있을 때였다. 짧고 검은 원피스에 빨간 하이힐을 신은 여자가 30센티미터나 되는 티라노사우루스 초콜릿을 들고 내 사무실에 들어왔다. 그녀는 공룡의 머리를 뚝 부러뜨리더니 내게 그것을 권했다.
- 환경조사센터에서 회의를 진행하던 중에 검은 턱수염의 남자가 복도에 들어서더니 내 눈을 지그시 바라보면서 영국식 억양으로 셰익스피어의 소네트 몇 구절을 완벽한 운율에 맞춰 낭송했다.
- 내게 복사물을 배달해 주는 남자가 큰 사무실 빌딩의 엘리베이터에 갇혔다. 비상벨이 울리고 소방차와 앰뷸런스, 구조대가 도착했다. 근처 사무실의 사람들까지 일을 멈추고 복도로 뛰어나왔다. 마침내 엘리베이터에 갇힌 그 남자를 구해내자 모두가 큰 소리로 환호했다.
- 내가 첫 직장에서 신문 한 면의 레이아웃을 잡고 있을 때의 일이다. 갑자기 큰 고함소리가 들려 고개를 들어보니, 초대형 편집자가 커다란 쓰레기통을 들어올려 사무실 저편으로 집어던지고 있었다.
- 로봇을 제조하는 공장에서 계약직으로 일하고 있을 때였다. 나는 한 주간의 작업을 진행하는 동안 지역 동물보호협회를 위해 부상당한 동물을 치료하는 한 수의사 보조원을 알게 되었다. 그

녀는 사장의 여행 일정이 예상보다 길어지자 그에게 셔츠와 속옷을 배달시킨 다음 동료의 쓸개수술 장면을 녹화한 비디오테이프를 보면서 점심을 먹는 자리에 나를 초대했다. 나는 정중하게 거절했다.

• 내가 집에서 역사보존협회 회보를 만들고 있을 때 누군가 문을 두드렸다. 첫 직장의 뉴스편집실에서 멋진 춤을 추곤 하던 젊은 인턴 사진기자였다. 용병이 되기 위해 아프리카의 로디지아에 머물다 다시 돌아온 그는 요가를 가르쳐 줄 수 있는지 물어보기 위해 나를 찾았던 것이다.

• 기울어진 조명 탁자 앞에 앉아 출판사 제작부의 슬라이드를 보고 있었다. 나는 문을 등지고 앉아 있었는데, 갑자기 뒤에서 성가 소리가 들리고 방안에 이상한 우박 같은 것이 쏟아져 내렸다. 한참 후에야 티베트의 종교지도자가 기도하면서 한 줌의 생쌀을 축복의 상징으로 던졌다는 것을 알았다.

• 유치원 교사로 일하던 때의 일이다. 창작극 수업시간에 한 동료 교사가 서른 명의 어린이를 야생동물로 변장시켰지만, 어떻게 다시 아이들을 본래의 모습으로 되돌려야 할지 몰라 망연자실해 했다. 유치원 전체가 갑자기 사파리로 돌변했고, 아이들은 엎드려 손과 무릎으로 기어다녔고, 서로 할퀴고 울부짖고 벽을 기어올랐다. 우리는 그 동물들을 어떻게 다시 아이들로 되돌려놓아야 할지 고민에 고민을 거듭해야 했다.

• 출판사에서 일할 때였다. 나는 근무시간이 끝난 후 백지 한 장을 동료의 타자기에 끼우고 문장 하나를 쳐 넣었다. 다음 날 그 종이는 한 문장이 더해져 내 타자기에 돌아와 있었다. 우리는 그렇게

내 직업을 찾는 마음의 법칙

이야기 하나를 완성할 때까지 몇 주 동안 주고받기를 계속했다. 이제 10년이란 세월이 지나 여러 직업을 거쳐온 지금까지, 나는 그 동료와 문장 주고받기 게임을 계속하고 있다. 지금은 편리한 전자우편(E-mail)을 사용한다.

● 서재에서 일을 하고 있는데 아래층에서 시끌벅적한 소리가 났다. 무슨 일인가 알아보려고 아래층에 내려왔을 때 고양이가 곰 모양의 과자를 몽땅 먹어치운 흔적이 바닥에 남아 있었다.

창의력이 항상 분수처럼 펑펑 솟아날 수는 없지만, 가끔씩은 다른 시각으로 사물을 바라보는 것이 당신의 일에 활력을 불어넣는다. 조금 더 과장한다면, 아주 가끔은 고양이가 동물과자뿐 아니라 실제로 곰 한 마리를 통째로 먹어치우는 상상을 할 수도 있을 것이다.

언제고 우리는 리스트를 만들거나, 해바라기가 가득한 화병이나 칼립소 음악을 사무실에 들고 오거나, 재미있게 사는 것을 삶의 목표로 정한 동료를 찾아다니며 자극을 받아야 할지도 모른다. 아니면 한 번 스케줄을 바꿔 본다거나, 아이들을(또는 친구의 아이들을) 하루 동안 직장에 데리고 오는 색다른 경험을 시도해야 할지도 모른다. 한 나는 아이들을 직장에 데려와서 키보드를 온통 땅콩버터와 젤리 범벅으로 만들긴 했지만, 자신이 참으로 놀라운 체험을 하고 있다는 것을 새롭게 발견하고는 무척 기뻤다고 한다.

때로는 사무실을 조금 일찍 나와서 시내에 나가 색다른 일을 해 보는 것도 도움이 된다. 예술 영화를 보거나, 친구 캐리가 '흰옷의 에가드' 라는 연극에서 환상적인 연기를 펼치는 것을 감상하면서 활력을 되찾자. 신나게 춤을 추러 가든지 평소에는 하지 않던 색다른 일을

어떻게 헤쳐나갈 것인가

시도해 보자. 번지점프라도 좋다. 그런 다음 평생에 한 번 할까 말까 한 그 경험들을 잘게 부수어 통째로 삼켜버리고는 그 신선함을 사무실까지 갖고 오는 것이다.

물론, 창의력이라는 것이 단지 일을 지속할 수 있게 하는 작은 즐거움을 찾는 것만은 아니다. 이것은 다만 출발점에 불과하다. 참다운 창의력은 아무리 어려운 일이라도 기꺼이 해내고 말겠다는 상상력을 키워가는 것이고, 삶과 일에 중요한 변화를 일으킬 새로운 길을 개척하는 것이다.

나는 이 책을 쓰고 있던 어느 날 아침 잠자리에서 일어나 보니 단어들이 하나도 생각나지 않았다. 어린 시절의 나는 늘 무언가를 읽거나 쓰곤 했었다. 나는 그때 내 옆에서 항상 용기를 북돋아 주던 아버지가 내가 알지 못했던 광대한 우주에 대해 알려주던 방법을 기억해 냈다. 우리는 멀리까지 산책을 하면서 개미들이 식민지를 개척하는 모습과 이웃들이 정원에서 포도를 수확하는 모습, 초승달이 보름달로 바뀌는 모습을 관찰했었다.

그래서 그날 아침, 나는 자연 속에서 새로운 통찰력을 얻기 위해 집을 떠나기로 했다. 나는 산에 올라 바위에 걸터앉은 다음 동물들이 일하는 모습을 지켜봤다. 동물들은 우리들처럼 일을 하기 위해 사무실로 향하지는 않지만, 생존을 위해 하루 온종일 주변을 헤매고 다녀야 한다는 사실이 새롭게 다가왔다.

사슴과 다람쥐와 하늘을 나는 독수리, 먼 능선을 따라가면서 먹이를 사냥하는 퓨마를 바라보았다. 그들은 인간과 달리 자리에 앉거나, 여덟 시간 동안 일에 파묻히거나, 집에 돌아가 개인적인 일을 하지도 않았다. 대신 그들은 하루종일 생존과 직접적으로 연관된 일을 하고

내 직업을 찾는 마음의 법칙

있었다. 그들이 살고 숨쉬는 모든 세계 즉 산과 초원, 샛강, 드넓은 하늘이 그들의 사무실이었다. 그들은 하루 동안 사냥을 하고, 둥지를 틀고, 짝을 맺고, 달리고, 동료와 어울리고, 어슬렁거리고, 휴식을 취했다. 그들의 존재는 생존과 친교, 쉼과 일 즉 삶을 위한 일들로 조화롭게 어우러져 있었다.

다시 글을 쓰기 위해 집으로 돌아와서 나는 내 시각이 상당히 바뀌었음을 알았다. 나는 동물들이 살아가는 방법에서 소중한 것을 배웠고, 우리의 경험에 그들의 방법을 섞을 수 있다면 우리의 일상이 훨씬 더 창의적으로 변하게 되리라고 생각했다. 일을 하면서 세상을 향해 우리의 마음을 활짝 열 수 있다면 말이다.

시몬 베이유는 "직장인들은 빵이 아닌 시(詩)를 필요로 합니다. 그들의 삶 자체가 시가 되어야 합니다. 그들에게 필요한 것은 영원한 빛입니다"라고 말했다. 우리도 그 영원을 경험할 수 있다. 우리가 업무에서 조금만 더 시적으로 일하고 조금만 더 창의력을 발휘한다면, 우리가 빛을 제대로 바라보기 위해 우리의 시각을 넓힌다면……

벽을 극복하라

　새로운 시각으로 일을 하는 것은 창의력에 도움이 된다. 그러나 아무리 열심히 노력해도 해결되지 않는 과제는 어떻게 해야 할까? 아무리 애를 써도 일을 시작할 기력조차 생기지 않을 때는 어떻게 해야 할까?

　글을 쓰는 작가들이 단어가 떠오르지 않는 장해에 부딪히는 '작가의 벽'이란 말을 들어 본 적이 있을 것이다. 그러나 이런 현상은 작가들에게만 일어나는 것이 아니다. 사실 나의 경우 어떤 일을 하더라도 이런 장해는 늘 일어난다. 그래서 나는 이를 '직장인의 벽'이라고 부른다. 누구나 경험하는 도저히 일이 풀리지 않는 그런 장해를 말한다.

　직장인의 벽은 직업과 상관없이 일어날 수 있다. 기술직, 심리상담, 행정, 바이올린 제작, 학문 리서치 등 어떤 직업이나 마찬가지이다. 일을 하면서 한 번쯤 이런 경험을 해보지 않은 사람은 없을 것이다. 작가의 벽이든 직장인의 벽이든 어떤 이름으로 불리건 상관없이 그 커다란 공허감 — 한 동료는 이를 악성 뇌 세균 감염이라고 부른다 — 은 창의력이나 의욕의 감퇴를 의미한다. 그것은 가장 곤란한 순간에 마음 깊은 곳에서 '못해!' 하고 외치는 목소리이다. 왜 이런 일이

내 직업을 찾는 마음의 법칙

생기는지 누가 알겠는가? 때로는 정말 흥미로운 과제나 아주 쉬운 일을 맡았을 때도 갑자기 의욕을 상실하고 아무 일도 할 수 없는 장해에 부딪힐 수 있다.

서기 130년대에 살았던 그리스의 의사 갈렌은 일을 하는 것은 자연의 법칙을 따르는 것이고, 인간이 자신을 표현하고 삶을 풍요롭게 하는 수단이라고 말했다. 인간은 세상에 관여하고 연결되어 살아간다. 우리는 일이 원하는 대로 진행되지 않을 때 무기력하게 되고, 자신이 쓸모 없고 불행하다고 느낀다.

사람들은 각기 다른 방식으로 이 장해를 경험하고 해결해 간다. 조각가 친구 헬렌은 이런 장해를 만나면 마치 온몸이 마비되는 것 같고 한동안은 손을 놓고 지낼 수밖에 없다고 한다. 불어와 이탈리아어 교수인 그녀의 남편 크리스는 현재 책을 집필중이다. 그는 장해와 직접 맞닥뜨려 몸으로 부딪히며 문제를 해결한다.

또 다른 친구 출판업자 안토니는 장해에 부딪치면, 스스로 고요 직전의 폭풍이라고 부르는 방법 — 쉬지 않고 미친 듯이 몸을 혹사시키기 — 으로 장애를 극복한다. 그는 여러 개의 일거리가 데드라인과 겹쳐 한꺼번에 책상 위에 쌓이면 '미칠 지경'이 된다. 이런 상태에서는 일에 집중할 수 없기 때문에 역기를 들거나 장시간 자전거를 타며 기분전환을 한다. 시간도 촉박하고 정말 시급할 때에는 그가 알고 있는 산길 중 가장 가파른 오솔길을 뛰어오르기도 한다.

반면에 내가 알던 한 편집장은 가끔 아무것도 할 수 없는 정신적 탈진상태로 스스로를 몰아넣기도 한다. 자신의 딜레마를 '양쪽에서 불길이 치솟는 상태'라고 생각하고는 사무실 문을 걸어 잠그고 속이 시원해질 때까지 펑펑 울어버린다. 그런 다음 아무도 방해하지 않는

무의식 속으로 잠시 여행을 떠난다. 그런 후 잠에서 깨어나면 그녀는 상쾌한 기분을 되찾아 키보드가 부서질 듯한 소리를 내며 다시 일에 몰두한다.

나는 직장인의 벽에 부딪치면, 나 자신을 봄의 정원이라고 생각한다. 꽃을 심기 전에 잘게 부수어야 하는 흙덩어리로 가득한 정원말이다. 그러나 이 덩어리들은 양분이 풍부한 양질의 흙이다. 따라서 단지 흙을 뒤집고 씨를 뿌리기 전에 거름만 주면 된다. 일에 있어서도 마찬가지다. 나는 내가 찾는 단어들이 어딘가에 있다는 것을 알고 있기에 단지 아이디어덩어리를 뒤집기만 하면 멋진 식물이 자라날 땅을 가꿀 수 있다. 내가 이용하는 또 다른 방법은 핵심을 명확히 꿰뚫는 점검리스트를 만드는 것이다. 그것은 덩어리를 부수기 위한 리스트이다.

- 색다른 일을 하라. 일을 할 때나 일상생활에서나 꿈을 꿀 때조차 색다른 일을 시도하라. 장해는 당신이 변함없는 하루하루의 일상에 빠져 있기 때문에 생겼을 수도 있다. 사무실을 다시 정리하거나 하루나 이틀 동안 계획을 바꿔 보거나 다른 일에 집중해 보자. 개인적인 생활의 스케줄도 완전히 바꿔 보고, 새로운 강의를 듣거나 휴가를 떠나 보라. 한동안 만나지 못했던 친구를 만나 커피 한잔을 같이 마셔 보라. 꿈을 이룰 수 있는 무엇인가를 해 보자. 일상생활의 페이스를 완전히 바꾸는 것도 장해를 제거하고 일에 생기를 불어넣는 좋은 방법이 될 수 있다.
- 관점을 바꿔라. 헬렌은 대형 석고 조각을 만드는 도중에 다음 작업을 어떻게 진행해야 할지 감이 잡히지 않을 때 이 방법을 활용

내 직업을 찾는 마음의 법칙

한다. 그녀는 조각을 앉아 있는 모양으로 바꾸고 작은 나무모형을 조각함으로써 대형작품만을 고집하던 자신의 관점을 바꾸는 데에 성공했다. 그 작업은 그녀의 긴장을 풀어주었을 뿐만 아니라 원작의 완성을 위해 꼭 필요한 작업이었다는 것을 후에 깨닫게 되었다. 그후 그녀는 그 모형들을 모아 하나의 시리즈물로 만들었다.

- 기계적인 단순한 일을 시도하라. 회보를 만드는 한 동료는 일이 잘 풀리지 않을 때 기계적인 단순작업이 문제를 해결하는 데에 도움이 된다는 것을 발견했다. 그래서 그는 다시 페이지를 매기고, 광고를 재정리하고, 문서 여백을 다시 확인하는 작업을 했다. 그는 기계적인 작업이 창작의욕을 되찾는 동안 일정 속도를 유지하게 도와준다고 한다. 구체적인 작업들이 자리를 잡아가고 일이 원만히 풀리기 시작할 때 비로소 창의력을 발휘하는 일에 전념할 수 있다.

- 숙성시간을 가져라. 아이디어가 아직 제대로 맛이 나지 않을 때는 창조를 위한 기다림이라고 알려진 숙성시간을 갖자. 심각한 장해에 부딪힌 것이 아니라고 해도, 본격적으로 일을 하기에 앞서 아이디어를 무의식 속에 재워두는 숙성 작업은 항상 필요한 과정이다. 나는 기사를 쓰기에 앞서 대부분 대략적인 아웃라인을 잡고 강조하고 싶은 몇 가지 특기사항을 생각한다. 그리고 그 아이디어를 몇 주 동안 머리 한 구석에 저장해 두고 숙성될 때까지 기다린다. 이제 글을 마무리하기 위해 책상에 앉으면, 그 아이디어 조각들은 이미 최종 결과물에 가까운 상태로 발전해 있다. 소설가 존 어빙은 그런 숙성작업에서 한 걸음 더 나아가 소설 주

인공과 함께 스토리에 대해 4, 5년 간 고민한 후 실제 글쓰는 작업에 들어간다고 한다. 빅토르 위고가 했던 다음의 말을 살펴보면 그 역시 숙성작업을 고려했다는 것을 알 수 있다. "생각하고 있는 사람은 게으른 것이 아니다. 노동에는 눈에 보이는 노동이 있고 보이지 않는 노동이 있다." 숙성작업은 눈에 보이는 작품 뒤에 숨어 있는 보이지 않는 작업인 것이다.

- 육체적인 일을 하라. 내게 선을 가르친 스승은 장해에 부딪히는 이유를 그 작업에 대해 지나치게 많은 생각을 하고, 너무 심각하게 생각하기 때문이라고 했다. 그 일에 너무 많은 힘을 쏟기 때문에 자신을 통제할 능력을 상실하게 된다는 것이다. 그는 "밖으로 나가 커다란 구덩이를 파십시오. 탈진상태에 이를 때까지 그 일을 멈추지 말아야 합니다. 그리고 나면 다시 작업에 몰입할 수 있을 겁니다"라고 말했다. 스승의 말은 옳았다. 나는 자주 정원을 파거나 집을 청소하면서 장해를 극복하곤 한다. 아리스토텔레스나 니체를 포함한 많은 위대한 철학자 역시 장거리 산책 같은 육체적인 일을 통해 탁월한 철학사상을 발전시켰다.

- 불완전함에서 완전함을 찾아라. 일에서 부딪히는 장해는 당신 안의 고집스런 완벽주의가 만들어낸 것일 수 있다. 그것은 당신 스스로 만든 것이거나 아니면 당신의 상사나 편집자가 만든 완벽주의일 수 있다. 내가 알기로 일을 방해하는 가장 커다란 장해 중의 하나가 바로 완벽주의이다. 내가 완벽함의 함정에 빠졌을 때, "불완전함에서 완전함을 찾아라"는 선(禪)의 격언이 큰 도움이 된 적이 있다. 당시 나는 아이디어를 대충 생각하고는 완전히 일의 순서를 뒤집어 처음부터 작업을 다시 시작했고, 말이 되지

내 직업을 찾는 마음의 법칙

않아도 신경을 쓰지 않았다. 내 글에 살이 붙고 옷이 입혀지고 확실하게 정리될 때까지 속옷만 입은 채 돌아다니도록 내버려두었다.

- 고통을 표현하라. 몇 년 전 근육 조직을 깊이 마사지하는 롤핑 마사지를 받은 적이 있다. 그 마사지는 몸을 개운하게 했고 깊이 뿌리 박힌 감정들을 제거하는 데에 도움을 주었다. 처음에는 근육들이 마사지에 거부반응을 일으켰다. 그러자 롤핑을 하던 안마사는 나보고 고통을 참지 말고 표현하라는 말을 했다. 이 원리를 일에도 똑같이 적용할 수 있다. 장해에 부딪혔다는 것을 인정하는 것은 참으로 힘든 일이다. 그러나 나는 장해에 부딪혔다는 고통을 표현하는 것이 긴장을 풀어주고 온전히 작업에 몰입할 수 있도록 도와준다는 사실을 자주 인식한다.

- 도움을 청하라. 당신의 업무에 대해 친구나 동료와 상의하라. 다른 사람이 새로운 시각을 제공해 줄 수도 있다. 아니면 당신에게 영감을 불러일으킨 적이 있던 책에서 문장 몇 개를 읽어 보라. 내가 장해에 부딪혔을 때 가장 즐겨 읽는 책은 나탈리 골드버그의 《골자를 기록하라(Writing Down the Bones)》와 앤 라모트의 《새들마다(Bird by Bird)》이다. 이 책들에 담긴 재치 있는 지혜는 어떤 직업 속에서도 항상 나의 정신을 자극하고 의욕을 불어넣는다.

- 흐름을 따라가라. 일을 할 때 부딪히는 장해는 흐름을 따라가면 완화될 수 있다. 가끔은 흐름에 대한 단순한 거부가 문제를 더 악화시키기도 한다. 그러하니 당신이 흐름을 따르지 않고 있다면 그 흐름에 속도를 맞춰라. 만일 생각들이 꼬리를 물고 일어나 원

어떻게 헤쳐나갈 것인가

을 그린다고 해도, 그 소용돌이를 따라가라. 나는 가끔씩 표면적으로는 오히려 역효과를 낼 것 같은 이런 행동들이 내 혼란스런 생각들을 질서정연하게 정리한다는 사실을 발견하곤 한다.

- 마음껏 즐겨라. 평화롭고 조용한 곳에 가서 아무런 생각도 하지 말고 상쾌한 기분으로 햇빛을 즐겨라. 기대하지도 않았던 해결책이 고개를 내밀 것이다. 그러면 당신을 괴롭히던 생각이 사라진 것에 대해 감사하라. 그러나 다시 현실로 돌아오면 수많은 고민이 한꺼번에 당신을 덮칠 것이다. 그때가 되면 너무 많은 일에 파묻히지 말고, 자신에게 휴식시간을 줘라. 《역경》에서 이야기하는 "계획된 기다림"이라는 지혜를 따라가 보라. 이 지혜는 그런 상황이 종결될 때까지 편안하고 즐거운 마음으로 영양을 보충하고 힘을 키우라고 한다. 이제 그런 일이 닥치면 의자 깊숙이 몸을 파묻고 페퍼민트 초콜릿 껍질을 천천히 벗겨 조금씩 음미해 보자.

마지막으로 한가지 더. 나는 해결해야 할 문제들을 쪽지에 적은 다음, 잠을 자는 동안 그 해답을 얻는 방법인 '꿈 속의 아이디어'에 생각들을 넣어두라는 이야기를 자주 한다. 이를 믿지 못하는 친구들은 나를 비웃곤 했지만, 실제로 내게는 많은 도움을 주었다. 어떤 때는 꿈 속에서 문제의 근원을 만나기도 하고, 어떤 때는 한밤중에 전혀 새로운 아이디어가 생각나기도 한다.

지금까지 직장인의 장해를 해결할 수 있는 여러 방법들을 소개했다. 사람들은 누구나 각자 독특한 방법을 통해 해결책을 찾는다. 친구 헬렌에게 꼭 맞는 방법이 크리스에게는 통하지 않는다. 발레리가 애용하는 해결책이 그녀의 동료에게는 전혀 효과가 없기도 하다. 인생의 다른 모든 것과 마찬가지로, 스스로 장해를 극복할 수 있는 자신만의 리듬을 찾아야 한다.

만일 내가 제시한 방법들이 모두 아무런 효과가 없다면? 심지어 초콜릿까지 전혀 효과가 없다면? 사실 조금은 걱정이 된다. 어쩌면 많은 걱정을 숨기고 있는 건지도 모르겠다. 어쨌든 나의 목 바로 밑에서 숨을 헐떡이고 있는 용들이 불을 내뿜어 빌딩을 모두 태워버리기 전에 나는 밖으로 나가 산책을 한다. 산책을 하면서 나는 단지 인간에 불과하고, 인간은 누구나 가끔씩 장해에 부딪히기 마련이라는 것을 나 자신에게 주입시킨다. 그러면서 나는 내 머리는 이제 휴식이 필요하다고 큰소리로 외친다. 비록 내가 내 머리의 보스이기는 하지만 체력관리를 위해, 내 안의 여러 장기들의 건강을 위해, 특히 주어진 업무를 제대로 완수하기 위해 이제 휴가를 떠나야 한다고 나 자신에게 친절히 설명한다. 어차피 그 일은 내가 해야 할 중요한 일이고 또 그 일을 제때에 멋지게 처리하고 싶다. 하지만 대부분의 경우 일이 며칠 늦어진다고 해서, 나를 포함한 그 일에 관련된 사람 중 하나라도 그로 인해 죽기까지야 하겠는가.

장해를 해결하든 내버려두든, 직장인의 벽은 결국에는 사라질 것이다. 그러나 대부분의 경우 그 장해는 해결되겠지만 그래도 해결되지 않으면 지금은 그 일을 하기에 적기가 아니라는 신의 계시로 받아들여라. 이런 경우에는 다음에 누군가가 해결하기를 기대하면서 당신은 그 업무를 다음 생애에 해결해야 할 과제로 분류한 다음, 다른 일에 착수하라. 그리고 숙성작업을 위해 그 리스트는 책상서랍 깊숙한 곳에 넣어 둬라.

공동지도체제에 관하여

환경조사센터의 그래픽 부서에는 여섯 명의 직원이 근무하면서 그들 모두가 부서장을 겸하고 있다. 다시 말해, 이 부서는 각 부원이 일 년에 두 달씩 돌아가며 부서장을 맡는 공동지도체제라는 방식으로 운영된다. 이 '민주적인' 운영방식은 10년이 넘도록 아무런 불협화음 없이 효율적으로 운영되고 있다.

내가 처음 이 부서에 대해 알게 된 것은 그 센터의 다른 부서에서 계약직으로 일하고 있을 때였다. 나는 기본적으로 계층구조를 탈피한 조직구성이라는 이 아이디어를 매우 높이 평가했고, 이 체제가 민주주의의 가장 훌륭한 형태라고 생각했다. 모든 부서원은 운영권에 대해 동등한 발언권을 갖고 의사결정에 동등하게 참여했다. 또한 모든 구성원이 각자의 능력을 마음껏 발휘할 수 있게 하는 동시에 최대한 적극적으로 경영에 참여하도록 장려했다.

공동지도체제에 대해 알면 알수록 나는 그 방식에 매료되어 갔다. 정말 공정하고 개방적인 구조였다. 모든 구성원이 직접 참여하고, 원활한 의사소통을 촉진하는 구조였다. 나는 이 구조가 지구상에서 가장 진보된 지도체제라는 결론에 도달했다.

　그러나 내가 공동지도체제를 두말할 나위 없이 최상의 지도체제라고 선언하려 할 때, 나의 의심 많은 목소리가 슬금슬금 기어 나와 기존의 논리로 이의를 제기하기 시작했다. 여러 가지 의문들이 줄줄이 쏟아져 나왔다. 정말로 모든 구성원이 동등한 발언권을 가지고 있는 걸까? 정말 한 사람의 목소리가 다른 사람의 목소리와 똑같은 영향력을 가질까? 만일 그렇다면 너무 많은 목소리가 그 구조를 약화시키는 것은 아닐까? 만일, 여섯 명의 부원이 모두 각자의 의견을 내세운다면 말이다. 그러나 여섯이나 또는 그 이상의 사람들이 강력한 발언권을 갖는다고 해서 효율적인 지도체제가 될 수 없다고 누가 장담할 수 있을까?

　그 부서에서 가장 오래 근무했던 수잔은 내 이해를 돕기 위해 나에게 어린 시절 동네친구들과 함께 즐겼던 대장 놀이 게임을 해봤냐고 물었다.

　"물론이죠. 누구나 다 하는 거 아닌가요?" 나는 여전히 의심 가득한 목소리로 대답했다.

　"그럼, 그때를 생각해 봐요. 다섯 명이나 여섯 명의 아이들이 순서대로 돌아가면서 대장이 되는 거죠. 그렇죠?"

　"네, 그랬던 것 같군요." 동의하긴 했지만, 나는 당시 이웃에 살던 마티 스마티 팬츠라는 악동을 생각했다. 나보다 몇 살이 더 많았던 마티는 순서대로 돌아가면서 대장을 맡는다는 대장 놀이의 규칙을 철저히 무시했다. 마티는 독재자였고, 우리에게 하기 싫은 일을 강요했다. 커다란 털복숭이 늑대거미를 셔츠 앞자락에 집어넣거나 문드러진 지렁이를 먹게 하거나 하는 일들을.

　나는 문득 그 지렁이의 맛이 떠올라 어린 시절 게임에서 통용되던

어떻게 헤쳐나갈 것인가

논리가 어른들의 비지니스 세계에도 적용될 수 있다는 확신이 서질 않았다. 당시 동네 아이들의 게임은 결국 평화롭게 끝을 맺긴 했지만. 독재자 마티를 물러나게 한 후, 아이들은 각자 자신의 권리를 주장하기 시작했다. 우리는 서로의 이야기를 들어주었고 별다른 논쟁 없이 순서대로 돌아가며 다시 게임에 몰두했다.

수잔은 "이것도 비슷한 구조에요. 비지니스 세계라는 것만 빼고는……. 환경만 제대로 조성되고 사람들만 제대로 모인다면, 틀림없이 성공할 수 있어요" 하고 말했다.

결국 의심 많은 나도 그녀가 옳다는 것을 인정하지 않을 수 없었다. 공동지도체제는 충분히 가능성 있는 시도였다. 수잔의 설명에 따르면, 공동지도체제에는 다음과 같은 몇 가지 장점들이 더 있다고 한다.

- 부서장과 부서원들의 역할을 바꿈으로써, 각 개인은 다양한 범위의 기술을 개발할 수 있다.
- 각 개인은 다양한 직무를 경험함으로써, 항상 새로운 자세로 업무에 임할 수 있다.
- 부서 전체는 각자가 경영자의 역할을 맡을 때 나타나는 개성이나 개인 역량의 활용뿐 아니라, 다양한 지도 방식의 활용에서도 혜택을 얻는다.
- 부서장과 부서원들은 각 위치가 요구하는 역할을 더 잘 이해할 수 있고, 전 부서원은 한 팀이 되어 그 조직을 더 자세히 파악할 수 있다. 또한 부서장에서 다시 부서원의 역할로 돌아가면 다른 부서원의 의견을 경청하는 일이 참으로 중요하다는 사실을 재인

내 직업을 찾는 마음의 법칙

식할 수 있다.

- 한 부서장이 자리를 비워도 다른 사람이 그 자리를 메울 수 있어 조직에 공백이 생기지 않는다.
- 아무도 부서장이나 부서원이라는 위치에 집착하지 않기 때문에 구성원들은《지도조직의 활성》의 저자 막스 드프리가 강조한 것처럼 "권위가 아닌 아이디어에, 규칙이 아닌 원칙"에 쉽게 초점을 맞출 수 있다.

수잔이 지적한 것처럼, 이러한 장점들은 팀을 강화하는 동시에 각 구성원 개인의 발전에도 도움이 된다. 어릴 적 타도의 대상이었던 마티 스마티 팬츠의 독재와 달리, 모든 구성원이 동료이자 리더로서 서로의 경영방법을 관찰하고 배우는 기회를 갖는다. 또한 서로의 능력을 비교해 봄으로써 각자 자신의 능력을 쉽게 파악할 수 있고, 각자에게 필요한 기술 습득에 동료의 지원을 받을 수도 있다.

나도 그것이 수긍이 가는 논리라는 것을 인정했지만, 다만 불화가 생기는 경우에는 어떻게 처리하는지 궁금했다. 강력한 지도자의 목소리 없이 어떻게 반대 의견들을 절충해 나갈 수 있을까? 수잔은 그런 경우에도 다른 문제를 결정할 때처럼, 서로의 합의를 통해 해결책을 찾는다고 했다. 단 두 사람만 관련된 문제라고 하더라도, 여섯 명 모두가 참여하는 '원탁회의'를 열어 다함께 문제를 해결해 나간다. 그러나 절충할 수 없는 의견차이가 생기는 경우에는 — 지난 십 년 동안 그런 경우는 단 두 번 있었다고 한다 — 인사부 부장에게 중재를 부탁한다.

그러나 이 지도체제의 성공에 가장 튼튼한 기반이 된 것은 전 부서원이 서로의 평등한 관계를 인정한 것이다. 이들은 일이나 운영에 있어 서로 같은 철학을 공유했고, 또한 자신과 조직 전체를 이끌어나가는 부서의 궁극적인 목표에도 서로의 뜻을 모았다. 이렇듯 모든 구성원이 동일한 목표를 염두에 두는 한, 이들의 공동지도체제는 앞으로도 계속 지속될 것이다. 적절한 환경을 갖추고, 적절한 사람들로 구성되어 있기에 가능한 일이다.

공동지도체제: 선조의 지혜인가, 미래의 흐름인가?

합의에 의한 지도체제가 누구에게나 적용될 수 있는 만병통치약은 아니지만, 점점 많은 기업들이 이 방법을 채택하고 있다는 사실이 그리 놀랄 만한 일은 아닌 것 같다. 특히 기업들이 구조조정을 지속하고 있고, 구성원이 몇 안 되는 소규모 기업들이 노동인구에서 큰 비중을 차지하는 상황에서는 더욱 그렇다. 최근에 나는 다양한 형태로 공동지도체제를 받아들인 몇몇 기업들을 알게 되었다.

내가 프리랜서로 근무했던 아메리카 인디언 옹호 단체도 그런 조직이었다. 여기서 일을 하면서 나는 공동운영이라는 방식이 옛날 아메리카 인디언 부족의 전통과 비슷하다는 것을 알게 되었다. 그들은 강력한 지도자나 부족장 한 명을 앞세운 다음 다른 사람은 모두 동등한 지위를 갖는다. 부족장을 제외하고는 모두 같은 직함을 갖는다. 여기에는 모든 부족원이 부족의 공동이익을 위해 기여한다는 사실을 서로 인정하고, 각각의 부족원을 자신의 지도자로 보는 철학적 배경이 깔려 있다. 이런 환경 속에서 모든 부족원은 서로를 존중하고, 공동의 발전을 모색할 수 있다. 그 결과, 전통적으로 공동체를 약화시키는 요인인 계층구조와 경쟁은 최소화되고, 반면에 협동체제는 부족전체의 힘을 강화시킨다.

내가 그곳에서 목격한 또 하나의 아메리카 인디언 전통은 원탁토론으로서, 이는 모두가 둥그렇게 둘러앉아 발언봉이라는 막대기를 돌려가며 진행하는 회의방식이다. 그 막대기를 가진 사람에게만 말할 권리가 주어지고 그 동안 나머지는 그의 이야기에 귀를 기울여야 한다. 그가 말을 다 끝내면 그 막대기는 다음 사람에게 건내진다. 그렇게 모든 사람이 한마디씩 할 때까지 막대기는 계속 손에서 손으로 옮겨간다. 개인의 생각을 서로 교환하고 적극적으로 상대방의 의견을 경청하는 개방된 의사소통제도를 강조함으로써 공동지도체제를 강화하고 발전시킨다.

이러한 공동지도체제가 실행되고 있는 또 다른 일터는 대도시 신문사의 사진부였다. 이곳에서 각 구성원들은 관리직을 포함하여 여러 가지 일을 배우고, 돌아가면서 임무를 맡는다. 나와 대화를 나눴던 사진 편집자의 말을 빌면, 이 제도를 받아들인 후에 부서의 업무가 더 원활하게 이루어진다고 했다.

"부서를 위해서도 합리적이죠. 다들 각자의 역할에 매여 있기보다는 다양한 일에 참여함으로써 의욕적으로 일하게 되었습니다. 그리고 각 부서원들은 다른 사람의 일을 더 잘 이해하고 감사하는 마음을 갖게 되었죠. 현실적으로 다른 업무 수행능력을 익히는 것은 자신의 직업적인 발전을 의미합니다. 누가 이런 기회를 마다하겠습니까?" 또 덧붙이기를, "업무상 전국의 다른 신문사들의 사진 편집자들과 자주 연락을 취합니다. 이런 역할 바꾸기는 전국으로 확산되고 있는 현상인가 봅니다"라고 말했다.

그의 말을 듣는 동안 이런 의문이 들었다. 과연 공동지도체제가 선조들이 물려준 지혜일까 아니면 미래의 흐름일까? 아마 둘 다 일 것이다. 나는 앞으로도 이 방식을 채택하는 회사가 더욱 늘어날 것이라고 생각한다. 특히 규모가 작은 기업의 경우에는 이미 공동지도체제가 다양한 분야에서 성공을 거두고 있다.

전통 기업에 공동지도체제를 적용해 보자

공동지도체제가 정말 훌륭하고 좋은 제도이기는 하지만, 지금 당신이 근무하는 사무실에서 이 제도를 받아들이지 않는다면 어떻게 해야 할까? 그렇더라도 공동지도체제 철학에서 어떤 이익을 얻을 수 있지 않을까? 공동지도체제를 택하지 않은 직장에 이 아이디어 중 몇 가지만이라도 적용시킬 수는 없을까?

나는 오랫동안 이 방법을 신중히 고려해 보았다. 마음 깊숙한 곳에서는 그럴 수 있다고 인정했지만 어떻게 해야 할지 확실한 대안이 떠오르질 않았다. 그러다가 1989년 달라이 라마가 노벨 평화상을 받았을 때의 수상소감을 다시 읽어 보았다.

평화는 우리 각자로부터 시작됩니다. 많은 것이 우리로부터 시작됩니다. 우리의 마음이 평화로울 때, 주위 사람들과 평화롭게 지낼 수 있습니다. 우리가 다른 사람을 사랑과 친절한 마음으로 대하면, 그들이 사랑과 친절을 받고 있다고 느낄 뿐 아니라 우리의 마음에도 행복과 평화가 가득 차게 됩니다. 이것은 우리가 서로에게 베풀어야 할 의무인 것입니다.

"많은 것이 우리로부터 시작됩니다"라는 말이 마음에 와 닿았다.

내 직업을 찾는 마음의 법칙

평화 · 사랑 · 친절, 이들은 모두 우리 안에서 시작되고, 직장에도 적용될 수 있는 단어들이다. 그러면 지도체제는 어떨까? 지도자의 능력 역시 한 회사의 사장이나 부족장의 마음뿐 아니라 우리 모두의 마음에서 시작되는 것이 아닐까? 우리 각자가 스스로를 그렇게 이끌어나감으로써 다른 이들에게 모범을 보일 책임을 가져야 하지 않을까? 우리가 비록 지도자는 아니더라도 서로에게 긍정적인 영향을 미치고, 각자가 맡은 일을 열심히 하고, 스스로에게 확신을 가지고, 내 회사에 대한 애사심을 갖고 새로운 아이디어를 제공함으로써 회사를 이끌어갈 수 있는 것이 아닐까?

공동지도체제는 지도자와 구성원간의 상호작용이다. 이것은 역동적인 상호교환이며 구성원들이 서로의 역할을 담당하는 협동체인 것이다. 이 체제는 기업의 성공을 위해 유능한 사원들의 힘을 하나로 모으는 것에 중점을 둔다. 동양의 한 격언처럼, "유능한 자 뒤에는 언제나 더 유능한 사람이 있다." 유능한 사람은 다양한 역할을 하기 마련이다.

좋은 지도자가 되기 위한 몇 가지 자격들을 생각해 봤다. 이해력, 효과적인 의사전달, 다른 사람의 업적을 함께 기뻐하는 넉넉한 마음, 업무에 대해 최대한 많은 것을 배우는 것, 개인이나 기업이 나아갈 올바른 방향을 제시하는 것……. 이런 요소들은 또한 좋은 구성원이 되기 위한 자격이기도 하다. 공동지도체제를 택하지 않은 기업에게 그 철학만이라도 적용시키기 위해서 구성원들이 개발해야 할 자질인 것이다.

이런 자질들을 염두에 두고, 직장에서 공동지도체제를 활용할 수 있는 몇 가지 방법들을 더 생각해 봤다.

- 자신의 행동에 책임을 지는 것. 업무를 수행할 때에도, 다른 동료들과 어울릴 때에도 그리고 기업의 발전에 기여하는 방법에서도.
- 우리가 가진 경험과 기술을 최대한 발휘하려고 노력하고, 가능하다면 한 걸음 더 나아가는 것.
- 솔직하고 개방된 의사소통 방법과 기업을 발전시킬 수 있는 건설적이고 합리적인 상호관계를 만들어 갈 것.
- 경영인과 동료의 기여도를 인정하고, 그들이 하는 일을 지지할 것.
- 다른 업무를 적극적으로 배우고, 필요할 때 그 자리를 메울 것.
- 날마다 업무에 관한 새로운 정보를 습득하고 어설픈 가정보다는 정확한 정보를 확실하게 파악할 것.
- 기업의 변화에 유연하게 대처하고, 그 변화를 받아들이기 위해 최선을 다할 것.
- 지도자를 자세히 관찰하고 그들의 경영방식을 받아들일 것. 그것은 매일매일의 작업에서뿐 아니라 나중에 우리 스스로가 지도자가 되었을 때 아주 유용하게 쓰일 것이다.

물론 지도체제의 형식은 무척 다양하다. 그러나 내 직장이 어떤 지도체제의 형식을 취하든지 개의치 말고, 나만이라도 개인적 책임감을 갖고 일을 하는 것이 어떨까? 서로의 역할을 공유함으로써 내 회사와 나 자신의 힘을 키우기 위해 노력하는 것이 어떨까? 내 회사를 여섯 명 아니 더욱 다양한 목소리를 가진 회사로 만들어 보는 것이 어떨까?

내 직업을 찾는 마음의 법칙

일 속의 명상

　일을 떠나 한적한 곳으로 가지 않고, 일 속에 파묻혀서도 평상심을 유지할 수 있는 가장 좋은 방법은 명상을 수행하는 것이다. 하루 중 몇 번은 잠시 일을 중단하고 일상의 잡담도 멈추고 5분 정도만 휴식을 취하라. 그곳이 책상 앞이든 산꼭대기이든 엘리베이터 안이든 당신의 작업이 이루어지는 곳이라면 어디라도 상관없다. 이것이 여러 해 동안 나의 프로 정신을 지탱해 준 원동력이다. 나는 이를 '일 속의 명상'이라고 부른다.

　발레리와 내가 '일 속의 명상'을 처음으로 접한 것은 능률의 극대화를 위한 그룹 프로그램을 통해서였다. 발레리와 나는 함께 선(禪)을 공부했다. 우리는 명상을 통해 우리가 삶의 중앙에 설 수 있다는 사실을 인식했다. 그리고 더 많은 명상의 실천은 우리의 일에도 도움이 될 것이라고 생각했다. 그러나 빡빡한 일상에서 별도의 시간을 내기란 그리 쉽지 않았다. 그래서 우리는 작업 현장에서 명상을 실행하기로 했다. 일을 하면서 동시에 명상을 수행하기 위한 시도였다.

　대부분의 계획이 그런 것처럼 이 시도 역시 제자리를 잡기까지 많은 시행착오(고난을 자초한 시도였는지 모른다)를 거쳐야 했다. 첫 번째 계획은 작업과 명상을 동시에 실행하는 것이다. 숨을 깊게 들이마신 다음 천천히 숨을 내뱉는 과정을 반복한다. 나는 지금 이 글을 쓰면서 9번 이상 호흡을 실행했다. 제법 그럴 듯하지 않는가? 한 가지 사소한 문제만 제외한다면 분명 그랬다. 나는 집중력이 뛰어나기는 했지만 동시에 두 가지 일에 매달려 버둥거리는 재주는 없었다 (서커스단에서는 절대로 나 같은 사람을 고용하지 않을 것이다). 호흡을 하면 글쓰기가 안 되고, 글을 쓰는 동안은 호흡을 잊어버렸다. 결국 일은 일대로 못하고 오히려 산소가 부족해져 눈앞이 아른거리고 별이 보이기까지 했다.

발레리는 내가 그러다 죽는 게 아닌가 하는 염려스런 눈빛으로 지켜보다가 어쩔 수 없이 두 번째 계획을 택했다. 명상과 일을 동시에 하기보다 두 가지를 번갈아 가면서 수행하겠다는 생각이었다. 하루에 30분씩 여러 번 명상을 하면서 작업 속도도 크게 향상시키려는 계획이었다. 우리는 그 계획이 며칠 간 순조롭게 진행되기에 바로 이거다 싶었다. 그러나 그 계획의 결과는 심각한 오류로 나타났다. 분명 그녀는 예산장부에 1,900달러로 표기했는데 나중에 확인해보니 9,100달러로 되어 있었다. 거기에다 많은 일을 하루에 다 처리하려다 보니 언제나 늦게까지 작업을 해야 했다. 그것까지는 그런 대로 괜찮았다. 어느 날 아침 발레리는 명상 시간을 내기 위해 일찌감치 일터로 향하면서 무서운 속도로 차를 몰았다. 그러나 그녀의 차는 도랑을 향해 내닫고 있었다. 그녀는 두 번째 계획 역시 참담한 실패라는 것을 받아들여야 했다.

나는 그런 일이 있은 지 얼마 되지 않아 한 수련회에 참가했다. 거기서 80살이나 된 선의 대가 돈 길버트 옹을 만났다. 그는 미국인이

내 직업을 찾는 마음의 법칙

었지만 한국의 전통 선을 수련했다. 그는 젊은 시절 서커스 단원으로 세계를 돌아다니면서 선을 공부했다고 한다. 또한 일과 명상을 병행하는 것이 얼마나 힘든 작업인지도 익히 알고 있었다. 그래서 돈 길버트 옹은 나에게 몇 분 간 호흡하기 위해 하루에도 여러 번씩 자리를 옮겨다니는 번거로움은 이제 그만두고 잠깐의 명상이나마 일을 하는 가운데 시도해 보라고 제안하였다. 그 방법은 바로 책상 앞에서 명상을 하기 때문에 자리를 옮겨다녀야 하는 수고를 덜어주었다. 발레리와 나는 안도의 한숨을 내쉬었다. 가능성이 있어 보였고 합리적인 판단 같았다. 우리는 그와의 만남을 통해 비로소 '일 속의 명상'이라는 화두를 시작하게 되었다.

수행 방법

'일 속의 명상' 은 두 가지 집중력에 기반을 둔다. 의식적인 호흡과 '혼란스런 정신' 의 정화이다. 나는 이 혼란스런 정신을 나의 머리 속에서 꼭두각시를 조종하는 이질적인 생각이라고 부른다. 모든 정신 상태가 육체와 호흡에 반영되는 것처럼 호흡과 정신의 정화 역시 함께 이루어진다. 한 예로, 나는 골치 아픈 생각에 미치면 머리를 부여잡는 버릇이 있다. 나를 치료하는 침술가는 그 습관 때문에 명치 부근에 기의 흐름이 막혀 상당한 긴장을 유발한다고 했다. 발레리 역시 화를 내거나 걱정을 하거나 우울한 상태가 되면 호흡이 가빠지는 것을 인식했다. 그러나 의식적인 호흡을 하면, 혼란스런 생각이 사라지고 스트레스가 방출되고 정신은 평온한 상태를 유지하게 된다. 깊은 숨을 들이쉬는 것은 우리의 체질에 딱 맞는 안정제와 같은 역할을 한다. 이 안정제는 의사의 처방이 필요 없고 아무 때나 아무리 많은 양을 섭취해도 부작용이 없다.

나는 세 가지의 '일 속의 명상' 수행법을 주로 활용한다. 하나는 단순히 의식적인 호흡 수행이고, 다른 하나는 특정한 이미지에 집중하여 긴장을 푸는 관상(觀想) 수행이다. 이 수행법은 티베트 불교신자로서 달라이 라마의 문하생인 한 친구의 도움을 받았다. 마지막 수행법은 전통 선(禪)의 산책 명상법을 변형시킨 것이다. 나는 매일의 스케줄에 따라 그중의 하나 또는 두세 가지 방법을 수행하면서 작업을 한다.

책상 앞의 호흡 수행법(3～5분)

일을 멈추고, 천천히 팔과 다리 그리고 목을 스트레칭하라. 의자에 앉은 채 등을 곧게 편다. 발을 바닥에 밀착시킨 다음 손을 무릎 위에 자연스럽게 올려놓는다. 어깨의 긴장을 풀고 머리를 똑바로 든다. 눈은 떠도 되고 감아도 된다. 숨을 깊게 들이마신 다음 참을 수 있는 만큼 숨을 참아라. 이제 들이마실 때보다 더 오랜 시간 동안 숨을 서서히 내뱉는다. 호흡을 할 때 공기가 폐를 통과하는 과정에 주의를 집중하라. 생각이 일면 즉시 이를 인식하고 숨을 내뱉으면서 그 생각이 사라지게 하라. 이 호흡은 10회 이상 지속한다. 이제 천천히 하던 일로 되돌아간다.

변형 : 창가에 앉거나 서서 좋아하는 풍경을 바라본다. 눈을 뜬 채로 그 풍경을 주시하면서 깊게 호흡한다. 5분 내지 10분 간 호흡을 천천히 지속하면서 생각이 그 풍경을 따라가게 내버려둔다.

대양(大洋)을 관상하는 수행법(3～5분)

눈을 감은 채 천천히 깊은 호흡을 하라. 마음 속에 대양을 떠올린

내 직업을 찾는 마음의 법칙

다. 이제 대양과 관련된 모든 것을 상상하라. 쪽빛 색깔, 짭짜름한 바다 냄새, 쏴아 쏴아 쏴아 베이지 빛 해변가로 밀려드는 파도의 음률. 갈매기가 수면을 박차고 수평선 위에서 끊임없이 변화하는 구름을 향해 솟아오르는 것을 바라보라. 이 관상을 수행하면서 천천히 숨을 들이마시고 내뱉는다. 파도의 음률에 맞춰 호흡을 하라. 10여 회 이상 호흡한 다음 천천히 하던 일로 되돌아간다.

변형 : 호흡에 정신을 집중하고 장미 같은 사물을 상상하라. 옅고 붉은 빛깔, 벨벳처럼 부드러운 질감의 꽃잎, 으아한 자태. 짙은 녹색의 잎새 위로는 9개의 점이 박힌 무당벌레가 매달려 있다. 이제 그 장미를 직접 화병에 갖다 꽂는 자신을 상상하면서 하던 일로 되돌아간다.

다음의 수행법은 조금 더 오래 책상 앞을 떠나야 한다. 점심시간이 적당할 것이다.

산책하면서 명상하는 선(禪) 수행법(15~30분)

일터에서 가까운 산책로나 공원을 물색하라. 차의 왕래가 없고 분심을 일으킬 만한 요소가 거의 없는 장소를 택한다. 왼손을 복부 위에 올려놓고 오른손은 왼손 위에 올려놓는다. 그리고 몇 차례 깊게 호흡을 한다. 이제 오른발을 앞으로 내딛으면서 깊게 숨을 들이마신다. 잠시 멈추었다가 다시 왼발을 앞으로 내딛으면서 숨을 내쉰다. 몇 분 간 이런 동작을 계속 반복하라. 오른발을 내딛을 때 숨을 들이마시고 왼발을 내딛을 때 숨을 내쉬어야 한다. 발걸음을 옮길 때는 호흡과 걸음걸이에 주의를 집중하고 생각이 일면 생각이 이는 대로 내버려둬라. 천천히 걸음을 멈추고 리듬 감각을 잃지 않도록 유의하면서 하루의 남은 시간 동안 평정한 마음을 유지한다.

나는 프로젝트 중간이나 집중력을 강화하고 평정을 유지해야 할 필요가 있을 때면 언제나 이 수행을 한다. 때로는 내가 의식하지 못하는 사이에 명상이 저절로 이루어지기도 한다. 수행이 마치 작업 중간의 휴식처럼 스스로 작용하는 것이다. 한편 발레리는 도랑에 빠진 사건 이후로 '일 속의 명상'을 위해 형식적인 틀을 도입했다. 그녀는 자신의 삶에 더 많은 틀이 필요하다고 느꼈기 때문에 하루 동안 그녀가 치러야 할 의식을 구체화했다. 날마다 책상 앞에서 5분 간 호흡으로 아침을 시작하고, 점심 전에는 15분 간 산책 명상을 하고, 중요한 회의가 있으면 미리 몇 분이나마 관상 수행을 했다. 또한 하루의 일과가 끝나면 의식적인 호흡이나 관상을 통해 자연스럽게 그 리듬이 저녁까지 이어지게 만들었다.

명상은 상식과 통한다

《티베트의 삶과 죽음의 서》의 저자 소지알 린포체의 담화를 들은 적이 있다. 그는 "부처는 불교를 가르친 것이 아니라 상식을 전했습니다"라고 했다. 나는 그 말을 듣는 순간 내가 명상에 대해 지니고 있던 느낌과 정확히 일치한다는 것을 깨달았다. 분명 명상은 더 높은 의식세계로 가는 길로 인도한다. 그리고 우리가 우리의 삶과 일에서 혼자가 아니라 더 넓은 세계와 연결되어 있다는 사실을 인식시켜 준다. 또한 명상은 건강에 도움이 되기도 한다. 혈압을 낮추고 심장과 호흡기 발병률을 감소시키며 혈액순환을 촉진시킨다는 사실은 이미

내 직업을 찾는 마음의 법칙

입증되었다. 그러나 일터에서 행하는 명상은 무미건조한 일상생활에서 평상심을 유지하게 한다. 이 평상심이 바로 상식이다.

여러 해 동안 '일 속의 명상'은 집에서 글을 쓸 때나 사무실에서 일을 할 때 거의 대부분 나를 지탱해 주었다. 정기적으로 명상을 수행하면서 정서적으로 안정이 되었고 집중력이 더욱 증진되었으며 창의력이 향상되어 일에 더욱 깊이 몰두할 수 있었다. 업무관계에서 동료들을 이해하는 폭이 넓어졌으며, 어떤 상황에서도 긍정적인 면을 볼 수 있는 능력과 함께 균형 감각을 잃지 않고 다양한 주변환경에 대처할 수 있는 힘을 키워주었다. 이 이상 무엇이 더 필요한가? 일과 함께 하는 명상이 제 궤도에 들어선 것이다.

'통찰력 명상'의 스승 잭 콘필드는 다음과 같은 말을 했다. "생각이 당신을 사로잡게 하지 마십시오. 생각에 이끌려 다니지 마십시오." 정기적으로 일터에서 수행하는 명상은 개개의 생각에 대한 인식능력을 향상시켜 한 발 뒤로 물러나 그것을 객관적으로 인식할 수 있게 하고, 반응하기에 앞서 먼저 관찰하라고 가르치기 때문에 어느 때 생각에 반응하고 언제 그것이 사라질지 파악하게 함으로써 그 두 가지를 모두 가능하게 한다. 명상은 나와 나의 일 사이에 가로놓인 생각의 장애를 극복할 수 있도록 도와주고, 내가 하는 모든 일에 집중력을 키워준다. 콘필드의 말처럼 명상은 당신이 당신의 마음과 친구가 되는 것이다.

발레리와 나는 이른 아침에 하는 정통 명상법에 더욱 정진하고 적어도 일 주일에 한 번은 선모임에 참석함으로써 '일 속의 명상'을 더욱 강화할 수 있다는 것을 알았다. 일 년에 한두 번은 일 주일 수련회에 참석하는 것 역시 큰 도움이 된다. 그로 인한 집중력의 효과는 몇

어떻게 헤쳐나갈 것인가

개월 간 지속된다.

나는 점심시간이나 오후의 짧은 휴식시간에 하는 사내 명상 모임을 만들었다. 침묵을 유지하는 가운데 6명의 동료가 가끔 나의 작은 사무실에 모여 명상하는 일은 우리의 한 일과가 되었다. 처음에 이 모임은 많은 반향을 불러일으켰다. 한 동료는 우리가 임시모임을 갖고 있다고 생각했고, 어떤 이는 우리가 회사 내에 새로운 소문을 유포하는 근원지가 아닌가 의심하기도 했고, 어떤 이는 우리가 경영진을 뒤엎기 위한 음모를 진행중이라고 확신하기도 했다. 그러나 우리는 단지 '일 속의 명상'을 수행했을 뿐이다.

아마도 당신은 일하는 가운데 행하는 명상은 당신와 관련이 없다고 생각할지 모른다. 아니 이미 다른 방법을 사용하고 있을 수도 있다. 보스톤의 한 여자 동료는 내게 전자우편(E-mail)을 보내, "제정신이 아닌 사람이 지도하는 형편없는 프로젝트이다. 결국 우리 모두를 그럴듯하게 포장된 지옥으로 끌고갈 것이다. 숨을 깊게 들이쉬라고! 내가 할 일은 빗자루를 넣어둔 벽장에 들어가서 목청껏 '젠장할!' 하고 외치는 것이다"라고 비난을 퍼부었다.

나는 그 메시지를 받아들고 한동안 명상에 잠겼다. 그리고 나의 일과 삶 속에서 원초적인 고함을 목이 찢어져라 외쳐야 했던 몇 번의 경우를 회상하고는 그녀에게 답장을 띄웠다. "그렇게 하십시오. 그 '젠장할!' 소리가 전국 곳곳에 울려 퍼지게 하십시오. 그래도 호흡하는 건 잊지 마십시오."

내 직업을 찾는 마음의 법칙

평상심을 유지하라

　내가 대기업에서 일을 하면서 인식한 것은 날마다 엄청난 스트레스가 누적된다는 사실이다. 마치 지옥에서 온 일의 신이 뒷문으로 슬그머니 들어와 엄청난 일감과 빡빡한 데드라인, 언제 드러날지 모를 직원끼리의 알력 등이 가득 찬 판도라의 상자를 열어놓고는 확성기를 들고 건물 구석구석을 돌아다니며 "스트레스가 생겨라!" 하자 그곳에 스트레스가 생기는 것과 같았다.

　까다로운 동료사원에 더욱 까다롭게 구는 상사, 거기에 인원감축 소식은 들리고 언제 해고통보가 날아올지 몰라 불안한 가운데 개인적인 문제까지 겹친다. 캘빈과 홉스의 단화처럼 순식간에 스트레스가 불어난다. 만화에서 캘빈은 눈덩이를 너무 크게 만들어 들어올리지 못하게 되자 그냥 굴려버렸고, 결국 원하는 목표물을 맞추지 못하자 실의에 빠진다. 그러나 그는 곧 그 문제의 해답을 찾아낸다. "현실은 끊임없이 내 삶을 엉망으로 만드는군."

　물론 대기업만이 스트레스를 준다는 말은 아니다. 결코 그렇지 않다. 집에서 혼자 일을 해도 많은 스트레스를 받게 마련이다. 일터는 당신의 처지가 어떠하든 현실이란 놈이 언제라도 기회만 생기면 당신의 삶을 파괴할 수 있는 수많은 장소 중의 하나일 뿐이다. 그러나 하루 중 예기치 않게 일어날 수 있는 다양한 상황과 하나의 결론을 도출하기 위해 제기되는 수많은 의견 그리고 갖가지 상념 외에도 영원히 지속되는 일상의 소음 등을 고려하면 그리 놀라운 것은 아니다. 이러한 요인들을 고려해볼 때 여러 사건들이 쌓이고 쌓여 스트레스를 유발할 만하지 않겠는가? 개개인의 계획대로 모든 일이 순조롭게 진행된다면 얼마나 근사할까? 무릉도원이나 유토피아 또는 직장인을 위한 천국 같은 이상향에서 일을 하지 않는 한 전혀 가망 없다. 매 분마다 스트레스가 눈덩이처럼 늘어난다는 것은 분명한 사실이다. 스트레스를 철저히 통제하지 못하면 당신의 삶은 매일매일 망가질 것이다. 그렇다면 당신은 어떻게 일상에서 만나는 모든 사건과 사람들에게 흔들림을 당하지 않을 것인가? 현실이 계속해서 장애가 된다면 어떻게 평상심을 유지할 것인가?

지난 몇 년 간 나의 프리랜서 활동은 예기치 않은 많은 상황을 유발시켰다. 일터에서 평상심을 유지하는 것은 그럴싸한 포장을 제거하는 몇 가지 전략을 어떻게 전개하는가에 달려 있다. 나는 시행착오를 거쳐 다음과 같은 것을 발견하고 이를 결합시켜 서로의 단점을 보완하였다. 1) 언제나 스트레스를 유발하는 요인에 대한 인식을 강화하여 그 요인이 스트레스로 발전하기 전에 미리 감정의 문을 닫아버린다. 2) 스트레스가 밀려오기에 앞서 균형을 유지하는 방법을 구상한다. 3) 비상시에 대비한 몇 가지 대책을 늘 준비한다.

작업 환경: 평온한 공간인가 자연재해의 산실인가

한번은 한 사무실에서 회보를 작성해야 할 일이 있었다. 거기서는 사람들의 분노에 찬 아우성이 화산처럼 분출했고, 종종 들려오는 인터폰 소리로 인해 머리가 터져 나갈 듯했다. 게다가 회사의 경비견이 통로를 헤집고 다녀 더욱 정신을 혼란하게 만들었다. 나의 작업을 감독하는 여자는 그 자체로 드라마틱했다. 그녀에게 전달되는 하루 30여 통의 '긴급' 음성 우편 메시지를 일일이 체크한다는 생각 자체가 그랬다. 또한 그녀는 모든 일이 순조롭게 진행되면 화를 내기에 적기라고 생각하는 듯했다.

나는 직설적인 표현이 좋은 점도 있다는 것을 솔직하게 인정한다. 특히 적절한 시기에 표현하는 분노가 그렇다. 나 역시 동물을 무척 좋아한다. 한번은 웨건의 뒷좌석에 세틀랜드 조랑말과 함께 60마일을 여행한 적도 있다. 분명 자연스런 재해는 매력적인 사건이긴 하지만, 모든 일은 때와 장소를 구분해야 한다. 그러나 현실에서는 그 때와 장소의 법칙이 반드시 적용되지는 않는 것 같다. 이 사무실에서 작업을 하면서 나는 회보를 데드라인에 맞추기 위해 수없이 많은 호흡을 수행해야 했고, 강력한 스테레오 헤드폰을 연상해야 했으며, 호흡과 함께 비속어가 뒤섞인 만트라(주문)를 암송해야 했다. 평상심을 유지하기 위해 부단한 노력을 하기도 했지만 그런 사무실에서 그 일을 끝마쳤다는 것이 기적만 같았다.

물론 평온한 사무실과 조용하고 보조를 잘해주는 사무공간에서 평상심을 유지하기는 쉽다. 또한 온화하고 쾌활한 동료들과 함께 일하는 것만큼 기분 좋은 일도 없다. 그러나 활화산 같은 기질의 동료들과 함께라면 어떠할까? 또한 자연재해의 산실 같은 환경에서 일을 한다면 어떻겠는가?

다행스럽게도 그 회보 작업을 끝마친 뒤에 고마운 직업의 신이 나를 구원해 주었다. 그 신은 나를 베스트셀러 프로그램《직업의 신으로부터 온 지혜: 재해의 통제》로 인도해 주었고, 연못을 가로질러 흐르는 연꽃의 음률 같은 재해 방지 음악이 흐르고, 색색의 종이 조각이 날리고, 졸업식 때 터뜨리는 하얀 포말의 샴페인이 터지는 가운데 나는 그 프로그램의 끝을 장식할 수 있었다. 그 프로그램의 기본 단계는 다음과 같다.

1. 몇몇 재해를 피한다 해도 또 다른 재해가 닥칠 수 있음을 명심하라. 화산이 막 폭발하려 하면 이를 막을 수 있는 방법은 거의 없다. 하지만 그 영향을 줄일 수는 있을 것이다. 그 자리를 피하거나 평상심을 유지할 수 있는 다른 방법을 찾아라(나는 음악을 듣거나 호흡을 하거나 아니면 사무실에서 가까운 장소나 집에서 작업을 한다). 화산이 폭발하기에 앞서 당신의 작업진행 상태를 정기적으로 알려주어 그들이 자신의 성질을 어느 정도 통제하도록 유도한다. 그런 다음 조금만 참아달라고 아주 정중히 부탁하라. 그러나 주의할 것은 그들이 당신의 부탁을 거절한다고 해서 "제발 좀 그만해!"하고 고함을 지르고 맞대응하는 것은 아무런 도움이 되지 않는다는 것이다.

2. 뒤로 물러서서 어떤 화산과 재해가 당신에게 어떠한 영향을 미칠지 미리 파악해둬라. 그리고 그들이 눈에 띄기 전에 미리 안전모를 착용하라. 그들이 당신에게 슬금슬금 접근한다고 해도 아무런 반응을 보이지 마라. 분명 그들의 내면은 소란스럽고 어수선할 것이다. 그러니 대응해서 화를 낸다고 한들 무엇을 얻을 수 있겠는가? 그 상황은 습관적으로 화를 내는 이들이 겪는 문제를

기꺼이 여러 번이라도 무릅쓸 만한 가치가 있는가? 또한 그 상황이 실제로 당신 내면의 문제인가? 다시 말해, 당신이 강한 반발을 보임으로써 다른 이들의 문제를 그대로 답습한 것은 아닌가? 대답은 절대로 아니라는 것이다.

3. 재해는 당신의 내면이 아닌 당신 주변에서 일어난다는 사실에 유의하라. 몇 분 간 깊게 호흡을 하면서 당신의 내면은 바다처럼 고요하다는 것을 확인하고 안도의 숨을 내쉰다. 이제 축하의 종이조각을 날리고 샴페인 한 잔을 단숨에 들이킨 다음 재해를 성공적으로 통제했다는 사실을 자랑스럽게 생각하라. 그리고 당신 내면의 평화의 왕국으로 돌아와서 중단했던 중요한 업무를 수행하라.

유머와 롤링 스톤스

재해 대비 학교를 수료한지 얼마 되지 않아 발레리는 일로 인해 그녀의 상사(발레리는 굳이 보스라고 불렀다)와 부딪혀야 하는 재해를 맞았다. 그들은 그런 충돌을 피하기 위해 오랜 시간을 질질 끌어왔기 때문에 그 사건은 오히려 전화위복이 되었다. 사건의 발단은 단순했다. 보스는 회사의 5개년 계획에 관한 모든 것을 이미 결정한 상태였고, 발레리는 조금 더 생각할 시간을 요구했다. 발레리를 해고하겠다는 보스의 협박과 스스로 그만두겠다는 발레리의 고함이 몇 차례 오고 간 후에 그들은 서서히 서로를 이해하는 단계로 접어들었다. 다음의 유머러스한 대화는 그들이 충돌하면서 나누었던 내용이다.

보스 : 선(禪) 수행한다는 사람들, 지긋지긋해.

발레리 : 저는 사업하는 사람들이 그래요.

　보스 : 다음 생애에 당신을 따라잡고 말겠어.

발레리 : 그럴 수 없을 걸요. 깨달음의 경지가 다르니까 제가 당신
　　　　을 찾아가죠.

냉랭한 관계를 깨고 현안해결을 위한 중요한 업무에 착수하기까지
대화는 그런 식으로 진행되었다. 발레리는 일이 끝난 후, 차에 가서
볼륨을 있는 대로 높이고 롤링 스톤스의 "언제나 원하는 것을 얻을
수는 없어(You Can't Always Get What You Want)"를 들으면서 긴장을
풀었다.

유머와 음악. 이 둘은 일터에서 조금이나마 평상심을 유지할 수 있
는 좋은 방법이다. 롤링 스톤스의 음악을 좋아하지 않는다면 다른 음
악을 들어도 된다. 연구결과에 따르면 모차르트 음악은 '뇌의 활동'
을 기민하게 만든다고 한다. 아시아에서 기원된 영적 치유를 위한 징
과 종소리가 어우러진 가멜란(Gamelan), "크리스마스 선물로 나는
앞니 두 개를 받고 싶어"라는 노래를 부르는 앨빈과 칩멍크, 샤워를
하면서 "오 수잔나"를 열창하는 사랑하는 이의 음성이나 아니면 당
신의 노래는 어떤가. 어떤 음악이든 상관없다.

내 동료가 실내가 떠나갈 듯 웃어대거나 오후쯤에 누군가 아리아
를 풍부한 감정을 담아 열창할 때, 나는 정신이 각성됨을 느낀다. 노
래와 웃음은 그 자체로 건강을 상징한다. 노래와 웃음이 근육을 이완
시키고, 기의 순환을 자극하고, 면역기능을 향상시키고, 정서적인 안
정을 유도한다는 것은 이미 과학적으로도 증명이 되었다. 이를 기억
한다면, 이후에 동료가 지겹도록 버거킹 로고송을 입으로 웅얼거릴

때 죽이고 싶다는 충동이 아니라 동료의 노래를 따라 하고 있는 당신을 보게 될 것이다.

작업 중에 취하는 창조적인 휴식

거의 완벽한 평상심을 유지하는 이들 중 몇몇은 작업하는 가운데 창조적인 휴식을 취한다. 그들은 일을 하는 가운데 신선한 공기를 호흡하고 페이스를 조절하고 어떤 다른 맛을 내기 위한 세계로 들어간다. 분명 자신들만의 오아시스를 창조할 줄 아는 이들이다. 내가 아는 이들 중 환경엔지니어는 사무실 근처의 호수 중간에 고무 보트를 띄워놓고 거기서 점심을 먹는다. 도서관 사서는 가까운 교회에 가서 오르간을 연주한다. 컴퓨터 프로그래머는 숲으로 차를 몰고 가서 나무 위에 오르곤 한다. 한낮에 영화를 보러 가는 한 전문작가는 "작은 컴퓨터 스크린대신 대형 무비 스크린을 보고 있으면 작업을 바라보는 시야가 훨씬 넓어지기 때문이죠"라고 말한다.

또 일 주일에 한 번은 점심시간에 마사지를 받으러 가는 출판업자 … 티베트 불교 명상 센터에 가서 명상 수행을 하는 호스피스 간호사 … 오후에 태극권을 배우는 사진작가 … 회사의 강당을 예약해 놓고 점심시간에 모여 춤을 추는 그래픽 아티스트들 … 고층빌딩에 올라가 전망을 즐기면서 점심으로 초밥을 먹는 사회사업가도 있다. 반면에 초식주의자인 한 친구는 남편과 집에서 만나 좀더 사적인 은밀함을 즐긴다.

이들은 한결같이 이러한 창조적인 휴식은 업무에 활력을 불어넣어 줄 뿐만 아니라 삶의 만족감을 한층 배가시켜준다고 말한다. 그런데다가 의식적이긴 하지만 그런 관심의 변화를 통해 이들은 하루종일

도사리고 있는 무력감에서 벗어나 여유를 느끼게 된다. 또한 그들은 어떤 활동을 하든 오후를 생산적인 시간으로 끌어올릴 수 있다고 한다. 이제라도 잠깐의 휴식을 취해보자! 그리고 그 시간을 맘껏 즐겨보자!

산책

창조적인 휴식방법 중 산책은 일터를 완전히 떠나 평상심을 유지할 수 있는 간단한 방법이다. 아마 산책이 무엇인지 모르는 사람은 없으리라 본다. 별다른 장비가 필요한 것도 아니고, 어떤 학위가 필요한 것도 아니다. 더욱이 개인을 위한 트레이너는 전혀 필요치 않다. 컴퓨터 앞에 앉아 언제나 웅크린 채 작업하는 자세를 한 번쯤 똑바로 펴고 방문을 열고 밖으로 나가기만 하면 되는 것이다.

산책은 너무도 기초적인 운동이라서 쉽게 외면당한다. 그러나 산책은 우리의 스트레스를 간단히 해소할 수 있는 참으로 중요한 방법이다. 산책은 영양분을 우리의 신체조직에 골고루 공급해 주고, 혈액과 호흡기의 순환을 향상시킨다. 또한 신체의 산소량을 증가시켜 뇌에 신선한 공기가 유입되게 하고, 엔돌핀을 증가시켜 잠재된 대부분의 스트레스를 남김없이 날려버린다.

나는 스트레스를 많이 받는 작업을 하는 동안은 의도적으로 산책을 자주 한다. 파김치가 될 정도로 피로가 누적된 대부분의 경우, 나는 산책을 통해 원기를 회복했다. 지금은 스트레스가 쌓일 기미만 보여도 즉시 산책을 나간다. 치료효과를 배로 증가시키고 싶으면 친구와 함께 산책을 하라.

내 직업을 찾는 마음의 법칙

음식과 분위기

　누구나 좋아하는 음식이 있기 마련이다. 나는 우리가 먹는 음식에 따라 우리의 삶이 많은 영향을 받는다고 생각한다. 적당한 양의 설탕이나 카페인은 커피를 즐겨 마시는 이들에게 기분 좋은 자극을 주지만 나의 경우에는 같은 양의 설탕이나 카페인을 먹더라도 천장과 지붕을 뚫고 올라가 하늘까지 치솟는 듯한 강한 자극을 받는다. 사람들이 두 번째 잔을 음미하는 동안이면 나는 로켓을 타고 지구를 벗어나 별세계까지 여행을 하게 될 것이다. 우습게 들릴지 모르지만, 그것들이 어떤 이에게는 마약과 같은 효과를 주기도 한다. 그러나 분명히 이런 기분이 작업에는 전혀 도움이 되지 않는다. 시간이 지나 지상으로 하강하게 되면 더욱 그렇다. 그래서 나는 아침에 카페인이 없는 수마트라 차를 마신다. 그리고 일터에서 평상심을 그대로 유지해야 할 때면 음식이 가장 중요한 관건이라고 스스로에게 상기시킨다.

　브리지트 마르스는 초식주의자로서 약초에 관한 여러 권의 책을 저술하고 약초를 이용해 차를 만드는 방법을 소개했다. 그녀는 음식과 약초를 통해 균형을 유지하는 방법에 대해서 많은 얘기를 한다. 먼저, 당신의 신체조직에 많은 양의 비타민 B와 칼슘을 공급하라고 조언한다. 이를 위해 오트밀, 요구르트, 두부 같은 음식을 섭취한다. 그리고 콤플렉스 B와 칼슘, 마그네슘이 보강된 음식물을 섭취하고, 카모밀라 차를 마신다. 비타민 B는 신경중추의 안정을 도모하여 사고과정을 맑게 해준다. 칼슘은 우유제품과 카모밀라에 많이 포함되어 있는 자연 안정제이다. 최면효과가 없으면서 신경계의 안정을 돕는 약초는 많다. 특히 쥐오줌풀과 골무꽃 그리고 시계풀 등이 이러한 효과에 탁월할 뿐 아니라 이것들은 캡슐이나 정기제(丁幾劑) 형태로 만들어 판매하기 때문에 작업중에 섭취하기가 용이하다. 라벤더와 로즈메리의 방향유(유리병이나 손수건에 묻혀 냄새를 맡는다) 역시 안정 효과를 갖고 있다. 이들은 대부분 건강식품 상점에 가면 구할 수 있다.

하루 중 더 많은 에너지가 필요할 때면 사과, 배, 해바라기와 호박씨, 아몬드와 같이 "영양가 높은 자연식품"을 섭취하라. 이 식품들은 산화방지 효과가 탁월해서 면역기능을 높이고 질병을 예방하는 데에 중요한 역할을 한다. 하루 중 그레이프푸르트나 오렌지의 껍질을 벗겨 먹는 것은 페퍼민트 차를 한 잔 마시는 것만큼이나 에너지를 활성화한다.

에너지를 활성화하기 위해 인삼, 은행나무 잎, 고추나물 같은 식물을 섭취해도 좋다. 내 주변의 동료들은 작업하면서 이런 식품을 섭취하여 많은 효과를 보고 있다. 어떤 이는 뇌의 기능을 향상시킨다는 사실이 과학적으로 입증된 은행나무 잎을 정기적으로 복용하여 기억력과 집중력이 크게 향상되었다고 한다. 또한 고추나물이 정신을 고양시키고 우울증을 해소한다는 연구결과도 있다.

나는 천성적으로 카페인이 맞지 않기 때문에 에너지를 활성화하는 약초를 자주 사용하지는 않는다. 주로 비타민 B 식품과 카모밀라 차를 애용하고, 많은 과일과 야채 그리고 식물의 씨를 섭취한다. 그러나 모든 것에는 중용이 최고의 도다. 그래서 나는 항상 지나친 편식을 삼가고 "초콜릿 먹을 사람?" 하면서 다닌다.

＊

일단 어수선한 일터에 뛰어들게 되면 일은 예전과 달리 흥미가 반감되기 마련이다. 실제로 그 속에서 지속되는 평온함은 무력감에 지루함까지 더한다. 그러나 당신은 그 평온함을 기꺼이 포기할 수 있는가? 아마 아닐 것이다. 실제로 직업을 가진 많은 이들은 빡빡한 스케줄을 버리지도 현실을 선택하지도 못한다. 스트레스를 위해 고군분투하고, 혼란을 향해 기어오르고, 죽을 둥 살 둥 하면서 데드라인을 향해 돌진하는 것이 일반 사람들이 살아가는 모습이다. 그래서 A 유형의 한 작가인 친구가 한 말이 마음에 와 닿는다. "나의 삶은 스트레스 위에 세워졌습니다. 스트레스가 없이 나는 무엇을 할 수 있을까? 스트레스가 나를 자극하고, 나를 일깨우고, 나를 형성하고, 나를 길들입니다. 뿐만 아니라 스트레스는 나의 창의력의 근원이 되고, 내가 살아 있음을 상기시킵니다."

당신이 분명한 A 유형이라면 평상심을 위한 나의 방법은 당신에게 방해가 될 수 있다. 그러나 A 유형이 아니라면 그 방법은 도움이 될 것이다. 그러나 평상심을 계속 유지하기 위해서는 단순한 대응책에 머물지 말고 그 이상으로 나아가야 한다. 일시적인 대응책이 아니라 자신에게 맞는 항구적인 방법을 찾아내야 한다.

대체 직업

최근에 한 외곽지역의 '세탁소' 여주인이 명함을 건네주었다.

라모나 K	● 피아노 레슨
프로페셔널 서비스	● 애완견 산책
444-CARE	● 고양이 돌봄
	● 파출부
	● 조경 전문
20년간의 풍부한 경험 신용조회/보세품	

　나는 개를 기르지도 않고, 애완견 목욕은 친구를 만나려고 근처 카페에 가던 중에 구경했던 것이 전부라는 말에 라모나는 짐짓 실망하는 눈치였다. 그러나 우리가 대화를 나누는 데에는 아무런 문제도 되지 않았다. 그녀는 나를 잠재 고객으로 여기는 듯했고, 나도 가끔은 애완견을 키우고 싶은 욕구가 있었기 때문에 별다른 반감 없이 그녀와 대화를 나누었다. 대화를 나누면서 나는 무엇보다 그녀의 독특하고 다양한 서비스업에 관심이 끌려 조금 더 자세히 알고 싶어졌다.

"정말 20년 간이나 이런 일들을 하셨습니까?" 내가 알고 싶은 첫 번째 질문이었다.

"몇 가지는 그렇죠."

"전시간제로요?"

"대부분이 그렇죠. 더 많은 시간을 요하는 것도 있고. 사람들이 휴가를 떠나는 여름에 주로 일이 많아요. 어떤 애완견은 일년 내내 점심시간마다 산책을 시켜주기도 합니다. 주말이 여행을 떠나는 고객들도 있고, 여러 해 동안 계속해서 피아노 레슨을 받고 있는 아이들도 있죠."

"어떻게 이렇게 많은 일을 다 할 수 있습니까?"

그녀는 대수롭지 않게 대답했다. "그냥 몰입하는 거죠. 어떤 일은 내가 좋아서 시작했는데 하다보니까 그렇게 불어나더라고요."

"일은 어떻게 구하죠? 광고라도 하나요?"

그녀가 나를 쳐다보았다. "요즘 광고비가 얼마인지 아세요?"

나는 고개를 끄덕였다. 나도 광고를 하지 않으니까.

"전화번호부에 등록을 했죠. 그렇게 모은 고객이 제법됩니다. 그러나 대부분은 소문을 듣고 찾아오는 고객이 많아요. 식품점이나 동물병원 같은 곳의 게시판에 명함을 꽂아놓기도 하죠. 그리고 댁처럼 거리에서 만나 얘기를 나누기도 합니다."

우리는 마주보며 웃음을 지었다. 라모나는 시계를 들여다보더니 "더 물어볼 말은 없나요? 시내 반대편에서 로트와일러 씨와 약속이 있어서요. 저녁시간이 지나 도착하면 사소한 문제로 까다롭게 굴거든요"라고 말했다.

이제 그만 가봐야겠다는 듯 그녀는 나의 소매에 묻은 회색 머리카

어떻게 헤쳐나갈 것인가

락을 떼어내면서 "명함을 간직하세요. 만약을 대비해 하나 더 드릴
께요. 점쟁이는 아니지만 댁도 분명 고양이 한 마리나 두 마리쯤 키
우게 될 겁니다"라고 말했다.

내가 고개를 끄덕이자 그녀는 씩 웃었다. "다음 번 휴가를 떠날 때
고양이들이 피아노를 치고 싶어하면 저를 불러주세요."

패치워크 *

진리는 허구보다 낯설고, 일자리에는 예외가 없다고 한다. 당신이
어떤 직업을 갖게 될지 또는 어디에서 일자리를 구하게 될지 전혀 짐
작할 수 없다. 아예 어떤 진로를 택하게 될지 신경을 쓰지 마라.

나는 라모나 같은 직업유형을 패치워크라고 부른다. 이전에는 기
이하게 받아들였던 방식으로 주로 집시나 기인들이 애용하던 유형
이다. 때로는 예술계 사람들이 작품 제작비를 충당하기 위해 활용하
기도 했다. 이런 방식으로 일을 하는 사람들을 많이 보지는 못했을
것이다. 그러나 지금은 많은 사람들이 기존의 직업을 대체할 일자리
를 구하고 있기 때문에 라모나 같은 패치워크 직업이 많은 인기를 끌
고 있다.

내가 만난 상당수의 전문직 종사자들은 전형적인 사무실 근무시간
을 다양한 파트 타임 직업으로 대체하고 있다. 이들 중에는 소속 단
체를 탈퇴한 후 기본 법률 서비스에 주식중개 서비스와 기술 전문 편
집을 결합한 새로운 서비스를 진행중인 변호사, 대학에서 고고학을
강의하는 감리사, 점성술을 서비스하면서 항공사 잡지에 여행기사
를 기고하는 심리치료사, 요가를 가르치고 알렉산더 기술학원을 운

____
* 조각을 모아 작품을 만드는 작업

내 직업을 찾는 마음의 법칙

영중인 안무가, 프리랜서로 리서치 프로젝트에 가담하고 여성을 위한 명상과 도교에 관한 강의를 하는 미시족, 프리랜서 헤어 사진작가로 일하면서 약초로 만든 건강식품을 판매하는 미용사 등이 있다.

사람들이 이러한 유형의 직업에 매료되는 이유는 라모나의 직업만큼이나 다양하다.

- 한 가지 분야에 얽매여 에너지를 소모하기보다는 좋아하는 모든 일을 다 해보기 위해
- 정규직 직업에서 개발할 수 없었던 재능과 기술을 활용하기 위해
- 자유로운 시간을 갖기 위해
- 자신의 삶과 일에 흥미와 변화를 주기 위해
- 집에서 일하기 위해
- 자신을 위한 시간을 많이 할애하기 위해
- 마지막으로 직접 사업을 꾸리고 싶은 것도 중요한 이유이다.

이외에도 제각기 특별한 이유가 있다. 넬은 전기 엔지니어로서 화요일과 목요일에는 대학에서 강의를 하고 다른 날에는 부동산 업무를 본다. 그녀는 음양의 원리에 매료되어 이 업무를 택했다고 한다. "엔지니어는 남성적인 면이 강합니다. 반면에 부동산 업무는 여성적인 면이 많죠. 집을 보러 다니는 사람이 대부분 여성이니까요. 정말 기막힌 조화죠?"

이들은 어떻게 일을 시작했을까? 질문에 응했던 모든 사람이 한결같이 하루 아침에 이루어지는 것은 아니라고 한다. 재택근무를 시작하면서 누구나 쉽게 '이전의 직업'에서 손을 떼지는 못하고 기존의

어떻게 헤쳐나갈 것인가

직업을 새로운 유형의 직업에 결합하는 방식으로 진행한다. 야간 부업이나 기존 업무의 거래처를 통해 패치워크 업종을 하나하나 축적해 나간다. 그리고 정규업무에 할애하는 시간을 조금씩 줄이고 서서히 본격적인 사업에 더 많은 시간을 할애한다. 변호사는 법률 서비스에 들이는 시간을 줄이고 기술 전문 편집에 할애하는 시간을 조금씩 늘려갔다. 감리사는 감리에 충당되는 시간을 줄여 고고학 강의에 더 많은 시간을 투자했다. 그리고 미용사는 고객을 친구들에게 소개해 주고 자신은 사진 포트폴리오 제작과 대체사업에 더 공을 들였다.

그들은 모두 고객의 기반이 잡히고 수지의 균형이 이루어지기까지 남모르는 많은 노력을 기울였다고 한다(나 자신도 마찬가지이다). 그때부터 흩어져 있던 업종을 하나둘씩 결합하고, 사업을 제 궤도에 올려놓을 수 있었다.

계절별 직업

패치워크의 다른 유형으로 계절별 직업이 있다. 레크리에이션 전문가 사이에 유행하는 이 유형은 겨울에는 스키 강사나 눈썰매 여행 가이드를 하고, 여름에는 카누, 등산, 수영을 지도한다. 어떤 스포츠 종목을 택하든 레크리에이션 패치워크 전문가들은 계절마다 다른 삶을 사는 의욕적인 아웃도어(야외) 스포츠맨이다. 나와 함께 스키와 뗏목을 즐기는 엘자는 이렇게 말한다. "여행도 떠나고 동시에 보수도 받아요. 정말 근사하지 않아요?"

계절별 직업 이동은 학기가 끝난 방학 동안 부수입을 올리고 싶은 학생과 교사 또는 가끔씩이나마 별도의 용돈이 필요한 퇴직자들에게 특히 인기가 높다. 이 유형은 여름에 가장 활발하며 목장, 가든 센

터, 레크리에이션 단체, 리조트, 스포츠 센터, 여름용품을 판매하는
소매점, 주택수리회사, 애완동물 단체, 건설과 도로 정비 조직, 법인
사무실(휴가를 떠난 사무원을 대체하는 임시사원) 등에서 일하는 임
시직을 포함한다.

비교적 겨울에는 활발한 편이 아니지단 리조트의 스키 강사 외에
휴일을 이용한 임시직(UPS 같은 택배업체) 등이 제법 많다. 나도 크
리스마스 시즌에 장난감 가게에서 아르바이트를 해본 경험이 있다.
그리고 학기가 시작되는 1월에는 대학구내서점에서 경리를 보았고,
발렌타인 데이와 부활절, 어버이날, 추수감사절, 크리스마스 시즌에
는 꽃 장식 디자인을 하기도 했다.

대부분의 카탈로그 우편주문센터는 계절마다 고객 서비스 요원을
고용한다. 이 사업에서 성공한 이들은 주문을 서로 '분배'하는 협동
심을 발휘한다. 이러한 제도 덕분에 사람들은 카탈로그 판매 시즌에
따라 일자리를 쉽게 이동할 수 있다. 한 회사에서 가을에는 치즈 주
문을 받고, 크리스마스 때는 유행 패션 판매업으로 전환한다. 그리고
정원손질을 하는 몇 개월과 여름 레크리에이션 기간 동안에는 다른
우편주문사업으로 자리를 옮긴다. 이 제도는 일자리를 찾는 이들에
게 정규직 일자리를 제공하고(회사들 역시 그런 혜택을 주기 위해
기간을 통일한다) 기업에게는 능력 있는 직원을 고용할 수 있는 혜
택을 준다. 모두에게 이익이 되는 윈윈(Win-Win) 전략인 셈이다.

인턴제도

계절별 직업 중에 여름철의 인턴제도가 있다. 이 제도는 점차 다양
한 전문직 일자리로 이동하고 있다. 이 프로그램은 대학생을 대상으

로 한 직업연수 형태로 운영되거나, 의사와 수의사 같은 전문직 지원
자에게 학위를 취득할 것인지 아니면 정규직 직업을 택할 것인지 선
택의 기회를 주기 위해 단기적으로 운영되던 것이다. 그러나 현재는
많은 인턴제도가 누구에게나 기회를 제공한다. 직업이나 나이 그리
고 1년이든 그 이상이든 기간에도 제한이 없다. 신문 사진작가, 컴퓨
터 프로그래머, 홍보요원 등으로 일하는 30대부터 50대까지 다양한
연령층의 인터사원은 수없이 많다. 얼마 전에 어떤 사람이 출신대학
의 직업알선창구에 무작정 찾아가서 빌 모와이어(Bill Moyer) 제작사
의 인턴직을 구했다는 얘기도 있다. 그는 현재 다큐멘너리를 제작하
는 현장 프로듀서로 일하면서 ABC 방송사와 내셔널 지오그래픽사의
쇼 프로그램을 제작하고 있다.

　이들은 인턴제도를 통해 자신의 분야에 맞는 거래처를 확보하고
관련 경험을 축적하는 소중한 기회를 얻는다. 이들이 어떻게 그 프로
그램에 참여할 수 있었을까? 어떤 이는 대학의 직업알선창구를 찾아
가고, 어떤 이는 가능한 인턴직이 있는지 그리고 자신도 지원할 수
있는지 알아보기 위해 직접 회사를 방문하기도 한다. 내가 아는 전문
가들 중 임시직에서 그 분야의 인턴직 프로그램으로 이동한 이들도
상당수에 이른다.

계약직

　"산타는 어떻게 하룻밤 사이에 모든 집을 다 돌아다녀요?" 크리스
마스날 한 어린이가 아버지에게 물어보았다.

　아버지는 "아마 하청을 주었겠지"라고 대답했다고 한다.

　나는 《임시직((Temp)》이라는 책을 출판한 직후에 이 얘기를 듣고

는 배꼽을 쥐고 웃던 기억이 난다. 나 역시 여러 회사를 상대로 일을 하고 계약업무를 따라 점차 증가하는 노동력의 분산을 목격하고 있기 때문에 산타도 시류에 편승할 수밖에 없으리라고 미루어 짐작한다.

계약직은 훨씬 많은 수의 사람들이 선호하는 대체 직업 유형 중의 하나로서 자유계약직, 프리랜서 또는 알선창구를 통한 재택근무 등의 형태로 운영된다. 의료 및 법률 서비스, 토독 기업, 회계 분야, 기술 전문 작가 등 모든 분야에서 계약 전문직을 활용하고 있다. 내가 프리랜서로 근무했던 한 연구개발회사는 계약직을 기본으로 한 여러 명의 엔지니어를 활용하고 있다. 최근 나에게 치과 클리닝을 해준 사람은 의료직 알선창구를 통해 그 계약직을 구했다고 했다. 그는 당시 산후 휴가를 떠난 정규 위생사를 대신하여 업무를 보고 있었다. 내가 아는 한 수의사는 현재 휴가를 떠난 정규직 수의사를 대신하여 계약직으로 근무를 하고 있다. 또한 쇼핑몰에서는 산타처럼 빨간 의상을 입고 근무하는 사람들을 해마다 모집한다

많은 계약직원들이 조금 더 기간을 연장하고 싶어하지만 단기 계약으로 근무하면서 오히려 더 많은 혜택을 보는 이들도 있다. 어떤 이는 일자리끼리의 자금 흐름을 유지하기 위해 계약직을 이용한다. 대부분은 다양한 분야의 기업에게 자신을 소개하는 이점을 즐기는 편이지만 어떤 이는 이런 일자리가 제공하는 유연성을 좋아하기도 한다. 또 어떤 이는 정규직에 대한 흥미 때문에 이 일을 택하는 이도 있다. 내 친구 아메스가 그런 경우인데, 그는 관리직의 임시 보조로 일하다가 미국내 커피 배급사의 기업홍보 디자이너로 발탁되었다. 전혀 예기치 않던 혜택을 입는 경우도 있다. 나의 사촌 마크는 단기

어떻게 헤쳐나갈 것인가

직으로 근무하다가 현재의 아내를 만났다.

몇몇 계약자들은 임시직이라는 요인에 매력을 느끼기도 한다. 선(禪) 유형의 한 컴퓨터 프로그래머는 자신을 "구속과 해방을 반복하는 피고용인"이라고 부른다. 그는 "사실 나의 평생직업이 어디에도 영원히 구속되지 않는 직업이라는 사실을 깨닫는 순간부터 조직이나 정책에 깊이 개입하지 않아도 되고 고용주와 어느 정도 거리를 두어도 된단 말야. 단순히 일에만 몰두할 수 있어 좋고, 항상 자유로운 선택을 할 수 있어 좋지."

*

모든 대체 직업은 언제 불쑥 고개를 내밀지 모를 옵션에서 자유롭다. 그리고 그런 옵션들은 종종 당사자의 내면에 도사리고 있기도 하다. 나는 내면에서 다른 일터를 찾아야겠다는 강한 충동을 느꼈을 때 프리랜서를 선언했다. 나는 이미 수많은 가능성을 보고 있었다. 어떤 프로젝트가 주어지든 거기서 많은 기술을 습득할 수 있고 그 기술을 다양한 일거리에 적용할 수 있으리라 판단했다. 그러나 정말 중요한 것은 그런 방식을 통해 생계가 나 자신에게 달려 있다는 사실을 터득했다는 것이다. 또한 일거리를 제공하는 고용주에게 기대지 않고, 일거리를 수주하는 것은 나 스스로의 노력에 달려 있다는 사실도 알게되었다. 이는 마치 깨달음과 같았다. 어떤 고용주도 제공할 수 없는 내면의 평온함과 인간의 진정한 자유는 그 깨달음 안에 존재한다.

내 직업을 찾는 마음의 법칙

돈은 현실에 기반을 두지 않은 꿈일 뿐인가?

　꿈 속에서 나는 아이디얼 마켓(Ideal Market)을 막 나오는 중이었다. 다른 이들이 구입한 물품이 러시아워의 풍경처럼 컨베이어 벨트를 타고 줄지어 내려오는 것을 지켜보고 있었다. 그 줄이 길게 이어지는 가운데 나를 스쳐 지나가는 빨간색, 녹색, 자색, 오렌지색 등의 선명한 점들을 지켜보았다. 이제 내 차례가 되어 계산대에 들어선 야채값을 계산하려고 지갑에서 35달러를 꺼냈다. 그리고 계산원에게 돈을 내밀었을 때 내가 돈이 아니라 사사프라스 잎을 들고 있다는 것을 깨달았다. 그 잎을 얼굴 위로 들어올리자 모든 움직임이 사라지면서 나는 시간이 정지된 사사프라스 숲 한가운데에 자리했다.

　내가 이 꿈을 꾼 것은 몇 년 전 나의 첫 번째 책이 출판된 직후였다. 아이러니하게도 그 책은 식물에 대한 안내서였다. 당시 나는 10년 간 종사하던 정규직 직장을 그만두고 프리랜서 작가로 막 전업했었다. 지갑에는 그래도 사사프라스 잎이 아니라 몇 푼의 돈이 있기는 했지만 이전에 비해 형편없는 수입이었다.

　나는 이전에 비해 훨씬 강도 높은 열정을 가지고 나의 생애에서 가장 창의적인 일을 동시에 진행하던 중이었다. 항상 꿈꾸어오던 자유로운 작업이 실현된 것이다. 내가 참으로 중요하게 생각하는 인간관계, 선(禪), 예술, 여행, 봉사활동과 같이 일이 아닌 여가활동을 하기에 시간이 넉넉했다. 러시아워에 밀리면서 출퇴근하지 않아도 되었고, 아이디얼 마켓을 향해 정신없이 달려가지 않아도 되었다. 이제는 하루 중 한가한 시간을 택해 쇼핑을 할 수 있게 된 것이다.

그 해에 나는 늦은 오후쯤 집 건너편의 산길을 따라 긴 산책을 시작했다. 불현듯 더 넓고 밝은 세계가 내 앞에 펼쳐진 것이다. 그 변화는 나의 일이 순조롭게 진행되었기 때문인지도 모르겠다. 의미 있는 활동에 많은 시간을 투자했고, 나의 영적인 수행은 깊이를 더해갔다. 지금도 선명하게 기억하는 것은 당시 자연세계의 모든 풍경과 소리와 냄새가 나에게 생명을 지닌 것으로 다가왔다는 사실이다. 나는 시시각각 형상이 바뀌는 층적운에서부터 사사프라스 나뭇가지 아랫부분을 슬쩍 건드리자 거기서 흩어지는 향기를 쫓아 움직이는 사마귀에 이르기까지 모든 것에 관심을 기울였다. 마치 나의 모든 감각이 되살아나는 듯했다. 이전에는 별다른 관심을 두지 않았던 후각이 특히 그랬다. 나는 이런 변화를 통해 그 꿈이 새로 발견한 내 삶의 반영이라는 사실을 깨달았다. 그때부터 나의 관심은 돈에서 향기로 옮겨갔다.

향기로운 것은 꿈 속에서나 현실에서나 우리의 기분을 즐겁게 해준다는 것에 누구나 공감한다. 그러나 우리는 향기만으로 삶을 꾸려갈 수는 없다. 현실의 삶은 비싼 대가를 요구한다. 꿈 속에서는 음식 값을 향기로 지불할 수 있을 것이다. 그러나 현실의 삶은 어느 정도의 돈을 요구한다. 전통적인 직업을 고수하든 대체할 수 있는 직업을 찾든, 어떤 형태로든 경제적인 문제를 해결해야 한다. 이상적인 경제

내 직업을 찾는 마음의 법칙

행위는 질적인 삶을 꾸려가려는 우리의 노력에 도움이 되어야 한다. 그리고 저축과 투자를 증식하고 기본적인 욕구를 충족시킬 수 있을 정도의 수입이 보장돼야 한다.

나는 나의 꿈을 생각하면 할수록 그 꿈이 전하려는 기본 메시지를 더욱 깊이 이해하게 된다. 그것은 프리랜서 형태를 계속 유지하되 나의 일을 즐기고, 나의 삶을 즐기고 동시에 경제적인 해결책에도 관심을 기울이라는 메시지이다. 우리는 단지 그 메시지를 활용하는 데 그치지 말고 이를 성공으로 이끌어야 할 것이다.

재운 대 노력

돈을 별로 좋아하지 않는 친구가 있다. 그에게 돈은 자본주의 사회에서 전해오는 동화같이 단순히 추상적인 존재일 뿐이다. 그는 달러 표시는 단지 상징에 지나지 않고, 돈은 현실을 기반으로 하지 않고 이 세상에 속하지 않은 꿈이라고 생각한다.

그러나 이 친구 같은 부류에게는 돈이 쉽게 따라다닌다. 그는 필요에 따라 삶을 꾸려가기 때문에 저축도 하지 않고, 욕구를 느끼면 무엇이든 마음에 드는 모든 것을 구입한다. 언제나 그런 식이다. 돈이 궁하다 싶으면 오랫동안 잊고 있었던 알로이시스 삼촌으로부터 생각지도 않았던 유산을 물려받거나, 사촌 엘시노어가 '자그마한 선물'을 보내기도 한다. 참으로 믿기 힘든 놀라운 일이다.

한 친구에게 그의 운에 대해 물어보았다. 그녀는 그가 분명 특별한 재운을 타고났다고 했다. 게다가 큰 운을 상징하는 것으로 알려진 그의 별자리는 점성술 도표에서 8번째 집에 해당된다고 했다. 이 집은 다른 이들의 돈을 모아놓은 곳간으로서 그 위에 걸린 그의 별자리는 유산, 보험, 전혀 예기치 않은 선물 등을 통해 부가적인 수입을 얻게 된다고 한다. 재운을 입기에 충분한 운세를 타고난 것이다.

그녀는 그의 운을 보고 나더니 자신의 별자리 운세를 알아보기 위해 도표를 이리저리 뒤적거렸다(누구나 그녀와 비슷한 반응을 보이리라). "개털이" 그녀는 뉴욕의 지하철 벽에서 보았다는 낙서를 인용하여 되뇌었다. 그녀의 별자리는 8번째 집에 있지 않았다. "유산도 보험도 없네. 알로이시스 삼촌이나 엘시노어 사촌도 없고. 이번 생에 타고난 내 재운은 스스로 벌어먹고 살아야 할 팔자인가 보군."

《친구를 사귀고 영향력 있는 인물이 되는 방법》 같은 자립심에 관한 책들을 저술한 데일 카네기는 이런 말을 했다. "경제적인 성공의 약 15%는 개인의 전문적인 지식에 달려 있고, 85%는 사람을 다루는 기술에 달려 있다." 나는 프리랜서로 전향한 직후에 이 책을 읽었다. 사사프라스에 관한 꿈을 꾸었던 때와 거의 비슷한 시기였다. 나는 그의 말이 정확한 해답이라고 생각한다. 나는 새로운 형태의 직업을 성공적으로 이끌기 위해 재정 문제를 재정립할 필요를 느꼈다. 그리고 좋은 재운은 나와는 별로 관계가 없기 때문에 나는 성공을 위해 내가 가진 재주를 모두 활용해야만 했고 결국 재정에 관한 전문가가 되어야 했다.

그 첫 번째 과제로 먼저 일의 우선순위를 종이 위에 기록했다. 이미 익히 알고 있는 것들이었지만 종이 위에 기록된 글로 보니까 훨씬 더 실감나게 다가왔다. 흰색 위에 검은색으로 쓰여진 글을 마주 대하면서 어떤 일을 하고 어떤 식으로 일을 해나가야 할지가 점점 더 명확하게 드러났다. 그러나 자꾸 들여다 볼수록 우선순위에서 나의 경제적인 욕구가 낮게 설정되어 있다는 사실이 부각되었다. 이 작업은 나의 새로운 형태의 직업을 가능성 있게 만들었을 뿐만 아니라 개연성도 지니게 했다. 그러나 나는 정규직 직업같이 확실한 수입이 없었기 때문에 나의 표현을 빌면 '돈이 될 가능성이 있는 것'에 어느 정도 힘을 모아야 했다. 새로운 변화를 지탱하기 위해서는 아직 정서적으로나 경제적으로 약간의 조정이 필요했다.

나는 변화된 환경을 수용하기 위해 스스로에게 질문을 함으로써 올바른 방향 감각을 잡으려 했다. 그래서 다음의 질문을 만들어보았다.

- 내가 원하는 방법대로 일을 하며 살아갈 수 있나 — 적은 수입으로
- 어느 정도의 돈이 필요한가 — 현재와 미래에
- 가장 중요하게 생각하는 경제적인 욕구는 무엇인가 — 저축, 음식, 건강, 하루 생활비? 프리랜서 수입으로 다 충당할 수 있는가?
- 집에서 일하면서 몇 가지 필요사항을 줄일 수 있나 — 자동차 유지비, 외출용 의복, 외식보다는 집에서 식사하기
- 약간의 돈을 투자하고 이자율이 높은 저축을 하고 가능한 한 지출을 줄임으로써 긴축된 생활비를 최고로 홑용할 수 있는 방법은?
- 검소한 생활과 신용카드 사용을 줄이고 서일, 저렴한 식품, 할인 서비스, 중고용품 등을 활용하고 외식회수를 일 주일에 두 번에서 한 번으로 줄임으로써 지출을 긴축할 수 있나?
- 적은 물품으로 검소한 생활을 꾸려갈 수 있나?

하루 생활비를 포함한 '적은 지출'을 통해 어디에서부터 긴축을 시작해야 할지 분명해졌다. 예를 들어, 유명한 상표의 값비싼 파스타

와 콩 대신 저렴한 것으로 대체 구입한다. 중고용품으로 새 제품과 같은 효과를 창출한다. 고급스런 미용실 대신 '저렴한 비용'으로 이 발을 할 수 있는 곳에서 간단한 커트 정도만 한다. 집에 머물면서 긴축생활을 하고 지출을 줄일 수 있는 곳을 찾는 동안은 수표책을 사용하지 않는다.

처음에 이런 긴축생활은 강도 높은 인내를 필요로 했다. 그러나 곧 생각했던 것보다 어렵지 않다는 것을 알았다. 나는 점점 특가품에 더 흥미를 갖게 되었고, 일년 전에는 생각지도 못했던 의복이나 생활용품으로 견뎌내는 내 자신이 자랑스럽게 여겨졌다. 나는 약간의 트릭을 써서 돈을 쓰지 않고 며칠을 견뎌낼 수 있는지 알아보기로 했다. 그래서 마음에 드는 상품이 있으면 이제 내 것이라는 느낌으로 구매 충동이 사라질 때까지 그것을 들고 매장을 돌아다녔다.

그리고 필요 없는 물건을 정리했다. 더 이상 필요 없는 책은 헌책방에 팔고, 입지 않는 옷은 위탁판매소나 구호소에 보내고, 가라지 세일 * 을 열어 기타 생활용품을 모두 정리했다. 그것은 옛것을 버리고 새로 시작한다는 상징적인 의미도 있었다. 그렇게 간단한 노력으로 약간의 돈을 모을 수 있다는 사실도 새삼스러웠다. 그렇게 한두 푼 절약하는 일이 정신나간 짓 같았지만 실제로 돈이 모이기 시작했다.

내가 불꽃 유형의 기질을 갖게 된 것은 이즈음이었다. 필요하다고 생각했던 돈과 실제로 필요한 것 사이에는 차이가 있었다. 나는 자금을 모으고 약간의 투자도 하면서 건강식품과 건강관리용품같이 실제로 내게 필요한 것을 갖출 수 있었다. 또 별도의 예산을 마련하여

---

* 자택의 차고에 벌려놓는 중고 가정용품 염가 판매

내 직업을 찾는 마음의 법칙

자선금을 기부하기도 했다. 분명 프리랜서로서 만족스런 삶을 살아갈 자신이 생겼다. 나는 심지어 몇 가지 예비용 사치품을 준비해 놓기도 했다.

놀라운 일이었다. 친구처럼 특별한 재운을 타고나지는 않았어도 재정관리에 필요한 재능을 갖고 있었다. 그리고 그 재능이 빛을 발하기 시작한 것이다.

나는 혼자가 아니었다. 간소화 프로그램을 시작한지 얼마 되지 않아 다나라는 친구에게서 편지를 받았다. 그녀 역시 최근에 나와 비슷한 삶의 방식으로 전환했다. 다나는 5만 달러 이상을 받는 텍사스의 재정 담당 사무관이었지만 그 일에서 더 이상 성취감을 느끼지 못했다. 그래서 워싱턴 주로 옮겨가 스트레스도 적고 즐겁게 일할 수 있는 일거리를 택했다.

그녀는 이렇게 적고 있었다. "봉급은 높았지만, 하루 12시간 근무에 스트레스도 많았어. 8년을 근무하고 나니 그 일이 이제 더 이상 나에게 맞지 않는다는 판단이 서더구나. 내가 처한 상황에서 행복을 느끼지 못한 대가로 진 빚을 모두 청산하느라 그 일에 2년을 더 매달려야 했지. 어쨌든 이제는 해낸 거야. 일에 구속되지 않고 원하는 것은 무엇이든 할 수 있다는 사실을 인식하자 많은 용기가 생겨나지 뭐야. 직장을 떠나올 때 여러 동료들이 부러워하면서 자신들도 나처럼 하고 싶다고 하더군. 그래서 '할 수 있어요. 거기에 마음을 두고 정신을 집중하면 됩니다'라고 말해줬지."

다나는 재정 담당을 그만두기로 결정했을 때 빚 청산 프로그램을 시작했다. 그 프로그램은 조 도밍게즈와 비키 로빈이 저술한 《돈인가 삶인가: 돈을 통한 인간관계의 변화와 경제적인 독립의 획득》이

어떻게 헤쳐나갈 것인가

라는 책에 소개되어 있다. 나도 도움을 받았던 책이다. 다나는 돈에 대한 그녀의 인식을 조사하는 단계를 밟아가면서 경제적인 욕구를 자신의 성취감으로 대체하고, 경제적인 삶에 대한 통제 능력을 키워나갔다. 그녀는 도밍게즈와 로빈의 용어처럼 '죽음이 아닌 삶을 꾸리는 법'을 터득한 것이다.

그녀는 빚을 청산한 후 텍사스에서 시애틀로 옮겨 채식주의자를 위한 식당에서 파트타임으로 일했다. 그렇게 임시직으로 근무하면서 새 길을 모색했다. 그녀는 채 1년도 되지 않아 한 임시직에서 만족할 만한 조건을 제공받았다. "이전만큼 많은 보수는 아니지만 일이 무척 재미있어. 이제 검소하게 사는 법을 알았기 때문에 내가 우선순위로 정한 일에 매진할 생각이야."

스스로 선택한 검소한 생활

다나와 내가 새로운 삶의 방식을 시작했을 때 우리는 이미 검소한 생활을 스스로 선택한 것이라는 사실을 처음에는 의식하지 못했다. 나는 그 당시 내가 하는 일이 어떤 명칭으로 불리는 지도 몰랐고, 특정한 경향이나 정치운동을 추종하지도 않았다. 나는 단순히 더 의미 있고 창조적인 삶과 일에 몰두하고 싶었고, 내가 찾아낸 최고의 해답은 소박한 삶이었다. 나는 얼마 지나지 않아서 내가 새로운 운동의 선두에 서 있으며, 전국의 수많은 사람들이 실천하고 있는 검소한 생활에 바탕을 둔 질적인 삶의 양식에 참여하고 있다는 것을 알게 되었다. 하지만 내가 그 운동에 참여하고 있다는 사실을 몰랐다는 것은 다행스런 일이었다. 그렇지 않았다면 아마 나는 다른 길을 선택했을지도 모른다.

국내동향연구소가 발표한 상위 10위권에 드는 경향 중 하나가 '스스로 선택한 검소한 삶'이라고 한다. 이 삶은 《스스로 택한 검소한 삶(Voluntary Simplicity)》의 저자인 듀안 엘진의 표현대로 '외적으로는 검소하게, 내적으로는 풍요롭게' 살기 위한 우리의 노력인 것이다. 우리는 검소한 삶을 스스로 선택함으로써 더 성실하고 더 영적으로 살아가야 하고, 우리의 삶과 상호관계의 가치를 더 깊이 인식해야 한다. 또한 돈과 목적에는 낮은 가치를 부여하고 질적인 삶에 더 높은 가치를 두어야 한다.

이제 이 삶의 양식을 시작한 지 10년이 넘게 시간이 흘렀다. 현재는 전적으로 프리랜서 작업 방식에 모든 초점을 맞추고 있지는 않지만 항상 검소한 삶이 더 자연스럽고 더 풍요롭게 느껴진다. 소박하게 살고는 있지만 더욱 창의적이고 영적인 사람이 되었으며, 살아 있음을 감사하는 마음으로 받아들인다. 또한 더 많은 가치를 관계와 공동의 삶에 부여하고 있다. 나는 실제로 많은 곳에서 풍요로움을 느끼며 살고 있다.

티베트의 영적 지도자 초감 트룽파는 이렇게 말했다. "부(富)는 많은 부분 잘못 인식되고 있습니다. 보통 부자가 된다는 것은 많은 돈을 소유하는 것으로 생각합니다. 그러나 부의 참다운 의미는 황금처럼 고귀한 상황을 당신의 삶 안에서 창출하는 법을 아는 것입니다. 다시 말해 통장에 20달러의 돈밖에 없다고 해도 풍요로움은 여전히 당신의 세계 안에 남아 있다는 것입니다."

나는 사람들이 일터를 떠나 20달러 정도로 긴축생활을 하고 사사프라스 냄새를 맡으면서 하루종일 가부좌를 틀고 앉아 있는 것을 변호하려는 것은 아니다. 물론 돈이 꿈은 아니다. 그러나 의욕이 있다

어떻게 헤쳐나갈 것인가

면 당신의 꿈꾸어 온 작업방식을 실현할 수 있다. 우리 모두는 우리의 작업방식이 어떠하든 황금과 같은 상황을 창출할 잠재력을 지니고 있기 때문이다.

위기 탈출

지옥같이 지긋지긋한 일

이제 진실의 순간이 다가왔다. 그만둘 것인가 계속 다닐 것인가. 그것이 문제이다. 머물 것인가 떠날 것인가.

머문다면 현재의 안전을 계속 유지한다는 것이고 … 그만둔다 함은 돈이라 불리는 작지만 강력한 추상적인 존재에 의존하지 않는 것이다. 머문다 함은 스트레스를 부르는 것이고 … 그만둔다 함은 미지의 세계로 떠나는 것이다. 머무는 것은 굴복하는 것이지만 … 떠나는 것은 포기하는 것이다. 그리고 떠나기 위해서는 투쟁을 거쳐야 한다.

작업에 임한 지 이제 1시간 정도 지났는데 벌써 일에 대한 염증을 느낀다. 그 염증은 극에 달해 엠파이어스테이트 빌딩의 첨탑까지, 자유의 여신상의 투구 끝까지 치닫는다. 자유에 관해 말을 해보자. 당신은 이 글을 끝까지 읽을 만한 자유가 있는지 확신할 수 없다. 왜냐하면 당신 스스로 그 상황에서 벗어나려 하기 때문이다. 이제 더 이상 추락할 바닥조차 보이지 않는다. 이제 당신은 지옥같이 지긋지긋한 일에서 벗어나려 한다.

그만 둘 것인가 계속할 것인가, 어떤 길을 택할 것인가?

빨리 자리에 앉아 호흡을 깊게 세 번 하라. 이제 몇 가지 우선순위

에 대한 식별 전략을 시도해 보자. 이것은 지칠 대로 지친 나의 영혼
을 구원했던 방법이다.

1. 즉시 병가를 내고 집으로 가라. 긴 설명을 하지 말고 그냥 몸이
   좋지 않다고 하라. 당신이 그 정도로 혼란에 빠져 있다면 아무런
   의심도 사지 않을 만큼 혈색이 창백할 것이다. 하루나 이틀 집에
   머물면서 왜 지옥같이 지긋지긋한 일이 되어버렸는지 이유를 생
   각해 보라. 그 이유들이 직장을 그만둘 만큼 절박한 것인가 아니
   면 다른 일거리가 있기 때문인가? 가능한 해결책을 리스트로 만
   들어 보자. 그리고 여러 대안들을 신중히 생각한다. 그러나 절대
   로 자신을 비난하지 마라. 낮잠을 자거나 책을 읽거나 꽃을 사거
   나 마사지를 받거나 현실도피를 주제로 다룬 영화를 감상하거나
   당신의 에너지를 재충전시킬 수 있는 모든 방법을 다 동원하라.
   그리고 진지하게 변화를 시도하라.
2. 병가를 내지 말고 집이나 혼자 머물 수 있는 회사 내의 한적한
   곳에서 일을 진행한다. 점심시간에 이력서를 작성하고, 구직광
   고를 뒤져보거나 인터넷의 구직사이트를 검색해 본다. 직장에
   사표를 내기에 앞서 다른 일거리가 있는지 체크한다.
3. 당신을 이해하는 친구나 동료와 휴식을 취하라. 이런 때 잘 들을
   줄 아는 친구는 하늘이 보낸 동지이다. 어쩌면 그 친구가 당신의
   상황을 객관적으로 판단하고 도움이 되는 제안을 할 수 있을지
   모른다.
4. 노트를 들고 사무실에서 멀리 떨어진 곳으로 가라. 그리고 문제
   라고 생각되는 것을 기록하라. 몇몇 나의 친구는 기록하는 과정

을 통해 문제가 더욱 명확하게 보이고 다음에 다시 읽어볼 수 있기 때문에, 정서적으로 위급한 상태가 되었을 때 그 노트가 가장 중요한 방어수단이 된다고 한다. 실제로 한 연구결과에 따르면 기록하는 행위를 통해 신체의 스트레스가 감소된다고 한다.

감정을 원상태로 회복시켜라. 그리고 업무가 실제로 지옥처럼 지긋지긋한 일로 변했기 때문인지 아니면 단지 전체적인 상황을 너무 버겁게 만드는 업무의 한 요인 때문인지 정확한 판단을 내린다. 나의 한 친구는 자신의 업무 때문이 아니라 사사건건 충돌하는 같은 부서의 동료사원 때문에 문제가 발생했다는 것을 기록을 통해 깨닫게 되었다. 그녀는 그 기록을 보고 나서 동료에게 자신의 어려움을 털어놓기로 했다. 그 둘은 친한 사이는 아니었지만 문제가 있었다는 사실을 확인하고 서로를 인정하기로 타협을 보았다.

당신이 글을 쓰는 사람이라면 — 아니라고 해도 — 글쓰는 작업을 한 단계 더 승화시키고 오히려 어려운 상황을 좋은 글로 담아낼 수 있을 것이다. 한 동료는 기분 나빴던 자신의 경험을 재미있는 글로 승화시키곤 한다. 세부적인 내용과 인물들을 각색하는 과정이 끝날 즈음이면 어느 정도 스트레스가 해소되고 입가에는 웃음이 맴돈다. 그러면 그녀는 그런 글을 모아 문학잡지에 소개한다.

5. 오랫동안 산책하면서 상쾌한 기분을 느껴라. 그리고 당신의 불만족이 일에서 비롯된 것이라기보다 충족되지 않은 삶의 다른 영역에서 비롯된 것은 아닌지 자신에게 물어 보라. 발레리는 이 과정을 통해 실제적인 문제가 그녀의 결혼생활에 있다는 것을

알게 되었다. 결국 그녀는 직장을 그만두지 않고 이혼을 택함으로써 문제를 해결하였다.

6. 휴가를 떠나라. 잠시 직장에서 벗어날 수 있는 가장 확실한 방법이다. 멀리 갈수록 더 좋다. 루이스는 한 직장에서 위기를 겪는 동안 그리스로 2주 간의 여행을 떠났다. 그는 여행을 하면서 그동안 모아놓은 돈이 얼마나 되는지 따져보고 6개월 이내에 새 직장을 찾겠다는 목표를 세웠다. 그리고 여행에서 얻은 가장 고귀한 선물로서 삶의 동반자를 그리스 해변에서 만났다. 그는 여행에서 돌아온 후 직장을 그만두고 그녀와 결혼했다.

7. 현장에서 벗어나는 것도 좋은 방법이지만 그렇게 하지는 마라. 대신 상상을 통해 해결해 보라. 문을 열고 먼 곳으로 나가서 달콤한 자유를 즐기는 자신을 상상한다. 새로운 직업과 새로운 도시, 새로운 삶을 맘껏 향유하는 자신을 그려본다. 당신은 언제든지 구속에서 벗어날 수 있는 자유로운 사람임을 가끔씩 상기한다. 감정이 많이 수그러지면 몇 가지 해답을 찾는 작업을 한다. 그러나 독립할 수 있을 정도로 돈이 없다면 경제적인 문제를 해결할 때까지 직장을 떠나지 마라.

떠나든 머무르든 그 결정은 상황과 환경의 급박한 정도와 얼마나 오래 그 감정에 시달렸는지 그리고 자신의 인내심의 한계 등에 달려 있다. 그리고 실제로 변화할 가능성이 있는지 또는 선택의 대상을 철저히 규명했는지 여부도 결정에 영향을 미친다. 무엇을 해결할 능력이 있는가? 통제할 수 없는 것은 무엇인가? 그 상황에 머물면서 아직 견디어낼 힘은 있는가 아니면 직장을 옮기는 것만이 유일한 해결책

내 직업을 찾는 마음의 법칙

인가?

나는 지긋지긋한 일을 꿋꿋하게 진행하면서 여러 번 이런 질문을 반복했다. 그만둘 것인가 계속할 것인가. 머물 것인가 떠날 것인가. 견디기 어려운 유혹은 일단 문을 박차고 나간 다음 나중에 구체적인 것을 해결하고 싶은 충동이다. 그러나 이 결단의 단점은 후에 뒤돌아보면서 그때 달리 처신할 수도 있지 않았나 하는 후회이다. 그 당시 수입원을 포기한 결단이 현명했다 해도 다른 직장을 선택했을 때 이전과 비슷한 상황이나 더 악화된 상황을 만나지 않을까 하는 우려가 따르기 마련이다.

따라서 나는 대부분의 경우에 그 상황이 나의 정신 건강이나 신체 건강을 심각하게 위협하지 않는 한, 두 가지 해결책을 동시에 선택한다. 필요하다면 적극적으로 다른 선택사항을 살펴보면서 또 일은 일대로 진행한다.

머물기

이 장의 소제목을 "지옥같이 지긋지긋한 일"이라고 정해놓고서 이제는 머물라고 권고하는 이유가 무엇인지 의아해 할 것이다. 어리석게 들릴지 모르지만 일에는 연옥 같은 일과 지옥 같은 일이 있다. 지옥과 같은 일은 회복할 수 없는 위급한 상황으로서 가능한 한 빨리 그 일에서 손을 떼야 한다. 대개 휴가를 연장하거나 사표를 제출하는 등의 긴급대처를 요하는 위기상황인 것이다. 이 일에 대해서는 이 장의 중간에서 더 자세히 다루겠다.

연옥과 같은 일은 당신을 단련시킬 좋은 기회를 제공한다. 이 일은 당신이 내면에서 나와, 당신의 환경과 직접 대면하라고 강요하지만,

정신은 건강한 상태를 계속 유지할 수 있다. 이 일은 외부와 의사를 교환하고, 문제를 해결하고, 우선순위를 결정하고, 자신의 한계를 벗어나 성장하라고 부추기는 당신의 훌륭한 스승이다. 물론 이 스승은 당신을 성가시고 귀찮게 하기도 한다. 그러나 시간이 지나고 나면 당신은 오히려 고마움을 느낄 것이다. 이 스승은 당신에게 힘든 체험과 함께 지혜를 선사하기 때문이다.

점성술에서는 당신이 준비될 때까지 당신의 삶에 아무런 일도 일어나지 않는다고 한다. 나는 이 말을 정말 싫어한다. 누가 연옥에서 온 보스를 맞이할 준비를 하라고 나에게 말해 줄 것이며, 평온함을 주는 일을 선택할 준비가 되었지만 내가 마음이 바뀔 수도 있다는 것을 누가 알려 줄 것인가? 어쨌든 내가 그 상황을 진정시킬 방안을 찾아야 한다는 사실에는 변함이 없다. 그래서 나는 '그만둘 것인가 계속할 것인가'를 결정해야 하는 긴박한 순간을 맞이하면 비록 그 순간의 압력이 거세게 나를 막다른 궁지로 내몬다 해도, 나를 분노하게 하거나 소리치게 만든다 해도 다시 마음의 균형을 회복하기 위해 아주 강한 용기를 발휘할 것이다. 간혹 약간의 분노는 우리를 비생산적으로 만드는 해결되지 않은 감정을 분출시키고 의사소통의 가능성을 열어주기 때문에 지극히 건강한 행위이다. 또한 분노는 부차적인 것을 간과하고 근원적인 것을 직시하기 때문에 극히 영적인 행위이다. 따라서 당신은 더욱 명철한 사고과정에 다다를 수 있다.

나는 한 건축가와 함께 일하면서 이와 같은 체험을 한 적이 있다. 나는 그녀가 자를 바닥에 집어던지고 상스런 말을 내뱉고 난 후 작업 테이블 위에서 잠깐 눈을 붙이고 나면 그녀의 감정이 수그러드는 것을 여러 번 지켜보았다. 그녀의 행동이 사소한 짜증 정도로 생각될 수 있겠지만, 그 행위는 스트레스를 해소하는 그녀만의 중요한 행사이다. 이를 갑자기 닥친 데드라인의 압박감에 대한 게슈탈트 접근방식이라고 한다. 그리고 그녀는 잠에서 깨어난 후 감정적으로 안정감을 느끼고 무리 없이 데드라인을 맞춘다.

가끔은 연옥 같은 일을 직면할 때 고대의 격언에서 조언을 얻는 것도 좋은 방법이다. "시련은 경험을 낳고, 경험은 지혜를 낳는다." "어려운 상황을 벗어나는 최선의 방법은 그 상황을 관통하는 것이다." 그런 다음 해답을 찾기 위해 까다로운 동료와 상호 의사소통의 문제에 대해 의논하거나, 프로젝트 담당자와 데드라인 상황을 경감할 수 있는 방법을 상의하거나, 조금 더 도전적인 프로젝트로 옮겨달라고 부탁할 수 있을 것이다. 나의 경험에 의하면, 내가 직접 문제를 거론할 때 대개 동료들은 나의 개방된 태도에 존경을 표하기도 하고 내가 예상했던 것보다 더 나은 변화를 기꺼이 조성해 주기도 한다.

발레리는 한때 임시 회계업무를 보면서 연옥 같은 일을 비교적 많이 겪었다. 그녀는 문제를 직시하는 것이 때로는 자신을 대면하는 것과 같다고 한다. 이 말은 문제를 직시하는 것이 그녀가 맡았던 연옥 같은 일을 해결하는 데에 도움이 되었다는 것이다. 예를 들어, 그녀가 "이것은 연옥 같은 일이야"라고 말한다면, 그녀는 그 일에서 손을 떼고 싶지 않다는 느낌을 갖게 되고, 그 느낌은 일을 처리하는 데에 큰 원동력이 된다. 또한 그 느낌은 그녀가 "연옥 같은 일을 만났군"이라고 말한 다음 일을 대면하고 나서, "나를 골탕먹이겠다고? 흥, 내가 너를 골탕먹이겠어"라는 선포로 상황이 전면전으로 치닫기까지 그 일의 책임자가 그녀 자신이라는 것을 상기시켜 준다.

반면에 그녀가 그 전투에서 후퇴하기로 결정하면 연옥 같은 일 역시 뒤로 물러서고, 그 영향력은 점차 줄어들기 시작한다. 아마도 그 이유는 그녀가 싫어하는 것에 별로 신경을 쓰지 않고 실제적인 업무에 더 많이 집중하고 동료들을 이해하는 데에 더 많은 시간을 투자하기 때문일 것이다. 또한 그녀가 자신이 좋아했던 일 역시 가끔은 연옥 같은 일처럼 느껴지기도 했다는 사실을 기억하기 때문인지도 모른다.

직장을 떠난다

지금까지 직장에 머물면서 일을 해결할 수 있는 모든 방법에 대해 얘기했다. 지금부터는 직장을 떠나는 것이 때로는 최선의 방법이라는 것을 말하고자 한다. 나에게 요가를 가르친 친구들은 그 일로 인해 죽지는 않는다는 사실을 인식하는 것이 좋은 해결책이라고 조언한다. 당신이 어떤 일을 하든 회사와 대립상태에 있고, 당신과 상사는 서로 의견이 전혀 일치하지 않고, 당신의 동료는 전혀 다른 세계에서 온 사람들 같고, 상황은 당신이 원하는 것을 조금이라도 제공할 기미를 전혀 보이지 않는다는 사실을 받아들여야 할 경우가 있다. 이런 경우를 가리켜 지옥 같은 일이라고 한다. 이제 지옥에서 벗어날 때가 온 것이다.

그러나 정말로 만족스러운 때가 언제인지 어떻게 알 수 있는가? 모든 가능성에 대한 검토가 완료되는 때가 언제인지 어떻게 가늠하는가? 기회는 자신의 존재를 스스로 알려 준다.

그 신호는 사람마다 다르게 나타난다. 나는 대개 자동차가 벽에 부딪히는 사고와 관련된 악몽이 반복되면 때가 되었다는 것을 안다. 그 메시지는 나의 의식이 아닌 무의식 단계에서 이루어진다. 나의 동료로서 프리랜서 작가인 애니는 몸에 발진이 생긴다. 크고 붉은 반점들이 나타났다가 그녀가 그 상황에서 벗어나면 사라진다. 발레리는 내 주변사람들 중에서 가장 창조적인 무의식 세계를 가진 사람이다. 그녀는 직장에서 위기를 맞으면 상어가 먹고 싶어진다. 그녀는 대개 원인과 결과에 기초하여 추론하고 설명한다. 바다에서 수영하는 것을 좋아하기 때문에 상어를 먹는 일은 없다고 한다. 그녀가 상어를 먹으면 상어도 그녀를 먹으려들 것이라고 생각한다. 그녀의 설명에 따르면, 상어를 먹고 싶은 욕구는 그녀가 산 채로 먹히기를 스스로 요구하는 것으로서 자신의 직감이 이제 직장을 그만둘 때라고 알려 주는 것이라고 한다.

지옥인지 연옥인지 명확히 구분되지 않는 경우도 있다. 업무가 영적인 것과 연관되어 있거나 사회에 어떤 형태토든 자선을 베푸는 일이라면 더욱 그렇다. 자크가 겪은 체험이 그런 경우이다. 한때 그는 비타민과 약초 그리고 영적 서적을 판매하는 상점에서 일한 적이 있다. "처음에는 육체의 건강과 영적 성장을 돕는 물건을 판매하는 봉사를 한다고 생각했습니다. 그러나 주인이 점원들에게 무척 인색하다는 것을 알게 되었죠. 어떤 날은 그녀가 지킬 박사 같았고 어떤 날은 하이드 같았다면 믿겠습니까? 8시간 근무가 끝나고 교대시간이 되어도 쉬지를 못했습니다. 그녀는 전혀 납득할 수 없는 이유로 자주 사람들의 임금을 삭감했습니다. 그래서 주인 여자에게 그런 행위는 불법이 아니냐고 따졌습니다. 그녀는 오히려 니가 인류복지를 위한 업무에 종사한다는 사실을 감사하게 생각해야 한다고 하더군요. 자신의 행위를 정당화하는 것 같았죠. 하지만 나는 참을 수 없었습니다. 그래서 그 일을 그만두었습니다."

　모든 직장은 그곳에 몸담은 누구에게나 양분을 공급하는 장소가 되어야 한다. 고용주나 고용인 모두가 서로에게 이익을 베풀고 있다고 느끼는 곳이 되어야 한다. 사람들이 서로를 친절과 존경으로 대우하는 곳이 되어야 한다. 고용은 정신적으로나 경제적으로 서로 주고받는 행위이기 때문이다. 그렇지 않을 때 직장은 건강하지 못한 상태로 퇴행하게 되고 심지어는 심각한 질병을 앓게 된다. 나의 한 동료는 병원 응급실에 실려가고 나서 스트레스성 부정맥이라는 것을 알았다. 조사에 따르면, 대부분의 심장마비가 월요일 아침에 일어난다고 한다. 또 한 주간을 시작해야 한다는 사실이 큰 부담으로 작용했으리라.

　일은 어떤 경우에서도 개인의 정신과 육체의 건강에 해가 되어서는 안 된다. 일에서 비롯된 스트레스가 인간관계와 남은 삶에 부정적 효과를 미친다는 것은 재삼 언급할 필요도 없다. 한 기업의 동기가 부정하다고 느끼거나 상사가 유별나게 까다롭거나 업무의 상황이 정신이나 육체의 건강을 위협한다면, 이제 직장을 떠나야 할 때가 된 것이다.

　한 친구는 이판사판 식으로 배수진을 치지는 마라고 조언한다. 그 직장에 다시 발을 붙이게 될 가능성마저 불식시키지 말라는 의미이다. 그러나 배수진을 치게 되더라도 너무 걱정할 필요는 없다. 나는 불사조처럼 티끌만한 가능성에서 새로운 기회를 창출할 수 있는지 확인해 보고 싶었다. 그래서 철저한 배수진을 쳤다. 그리고 나의 분노로 다 타버린 잿더미를 발판으로 삼아 전보다 더욱 튼튼한 길을 찾을 수 있었다. 나는 이 경험을 앞으로 갖게 될 업무에 적용할 수 있는 교훈으로 삼았다. 나는 한두 번 배수진을 친 뒤에 정략적인 암투 속

내 직업을 찾는 마음의 법칙

에 해고를 당했다. 그러나 나는 거기서 새로운 가능성을 발견했다. 현재 그 직장은 프리랜서인 나에게 가장 많은 수익을 보장하는 거래처가 되었다. 그러나 배수진을 치지 않아도 된다면 그것이 더 나은 해결책이 될 것이다. 동시에 다음의 방법을 활용하여 자신의 옵션(취사선택할 수 있는 것)을 진지하게 고려해 보라.

- 스트레스로 인한 업무이행 불가능을 이유로 휴가를 낼 수 있는지 알아 보라. 나와 함께 일했던 한 여성은 치과의사의 진단서를 제출해서 업무이행 불가능 판정을 받았다. 분명 그녀의 업무는 그녀의 건강을 심하게 해치고 있었다. 업무로 인해 이를 가는 습관이 생겨 입에 큰 상처가 생겼던 것이다.
- 무급휴가를 고려해 보라. 회사가 제공하는 혜택을 유지하면서 다른 직장을 물색하는 시간을 벌 수 있고 현재의 직장에 되돌아갈 수 있는 여지도 있다.
- 현재의 상황을 진지하게 검토하라. 그 원인이 감정적인 차별이나 성희롱 또는 위험한 작업환경에서 비롯되었다면 당신의 법적 권리를 회복하라. 소송을 제기하거나 특별조항에 따른 휴가를 얻을 수 있다. 또한 실업수당의 혜택을 받을 수도 있다.
- 보험 혜택에 카운셀링이 포함되는지 확인해 보라. 대부분의 보험은 10회 이상의 치료에 대해 보상을 해준다. 내가 아는 한 교사는 지옥 같은 작업을 하면서 보험 혜택을 받았다. 그는 다른 직장을 물색하는 동안 보험으로 인해 마음의 평화를 잃지 않았고, 개인적인 문제까지 해결할 수 있었다고 한다.
- 당신의 옵션에 대해 친구들과 브레인스토밍을 하라. 한 남자는

20년 동안 법을 집행하는 업무를 보면서 황폐해진 자신을 발견하였다. 그는 심각한 건강 문제를 겪고 있었지만 직장을 떠나는 것이 두려웠다. 그러나 친구들이 그가 현실을 직시할 수 있도록 도와주었다. 생활비가 많이 들어가지도 않았고 필요하다면 퇴직금에 의지할 수도 있었다. 결국 그는 모험을 감행하기로 했다. 현재 그는 스트레스가 별로 없는 컨설팅 업무를 보면서 건강도 많이 회복한 상태이다.

- 2주의 여유를 두고 퇴직통보를 하라. 그리고 새로운 일을 찾기까지 임시직업 알선 창구나 다른 경로를 통해 아르바이트 일거리를 확보한다.

모든 노력을 다 경주했는데도 여전히 지옥 같은 일로 느껴진다면, 마음을 다져먹고 물건을 챙긴 다음 현관문을 향해 당당히 걸어나갈 때가 온 것이다. 다음의 격언을 잊지 마라. "모든 새로운 시작은 어떤 일의 끝에서 시작된다." "더 이상 물러설 길이 보이지 않을 때 새로운 가능성이 활짝 열린다." 당신이 진실의 순간과 마주쳤을 때 곧 다른 가능성이 열릴 것이라는 걸 잊지 마라. 그리고 떠나야 할 순간을 당당히 맞이하라.

내 직업을 찾는 마음의 법칙

변화!

　놀라운 것은 나는 10년 이상을 프리랜서로 일을 했지만 여전히 변화를 두려워한다는 사실이다. 여러분은 내가 스스로 이런 작업 유형을 선택했기 때문에 이제는 변화에 익숙하리라고 생각할 것이다. 그러나 실제로 그렇지 못하다. 저술, 새로운 계약 업무, 워크숍 강의 등등 새로운 작업에 가담할 때마다 신경이 곤두서는 끔찍한 고통을 겪는다. 평판이 자자한 나비들이 나의 뱃속을 뒤집어 놓는다. 나비 전시관에서 주변을 너풀거리며 날아다니는 작고 귀여운 나비가 아니다. 양쪽 날개를 펼치면 그 길이가 8㎝에 육박하고 한 시간에 100㎞를 날아가는 거대한 팔랑나비이다.

　내가 혼란스런 것은 나는 그럼에도 변화를 사랑한다는 것이다. 그리고 나는 변화를 통해 성장했다. 나는 충분한 준비를 하지 않으면 불안해진다. 그래서 새 프로젝트를 대면하면 알 수 없는 두려움이 엄습해 오고, 팔랑나비들이 뱃속에서 설쳐대고, 공포에 질린 날카로운 비명이 머리 속에 울려 퍼진다. "아, 또 시작이야!"

　또 하나 혼란스러운 것은 내가 가고자 하는 목적지 — 변화에 대한 완벽한 적응 — 에 도달했다 해도 나는 그 순간을 100퍼센트 즐기지 못한다는 것이다. 나는 그 순간에 도달하기까지 여전히 변화를 거부하는 나의 미지의 내면세계와 끝까지 싸워야 한다. 여러분도 이런 경험을 많이 해봤으리라.

현대의 일자리는 항상 변화를 수반한다. 프리랜서로 일하든 정규직으로 일하든 언제나 변화가 기다리고 있다. 경제적인 변화와 기술의 진보 그리고 기업의 구조조정을 겪으면서 변화는 노동 분야에서 가장 심하게 일고 있다. 거기에 개인적인 변화까지 더해져 변화에 관성이 붙게 된다. 사회는 변화를 예측하기 위해 노력을 기울인다. 운이 좋아 그 변화를 예견할 수도 있다. 그러나 변화를 대면하는 것은 전혀 다른 문제이다.

나는 작업의 끊임없는 변화에 적응하기 위한 수단으로 몇 년 동안 《역경(易經)》을 활용했다. 역경은 모든 사물은 항구적으로 변화를 거듭한다는 믿음에 기반을 두고 있으며, '변화에 관한 경전'으로도 알려져 있다. 역경은 우리가 변화를 거듭한다고 조언한다. 바로 눈앞에 있는 사물조차 또 다른 형태로 변화한다고 가르친다. 낮은 밤이 되고, 봄은 여름에서 가을과 겨울로 그리고 다시 봄으로 바뀐다. 밀물은 썰물이 되고. 그렇게 변화는 우리가 보는 모든 곳에 상존해 있다.

또한 인간의 삶 역시 변화한다. 한 프로젝트를 시작해서 마무리지으면 다시 새로운 일이 나타난다. 한 직장을 떠나 다른 직업을 선택한 후 다시 몇 년이 흐르면 또다시 새로운 자리로 이동한다. 개인의 삶 역시 마찬가지이다. 헤어스타일을 바꾸고, 집안 분위기를 바꾸고, 아이의 기저귀를 바꾸고, 자동차의 엔진오일을 바꾸고, 식단을 바꾼다. 심지어 상점에서 물건을 구입할 때도 돈을 그 물건과 맞바꾼다. 이런 변화는 날마다 일어나지만 우리는 그때 그때 필요에 따라 적응을 하고 무리 없이 이끌어간다.

《역경》에 따르면, 이 변화의 흐름에 저항하는 것은 정체를 유발하지만 이에 순응하면 진보한다고 한다. 또한 순응을 통해 그 흐름의 방향을 예측하고 자연법칙을 개인의 삶과 일에 적용할 수 있다. 동시에 몇 가지 준비 단계를 거치면 변화의 영향을 완화시킬 수 있다.

1. 변화가 당신의 복지와 조화를 이루는지 판단하라. 변화의 흐름에 순응하는 것은 분명 좋은 선택이다. 그러나 그 흐름은 올바른 방향인가? 아니면 단지 변화를 위해 변화하려는 것인가? 다른 분야의 조건이 더 좋은가? 아니면 형편없는가? 자신의 옵션을 면밀히 검토해야 한다. 한 의료기사는 수익이 많을 것 같은 네트워크 마케팅에 가담하기 위해 충동적으로 직장을 그만두었다. 그러나 그 내막을 알고 보니 경제적인 수익이 너무도 형편없었다. 다행히 그 사실을 미리 알게 되었지만 이전 직장에 복귀할 수는 없었다. 그는 그 일을 겪고 난 후 그 변화가 자신의 경제적, 감정적 복지와 정확히 일치되지 않았다는 것을 인정했다.

2. 변화를 변형시켜라. 중대한 변화를 고려하고 있지만 아직 그 때가 이르지 않았다면, 앞으로 발생할 일에 대비하여 정신적인 변화를 몇 개의 단계로 나누어 진행한다. 한나는 홍보업무를 그만두고 대학원에 진학할 계획을 세웠다. 그때부터 그녀는 서서히 현재의 직장에서 마음을 돌리기 시작했다. 하나씩 사유물을 집으로 가져오고 업무 외적인 활동에 더 관심을 쏟으면서 서서히 정신적인 에너지를 학업 쪽으로 돌렸다. 그녀가 실제적으로 직장을 그만둘 즈음에는 이미 모든 변화가 다무리되어 있었다.

3. 신중한 계획으로 변화를 맞이하라. 이 방법은 앤디가 사용했던 것이다. 앤디는 50세에 28년 간 몸담았던 관리직에서 은퇴하고 골프전문매장에서 일하기로 계획을 세웠다. 그녀는 이전 직장을 떠나는 마지막 날 새로운 직업에 대한 준비를 시작했다. 집에 돌아와 이전 직장의 유니폼 대신 골프용 의복을 옷장에 걸어 놓았다. 그런 후 남편과 함께 새 출발을 축하하는 주말골프를 치러갔다. 다음 월요일에 앤디는 자신의 간단한 골프 경력을 기록한 이력서를 준비했다. 그 다음 주에 그녀는 차를 몰아 그 지역의 모든 골프 코스를 돌아다니면서 이력서를 제출했다. 그녀는 채 2주가 지나지 않아서 일자리를 갖게 되었다.

4. 시기가 중요하다는 것을 잊지 마라. 적절한 시기에 변화를 꾀하기 위해 상황을 주의 깊게 지켜본다. 너무 일찍 시작하면 충분한 준비가 안 될 수 있고, 너무 오래 기다리면 중요한 기회를 놓칠 수 있다. 앤디가 자신의 은퇴를 계획했을 때는 그 지역에서 골프 시즌이 막 시작하려던 때였다. 은퇴와 골프시즌 개막이 동시에 일어난 것이 아니다. 그녀는 새로운 직장을 구하기 위해 적절한 시기가 중요하다는 것을 익히 알고 있었다.

5. 자신의 모든 관점도 함께 변화한다는 것을 의식하라. 중요한 변화를 거칠 때면 자신의 모든 관점 역시 변화한다. 한나는 대학에서 초개인 심리학을 공부하기 위해 상업광고의 세계를 떠났을 때 이를 알게 되었다. 그녀는 갑자기 전혀 다른 환경을 맞이해야 했고, 이전과 다른 분야에 관심을 기울여야 했다. 이전의 삶은 더 이상 그녀와 아무런 관련도 없었다. 그 변화는 이전의 사고방식과 활동, 심지어 오랜 친구와 동료까지 포기할 것을 요구했다.

당신이 꾀하는 변화의 이유가 회사의 인원감축 때문이라면 그 변화에 대비할 시간이 충분하지 않을 것이다. 그럼에도 이런 단계를 거친다면 안정을 찾을 수 있을 것이다. 태드는 회사가 구조조정을 시작하면서 자신의 자리가 사라지지 않을까 불안했다. 그래서 가능한 변화에 미리 대비하기로 했다. 이력서를 작성해서 다른 회사의 문을 두드렸다. 그리고 최악의 상황에 대비하기 위해 감정의 문을 닫아버렸다. 또한 유머감각을 유지하는 것이 최상의 탈출구라고 생각하여 점심시간마다 비디오 컨퍼런스 센터를 예약하고 동료들과 함께 코미디를 감상하였다. 결국 그는 이전의 일자리를 잃었지만 아이러니하게도 같은 회사 내에 다른 일자리를 마련하였다. 현재 그는 어려운 상황에 창조적으로 대처할 수 있는 방법을 찾아낸 그의 능력을 높이 샀던 한 상사와 함께 일하고 있다.

내면의 소리와 확성기 소리

앨버트 아인슈타인은 자신의 위대한 발견이 논리적 사고가 아닌 직관에서 비롯되었다고 했다. 변화 역시 발견의 한 형태이기 때문에 내면의 소리에 귀기울이는 것은 변화의 과정에서 큰 도움을 받을 수 있다. 예를 들어, 논리적인 목소리는 현재의 직장에 머물러 있는 것이 옳은 일이고 안전한 일이라고 권고한다. 그러나 직관적인 느낌은 변화를 시도하라고 종용한다. 당신은 어떤 소리에 귀를 기울이겠는가?

우리의 논리는 고음을 지니고 있기 때문어 가장 먼저 맑고 큰소리로 들려온다. 마치 확성기를 귀에 들이대고 '그만, 레지날드. 이제 그만 투덜거려. 네가 말 조련사가 되고 싶어하는 것은 관심 없어. 하지만 생명보험은 전도가 유망한 사업이야. 은퇴 역시 먼 훗날의 얘기고. 도대체 뭐가 문제지?"라고 큰소리로 떠드는 것 같다. 논리적인 소리는 마치 최종 결정자처럼 신중한 단어 선택과 분명한 발음으로 애기한다. 그러면 당신은 그 말이 옳다고 받아들인다.

논리적인 소리는 당신이 안전한 것을 확인하고 싶어하는 부모의 소리이자 생존을 위한 소리이다. 당신에게 선택권이 있다는 인식을 방해하지 않는 한 그리고 내면의 소리에 귀기울이는 것을 방해하지 않는 한, 논리적인 소리는 위대하다. 한편 내면의 소리는 이렇게 속삭인다. "잠깐만, 레지날드. 말 조련에 필요한 경험과 재능을 갖고 있잖아. 하고 싶은 일을 하면서 원 없는 삶을 살아보지 않을래? 몇 가지 조사도 하고 적극적으로 도전해보지 그래?"

나는 내면의 소리에 귀를 기울이고 싶을 때 논리적인 소리는 침묵을 유지하게 하고 내면의 소리를 들을 수 있는 여지를 남겨둔다는 사실을 알게 되었다. 이들 소리가 맘껏 고함치게 하라. 내가 몇 년 전 유치원에서 아이들을 가르칠 때 즐겨 사용했던 방법이다. 아이들이 흥분하여 내지르는 비명은 대부분 어른들의 신경을 거스른다. 그래서 나는 아이들을 방으로 불러들여 문을 닫고 5분 동안 큰소리로 마음껏 떠들게 했다. 아직도 용솟음치던 아이들의 아드레날린과 더 큰소리를 내고 싶어 펄쩍펄쩍 뛰어오르던 그 작은 몸집들이 기억난다. 아이들은 대개 3분이나 4분 정도 지나면 곧 싫증을 느끼고 내 어머니의 표현대로 '맥풀린 소리'로 돌아오고 싶어한다.

확성기 소리 역시 마찬가지이다. 큰소리로 떠들고 나면 맥풀린 소리로 가라앉게 된다. 바로 이때 깊은 내면의 소리, 내가 정말 내고 싶

내 직업을 찾는 마음의 법칙

은 소리가 뱃속 깊은 곳에서 울려나온다.

변화를 상상하라

변화는 영혼이 새해를 맞이하는 것과 같다. 지난 시절의 낡은 관습을 모두 버리고 드라이 샴페인 한 잔을 시원하게 마신 다음 새로 사귄 친구와 춤을 추기 위해 첫발을 내딛는 것과 같다. "변화가 완료되고 멀리 내다볼 수 있는 시야가 트이면 변화가 자신감을 불어넣는다"라는《역경》의 말처럼 때로는 변화가 변화를 일으킬 수 있는 힘을 준다.

나의 친구 케이트는 국내의 한 잡지사에서 미래를 계획할 틈도 없이 일 주일에 70시간씩 보조업무를 수행했다. 그녀는 그 잡지사에서 해고된 후 이 방법을 사용했다. 물론 그녀 내견의 확성기 소리는 고개를 높이 들고 당장 시내로 들어가서 다른 잡지사에 지원하라고 고함을 질러댔다. 그러나 케이트는 그렇게 하지 않고 다른 대안을 찾아보기로 결심했다.

확성기 소리가 그녀를 포기하고 다른 희생물을 찾아 총총히 사라진 후에 케이트는 대학을 졸업한 뒤 처음으로 시간외 근무가 없는 삶의 체험에 초점을 맞췄다. 그녀는 놀라울 정도로 고요한 가운데 자신의 정신 에너지를 집중시켰다. 긴 산책을 하고 주변의 세계를 둘러보고 나서 서서히 자신의 변화를 상상하기 시작했다.

케이트는 먼저 이전 직장과 지난 세월에서 떠나는 자신을 상상했다. 그리고 샴페인을 한 잔 마신 다음 직장을 그만둔 이래 자신이 겪은 변화 속으로 미끄러져 들어갔다. 이어서 자신의 경험과 재능으로 할 수 있는 일을 상상하기 시작했다. 다른 종류의 출판 일자리는 어떨까? 프리랜서 작가? 강사? 모든 가능성을 떠올리고 하나하나 면밀히 검토했다. 케이트는 자신의 상상이 움직이는 대로 내버려두었다. 그녀의 상상이 다다른 곳은 그녀가 다른 도시에서 새 업무를 보고 있는 새로운 사무실이었다. 케이트는 새로운 보스, 새로운 업무, 새로운 동료 그리고 그 변화 뒤에 발생할 수 있는 모든 가능성을 상상했다. 마침내 그녀는 자신이 그 모든 것으로 충만된 것을 느꼈고, 성공적으로 미래를 향해 나아가는 자신을 볼 수 있었다.

케이트의 경우에 그녀는 실제로 고향으로 돌아가면 새로운 출발을 할 수 있을 것 같은 느낌이 들었다. 처음에 그녀는 그 출발이 무엇을 의미하는지 확실치 않았지만 그것은 하나의 과정이었다. 그녀는 다양한 옵션을 검토한 후 그 지역의 대학에서 교편을 잡았다. 케이트는 지난 날을 회상하면서 자신이 성공한 모습의 상상을 통해 중요한 변화를 마무리지을 수 있었다는 것을 깨달았다.

위기 상황으로 나아가라

나는 종종 변화를 꾀하려 할 때 위기 상황으로 나아가는 나를 상상한다. 심각한 정도는 아니지만 조금 더 강도를 높여도 괜찮다. 조심스럽게 균형을 잡으면서 한발한발 끝까지 나아간다. 그러나 갑자기 균형을 잃고 강물 위로 곤두박질 친다면 어떻게 될까? 나는 정신을 차리고 수영실력이 얼마나 향상되었는지 가늠해 볼 것이다. 그럼 균형을 잃지 않는다면? 위기 상황의 끝까지 나아가 영광에 싸여 나를 기다리는 직업의 신을 만날 것이다. 아마도 그 신은 "왜 그렇게 오래 걸렸니? 애야, 너를 위해 얼마나 좋은 소식을 준비했는지 아니!"라고 말할 것이다.

내 직업을 찾는 마음의 법칙

　나는 위기 상황으로 나아가는 상상을 통해 가능성을 활짝 열고 변화를 시도하여 중요한 돌파구를 마련하였다.

　나는 비록 변화가 두렵게 느껴져도 나의 뱃속을 거북하게 만드는 큰 팔랑나비를 극복하기 위해, 내면의 소리에 귀기울이기 위해 그리고 이제 시기가 도래한 변화를 상상하기 위해 위기 상황으로 나아가라고 스스로를 격려한다. 나는 스스로에게 "변화"를 스쳐 지나《역경》이 들려주는 다음의 지혜를 반추하라고 말한다. "그 길의 끝에 다다르면 변화하라. 변화함으로써 계속 나아갈 수 있다."

경력의 변화

벅은 15년 전 대학을 졸업한 이래로 그의 세 번째 경력인 중학교 교사로 근무하고 있다. 그는 자신의 법률 연구 분야와 관련된 일을 쉽게 찾기는 했지만 곧 그 일이 자신의 평생직업이 아님을 느꼈다. 다시 두 번째 경력으로 임시 관리업무를 맡았지만 그 결과 역시 마찬가지였다. 마지막으로 그는 한 아버지로서 충족감을 체험하고 아이들에게 운동을 가르치면서 교사자격증을 취득했다.

*

소냐는 컴퓨터 프로그래머로서 자신의 경력에 변화를 도모하고 있다. 그녀는 음식찌꺼기를 이용하여 정원을 관리하는 그 지역공동체에서 자원봉사자로 일하면서 유기물을 이용한 정원관리사가 되고 싶어하는 자신을 발견했다. 그래서 무역관련 출판물에서 보았던 2년 기간의 유기물 정원관리 실습생 프로그램에 참가했다. 그 프로그램을 수료한 후 그녀는 거기서 만난 사람들과 함께 협동농장을 조직했다.

*

존슨은 사회학 석사학위를 마쳤지만 지금은 선(禪)을 지도한다. 그는 20년 이상 목수일을 해서 생계를 꾸려왔다. 그 일은 선 공동체에 재정적인 도움이 되었고 또한 그가 불교 공부를 계속하는 데에 시간적 여유를 주었다. 그러나 허리를 다쳐 더 이상 건축일을 할 수 없게 되자 정신치료사로서 선을 공부하는 한 학생과 직업을 맞바꾸기로 했다. 그는 이를 통해 고급 단계의 명상을 지도하는 정신치료 전문가로 거듭 태어났다.

*

위렌은 한 서점의 관리자였다. 그녀는 자신의 현재 직업에서 찾을 수 없는 새로운 도전을 원했다. 그래서 서점업계에서 습득한 지식과 기술을 이용해 한 출판사의 우편주문 부서에 들어가 새로운 경력을 창출했다. 그녀는 5년 동안 가능한 모든 일을 배우고 그 분야에서 성장을 거듭했다. 결국 그녀는 부서의 관리자가 회사를 그만두자 비상한 수완으로 회사에 큰 이익을 남기면서 간단히 공석인 관리자의 위치로 승진했다.

*

이제 변화에 대해 모든 것을 습득했으니 한 단계 더 나아가 경력에 변화를 주자. 한동안 일로 인해 쉬어본 적이 없는가? 일을 하면서 더 의미 있는 다른 경험을 시도할 준비가 되어 있는가? 외부 환경이 당신을 새로운 방향으로 조금씩 밀고 가는가? 그렇다면 앞에 소개한 사람들처럼 때가 된 것이다.

왜 변화하는가? 그 이유는 수없이 많다. 소나 같은 이들은 '단순 노동'이라는 신드롬에서 벗어나 진정한 만족감을 제공하는 직업 그리고 공동체에 기여할 수 있는 기회를 향해 나아가기를 희망했다. 위렌 같은 이들은 자신의 일을 좋아하기는 하지만 현재의 위치에서 찾을 수 없는 강한 도전을 원했다. 존슨 같은 부류는 부상이나 인원감축 등 어찌할 수 없는 상황을 맞이하여 의도하진 않았지만 때로는 좋은 결과로 나타나는 변화를 어쩔 수 없이 겪은 경우이다.

또한 벅과 같은 부류는 자신의 전공이 10년이나 20년 뒤에 갖게 될 직업과 큰 관련이 없다는 것을 알게 된 이들이다. 그리 놀랄 만한 것은 아니다. 왜냐하면 18, 19살의 나이에 자신이 평생 직업으로 어떤 일을 하게 될지 어떻게 알겠는가? 또한 현실이 다른 흥미거리를 찾을 만한 여유를 허락하지 않는다는 것을 어떻게 알겠는가? 18살 때 나의 관심사항은 — 순서에 상관없이 — 시와 섹스 그리고 모차르트였다. 그러나 그 당시 나는 나의 평생 경력에 대한 관심은 별로 없었다.

나는 최근에 벅과 같이 자신의 경력을 완전히 바꾼 사람들을 무척 많이 만났다. 통계에 의하면 일생 동안 3번 내지 4번 정도로 이전에 비해 훨씬 많은 수의 전문가들이 단순히 일자리만이 아니라 경력을 바꾸고 있다고 한다. 변화를 시도해 보라! 때때로 직업에 약간의 변화를 시도해 보는 것은 어떤가? 기회가 닿으면 학문에서 마사지 치료로, 수도사에서 소설가로, 식품공급업자에서 만담가로 자신의 경력을 바꾸어 보라! (오랜 역사를 자랑하는 광대 전문대학에서 만담은 고급 전문직업으로 인식되어 있다.) 30년을 근무했던 캐나다 기마 경관을 은퇴하고 이제 부동산 중개인으로 두 번째 경력을 시작해 보는 것은 어떤가? 인터넷에서 만난 한 동료는 자신이 운영하던 뉴에이지 서점을 처분하고 본래의 직업인 토목기사로 되돌아갔다. 당신이 어떤 계획을 갖고 있든 경력에 변화를 시도하는 것은 생산성과 창의력에 활력을 불어넣을 수 있는 최고의 방법이다.

대부분의 분야는 관련 학위나 자격증을 위해 대학의 정규과정을 거칠 것을 요구한다. 그러나 다음의 혁신적인 방법을 이용하면 직업의 새로운 방향설정이 가능하다. 물론 시간이나 경제적으로 많은 투자를 할 필요도 없다. 내가 알고 있는 몇 가지 방법을 소개하겠다.

실습생 제도

실습생으로 입문하는 것은 새로운 경력을 시작할 수 있는 실천적인 방법이다. 역사가 깊은 이 실습생 제도는 관련자격증을 얻을 수 있는 강의실 대신에 현장에서 전문가의 실천적인 훈련을 받는다. 전통적으로 실습생은 일의 대가로 약간의 보조수당을 받는다. 숙련자에 비해 현저히 낮은 보수이지만 나중에 기술을 다 배우고 나면 많은 보수를 기약할 수 있다. 이런 이유로 닳은 사람들이 현재 직업을 갖고 있으면서 이 실습생 훈련 프로그램에 참여한다. 이 프로그램에 참가하는 동안은 현재의 고용주와 파트타임으로 근무할 수 있는 계약을 체결하기도 한다. 어쨌든 실습생 제도의 이점은 필요한 기술과 교육 외에 중요한 현장체험을 할 수 있다는 것이다. 따라서 이 제도는 새로운 경력을 시도하는 데에 많은 도움이 된다.

소냐의 유기물 정원관리 강좌처럼 전시간으로 진행되는 실습생 프로그램도 있다. 그러나 그녀의 경우는 교육이 강의실 위주로 진행되었고 현장실습을 위해 별도의 실습비를 지불해야 했다. 나의 친구 데이비드의 경우처럼 맨투맨 실습이 전통적인 실습생 제도에 더 가까울지 모른다. 데이비드는 독일에 가서 바이올린 제작의 대가로부터 기술을 배워 현재는 바이올린 제작과 수리 전문가로 일하고 있다. 아니면 존슨의 경우처럼 상호협약에 의한 직업의 맞교환이 더 전통적일지도 모르겠다.

나는 최근 몇 년 동안 실습생 제도를 통해 전문가로 거듭 태어난

다양한 분야의 사람들을 만났다. 사진기자, 출판디자이너, 사회사업가, 정신치료사, 심미학자, 유기농법 전문가, 주방장, 치과 보조원, 심지어 변호사도 있었다. 이들은 어떻게 스승을 만날 수 있었을까? 업무관계, 개인적인 만남, 전화번호부, 기술관련 잡지, 전문가 주소록, 공동체 주소록, 인터넷, 성인교육 강의실, 워크숍, 우연한 만남 그리고 많은 개인적인 노력 등이 동원되었다.

한 가지 주의할 점은 실습생 제도를 물색할 때 그 프로그램이 믿을 만한 기관에서 실시하는지 철저히 조사해야 한다. 그 과정에 참가하고 있는 다른 실습생이나 그 분야의 전문가로부터 추천을 받아라. 대부분의 프로그램이 믿을 만하지만 그 중 몇몇은 가입비만 비싸고 별다른 도움이 되지 않는 프로그램도 있다. 또한 실행기관이 영리를 목적으로 운영하는 곳도 있다.

자원봉사활동

지식을 많이 쌓는 것은 좋은 일이다. 그러나 현대 사회에서 중요한 것은 경험이다. '아는 것이 힘이다' 라는 오래된 격언처럼 지식과 결합된 경험은 강력한 영향력을 지닌다.

이를 유념한다면, 관련분야의 경험과 고용의 기회를 함께 제공받을 수 있는 자원봉사활동이 새로운 분야로 진출할 수 있는 훌륭한 가교역할을 한다는 것이 이해될 것이다. 앨리스는 도서관 사서로 근무하던 중 동물을 좋아하는 자신의 기질을 직업으로 전환할 수 없을까 하고 고민하다가 이 방법을 적극 활용하였다. 먼저 그 길이 자신이 정말 원하는 것인지 확인하고 현장체험도 쌓기 위해 동물병원에 자원봉사자로 지원했다. 그녀는 자신이 분명히 그 길을 원하고 있다는

내 직업을 찾는 마음의 법칙

것을 확인한 후, 한 대학에서 실시하는 수의사 양성과정에 등록했다. 그러면서 그녀는 사서일과 자원봉사활동도 계속 진행했다.

앨리스는 많은 일을 동시에 진행하기가 너무 힘들었다. 차라리 광대 전문학교를 택했더라면 하고 후회하다가 웃어버린 적도 여러 번 있었다고 한다. 그러나 그녀의 노력은 그만한 대가를 보상해 주었다. 그녀는 3년 뒤 정규직 수의사 자리를 구할 수 있었고 마침내 성취감을 느낄 수 있는 새로운 분야의 전문가로 다시 태어났다.

이 방법을 통해 새로운 분야로 이동한 사람들이 많다. 미국변호사협회의 기금 조달자, 고대 건축물 사학자, 유치원 교사 등. 자원봉사자를 모집하는 분야는 많다. 대부분의 사업체에서 자원봉사자를 기꺼이 수용한다. 자원봉사 알선단체를 이용하거나 직접 기업을 방문하는 것도 좋은 방법이다.

자격증 프로그램과 인터넷

물론 대학에 진학해서 관련학위를 취득하거나 자신의 업무와 관련된 분야로 이동하는 것이 가장 확실한 방법이다. 나의 친구 캐리는 약사 업무를 보다가 의약정보연구 분야로 이동하기 위해 필요한 박사학위를 취득했다. 그러나 컴퓨터 기술자 로렌은 한 지방대학에서 실시한 그렇게 치열하지 않은 지리정보시스템(GIS) 자격증 프로그램을 통해 새로운 경력을 쌓았다.

많은 분야에서 이와 비슷한 프로그램을 실시한다. 그 정보는 대학이나 인터넷 같은 공간을 통해 제공된다. 한 외과의사는 자신의 여러 장기가 경화증세를 보이고 있다는 진단을 받은 다음부터 더 이상 외과수술을 할 수 없었다. 그러나 그녀는 아직 일을 할 정도의 건강은 유지하고 있었고 계속 의료분야에 머물고 싶었다. 그래서 인터넷으로 실시되는 병원관리업무 강좌에 등록했다. 자신의 경험을 활용하여 새로운 분야로 이동한 것이다.

자격증 프로그램은 정규교육을 대체할 수 있는 좋은 프로그램이다. 일반 학위를 취득하는 것보다 시간과 돈도 적게 든다. 또한 정규과정의 학위를 취득하기 위해서는 많은 시간을 투자해야 하지만 자격증 프로그램은 스스로 일정을 관리하기 때문에 정규직 직업을 갖고 있다 해도 큰 무리가 따르지 않는다. 나는 자격증을 통해 새로운 분야에 입문한 많은 전문가들을 알고 있다. 이들의 고용주들은 기꺼이 이들의 수강비를 보조했으며, 어떤 경우에는 승진의 혜택까지 제공했다.

어떤 길을 선택해야 하는가?

이 사람들은 모두 자신이 무엇을 원하는지 정확히 알고 있었다. 그러나 어떤 길로 가야 할지 확신이 서지 않는다면 어떻게 할 것인가? 마법사가 당신이 잠든 사이에 마술로 당신의 경력을 조작한 다음 이를 마법의 양탄자나 특송으로 보내주기를 바라는가? 그런 일은 결코 일어나지 않을 것이다. 몇 가지 다른 방법을 소개하겠다.

1. 오랜 생명력을 지닌 분야를 찾아라. 교육과 치안업무 그리고 서비스업(식품조달, 개인간호, 아동보호, 운송 등)은 항상 노동력이 부족한 분야이다. 통신전문가였던 에드는 이를 유념하고 있다가 원하던 법률 분야로 진출하였다. 법률 서비스, 레크리에이션, 엔터테인먼트, 앞서 언급한 만담 역시 생명력이 긴 분야들이다.

내 직업을 찾는 마음의 법칙

2. 성장이 빠른 분야의 정보를 습득하라. 미국 노동부의 통계에 의하면 건강 서비스, 비즈니스 서비스, 사회 서비스 분야가 앞으로 몇 년 간 높은 성장을 기록할 것이라고 한다. 의료 분야도 포함되어 있다. 미리 어떤 분야가 유망한지 파악해 둔다. 사회가 점점 더 일터보다는 육체와 정신이 결합된 영적인 활동에 초점을 맞추고 있기 때문에 정신세계와 관련된 사업 분야와 대체의학 분야 역시 앞으로 많은 관심을 끌 것으로 보인다. 그리고 천문학과 기(氣) 치료 같은 전문 분야에 대한 수요도 증가 추세에 있다.

3. 기능은 많은 전문 분야에 활용될 수 있음을 기억하라. 모든 종류의 컴퓨터 작업, 교육, 연구, 회계, 특집 기사와 기술 분야 집필 등 많은 전문 분야가 있다. 발레리는 자신의 회계 능력을 이용하여 하타 요가 단체와 불교 명상 센터에서 프리 랜서로 일한다.

4. 주변에 전문직을 가진 사람들을 알아 보라. 친구, 가족, 이웃, 모임이나 단체에서 만나는 사람들을 대상으로 조사해 보라. 특별히 관심을 끄는 전문직에 종사하는 사람이 있는가? 혹시 여동생의 동료의 삼촌이 박제사로 일하고 있지는 않은가? 바로 옆집에 사는 이웃이 무슨 일을 하는지 알고 있는가? 아마 당신은 이웃이 무엇으로 생계를 유지하는지 정확히 모를 것이다. 당신의 이웃은 종종 농산물 센터에 들려 양배추, 향료, 긴 수염의 인삼뿌리, 마늘 등 각종 재료를 들고 하루에도 몇 번씩 당신의 집 앞을 스쳐 지나간다. 농산물과 관련된 일을 좋아한다면 그 이웃이 하는 일에 관심을 가져볼 만하다. 아니면 직접 이웃을 만나 자세한 내용을 물어 보는 것도 좋은 방법이다. 그들은 의외로 자상한 조언자가 되어 필요한 조언과 포인트를 알려 주기도 한다.

5. 자신의 특별한 관심사를 체크하라. 스노우보드나 산악자전거 타기를 즐겨하는가? 그렇다면 동호회를 만들어 그들과 함께 전문 매장을 개설해 보라. 뉴 에이지 건강법에 관심이 많은가? 침술사나 지압사 양성과정에 등록해 보라. 다른 이들의 열정을 지켜보는 것은 단지 생각 속에 머무는 것보다는 한 발 더 가까이 새로운 경력에 다가가는 것이다.

6. 브레인스토밍을 하라. "단지 바라만 보고 있으면 원하는 것을 얻을 수 없다"는 격언을 기억하면서 실제적인 브레인스토밍을 하라. 식탁에 앉아 가족, 친구, 심지어 금붕어나 보아뱀에게 자신의 생각을 털어놓는다. 과감하게 행동할 필요가 있다. 일년 정도 말레이시아의 평화단체에 가입하는 것은 너무 무리인가? 그렇다면 나의 친구들처럼 일본이나 루마니아 또는 우크라이나에 가서 영어를 가르치는 것은 어떤가? 친한 친구에게 당신이 어떤 일에 어울리는지 물어 보라. 자신의 일에 만족을 느끼지 못했던 기후학자 로베르토는 친구들로부터 그에게 어울리는 직업이 마사지 치료사라는 말을 듣고 무척 놀랐다고 한다. 하지만 생각할수록 괜찮다는 생각이 들었다. 결국 그는 친구들의 조언대로 그 일을 선택했다.

7. 자신의 꿈에 관심을 기울여라. 마리 루이스 프란츠는 "꿈은 우리가 삶에서 의미를 발견하는 법, 운명을 구현하는 법, 내면에 잠재된 위대한 가능성을 실현하는 법을 알려 준다"라고 말했다. 이제 당신의 꿈에 생명력을 불어넣어 새로운 경력을 개척하는 데에 활용하라. 자신의 경력에 변화를 일으켰던 많은 이들처럼 당신의 잠재의식이 은밀한 가운데 이미 일을 진행하고 있을 수도 있

내 직업을 찾는 마음의 법칙

다. 잠자리 옆에 꿈의 내용을 기록할 노트를 항상 준비하라. 매일 밤 잠자리에 들기 전에 당신의 잠자의식어 게 당신의 새로운 경력에 관해 꿈을 꾸도록 요구하라. 꿈을 꾸면 즉시 그 내용을 기록하라. 그 작업을 몇 주일이건 몇 달이건 계속해야 한다. 왜냐하면 당신의 내면세계는 쉽게 모습을 드러내지 않기 때문이다. 이제 서로 친숙해져 내면이 자신을 드러내면 어떤 일이든 가능할 것이다.

8. 유명한 점성가나 심령가의 도움을 받아라. 자신의 꿈을 기록하면서 심령가나 점성가에게 그 꿈의 해석을 의뢰하는 것도 좋은 방법이다. 나의 어머니는 전화회사에 40년 간 근무한 베테랑이다. 어머니는 은퇴하기 몇 년 전에 한 여자 '무당'을 찾았다. 어머니는 그녀의 해석을 통해 당시의 직장 상황과 곧 있을 은퇴에 대해 몇 가지 중요한 통찰력을 얻었다고 한다. 나는 베딕파 점성가인 알렉스를 찾아가 나의 경력에 변화를 주기 위한 결정에 관하여 조언을 부탁했다. 알렉스는 "점성술이 특정한 직업까지 맞추진 못하겠지만 당신이 지닌 가능성을 적절한 시기와 적절한 장소에 부합시킬 수는 있습니다"라고 말했다. 알렉스는 나의 별자리의 천체주기를 이용하는 고대의 기법을 통해 나의 경력뿐만 아니라 삶의 다른 영역에도 도움이 되는 몇 가지 정확한 예견을 들려 주었다.

몇몇 친구들의 말처럼 "자신의 소망을 하늘에 맡길 수도 있다." 그런 가능성은 전혀 뜻하지 않은 사건을 통해 다가오기도 한다. 경리로 근무하던 나의 친구의 경우처럼 많은 사람들이 자신의 직업을 우연한 기회에 발견한다. 그녀는 회사 사장을 성희롱으로 고소한 후 법정에 자주 출두하면서 자신의 소명이 변호사라는 의식을 갖게 되었다. 그녀는 그 사건에서 승소한 후 위자료 명목으로 받은 돈으로 법대에 진학하여 현재 변호사로 일하고 있다. 성희롱이라는 소송사건을 통해 자신의 진로를 찾은 것이다.

다른 친구 역시 그녀와 비슷한 방법으로 새로운 길을 찾았다. 그는 몇 년 동안 아무런 목표도 없이 마냥 취업의 문을 두드리다 몸도 마음도 지쳐 그만 취업을 포기하려던 중이었다. 그때 한 라디오 방송국이 디스크자키 교육을 무료로 제공하는 대신에 교육을 마친 수강생을 한동안 무보수 DJ로 채용한다는 내용의 신문 기사를 보았다. 그는 음악에 관한 방대한 지식과 방송에 대한 감각을 지니고 있었다. 그래서 그 과정에 즉시 등록했다. 그는 교육을 마친 후 몇 개월 간 무보수 DJ로 근무하고 나서 대도시로 옮겨가 한 상업 라디오 방송국의 DJ로 일하고 있다. 우연한 사건이 길을 밝혀 줄 수도 있다는 단적인 예이다.

실습생 제도를 선택하든 자격증 프로그램을 선택하든 꿈을 기록하는 작업을 하든 또는 아직 큰 전환점을 기다리든, 당신의 경력에 변화를 도모하는 순간은 무척 흥미로운 시간이 될 것이다. 눈을 크게 뜨고 당신의 삶에 무엇인가 새로운 경험을 가미하는 것에 정신을 집중하라. 새로운 경력은 예기치 않은 곳에서 나타날 수 있다.

내 직업을 찾는 마음의 법칙

인원감축 대상이라면 이제 무엇을 할 것인가?

한 엔지니어는 하이테크 분야에서 근무하다 해고되었다. 그는 그 소식을 들었을 때 시속 70킬로미터의 속도로 뒤도 돌아보지 않고 정신없이 달려왔더니, 그 종착지가 예상치도 않은 3,000미터의 낭떠러지라는 느낌이었다고 했다. 그는 요란하게 끽 소리를 내며 거기서 멈출 수밖에 없었다. 이제 무엇을 할 것인가? 동일한 조직, 동일한 위치, 동일한 동료들과 함께 20년을 보내고 나니 자신이 다른 곳에 있는 것은 생각조차 할 수 없었다. 그렇다고 처음 출발했던 곳으로 되돌아갈 수도 없었다. 그는 무엇을 해야 할지 막연해 그저 멍하니 서 있었다.

그러나 벤은 이를 받아들였다. "60여 명의 관리자가 함께 해고되기는 했지만, 개인적으로 그 사실을 받아들이지 못하는 것이 더 힘들었습니다. 2주 내에 사무실을 비우라고 하면서 잘 가라고 하더군요. 2주라면 그 사실을 받아들이기에 충분하리라 생각했습니다. 그런데 정말 놀랐던 것은 나의 출입카드가 취소된 날이었습니다. 일반 방문객처럼 그 건물에 들어가야 했죠. 나는 더 이상 그곳 소속이 아니었습니다. 엄청난 충격이었죠. 낭떠러지에 서 있다는 느낌이 든 것은 바로 그때였습니다."

직장에서 해고된 이들이 하는 이야기는 대부분 큰 차이가 없다. "물을 떠난 물고기와 같습니다." "내가 필요 없는 존재가 된 거죠." "내내 시간이 정지한 듯한 느낌이었습니다."

현재 기업 스파이 겸 소설가로 일하는 한 친구의 말은 상당히 드라마틱하다. "거의 정상에 다다랐는데 갑자기 화산이 폭발하는 거야. 어쩔 수 없이 신들에게 내 일거리를 제물로 바쳐야 했지."

해석은 분분하지만 그 내용은 차이가 없다. 갑작스런 멈춤, 할 일이 없다는 텅 빈 느낌, 갈 곳도 없고, 수입원도 나타나지 않고, 거대한 시간의 공백을 무엇으로 채울까 등등. 이런 느낌들이 동시에 일어난다면 그것은 엄청난 충격일 것이다. 벤의 말처럼 가파른 낭떠러지를 만난 것과 같다.

일 주일에 40시간 이상의 격무에 시달리다 갑자기 할 일이 아무것도 없는 공백 상태가 되면 그것은 엄청난 변화이다. 사회의 일원이자 교양을 갖춘 능력자로서 공백상태에 머무는 것은 그리 쉽게 다가오는 일이 아니다. 우리는 생산적인 일을 하고 진보를 향해 나아가도록 되어 있다. 어떤 형태이든 우리를 어느 곳으로도 이끌지 않는 정지 상태를 상상해 보라. 그것뿐만이 아니다. 그런 상태에 머물러 있을 때는 원치 않는 감정의 소용돌이가 들이닥친다. 그런 정지 상태를 원할 사람은 아무도 없다.

벤은 2주 간의 기간 동안 분노, 마음의 상처, 부인, 후회, 참담함, 서글픔, 근심 등 실직과 함께 찾아오는 전형적인 감정의 소용돌이를 신속하게 통과했다. 그러나 그가 아무리 빨리 그 소용돌이를 지나쳤다고 해도 여전히 그 사실을 인정하고 싶지 않은 감정이 자신을 뒤흔들어 놓았다.

내 직업을 찾는 마음의 법칙

몇 달 전에 만났을 때 그는 이런 말을 했다. "가능한 한 그 사실을 인정하려 노력했지만 잘 안 되더군요. 모든 것이 끝났다는 사실을 받아들일 수 없었습니다. 몇 주가 더 걸렸죠. 다시 회사로 돌아갈 수 없다는 사실을 의식했을 때는 나의 일부가 죽음을 맞이한 것처럼 엄청난 충격이었습니다. 삶이 너무 고통스럽게 다가왔죠. 삶이 무엇인가로부터 시작해서 수많은 질문이 꼬리를 물고 이어졌습니다. 지금은 한 편의 멜로드라마를 본 것 같은 느낌입니다만, 당시의 충격은 정말 대단했습니다."

균형을 찾아라

누구나 실직에 대처하는 자신의 고유한 방법을 갖고 있다. 친구나 가족에게 심정을 털어놓기도 하고, 멀리 여행을 떠나거나 이전에 끝내지 못한 일을 다시 시작하기도 한다. 시간을 낭비하는 것이 아깝다는 생각에 즉시 일자리를 찾아 나서기도 한다. 그리고 일찌감치 명예퇴직을 지원해서 퇴직금을 받은 다음 그 동안 갖지 못했던 장기간의 휴식을 취하는 사람도 있다.

삶이 높고 낮은 사이클로 이루어져 있다고 보는 도교의 시각은 내가 할 일 없이 지내던 시기에 많은 도움을 주었다. 도교는 높고 낮은 사이클 사이에서 균형을 유지하는 것이 삶을 살아가는 비결이라고 가르친다. 우리는 우리 삶의 모난 부분을 가다듬고 현대 사회의 상황에 정확하게 들어맞는 높고 낮은 사이클의 균형을 유지함으로써 마음의 평화와 성공을 실현할 수 있다.

도교의 대가인 화칭 니는 이렇게 말한다. "삶을 만족스럽게 꾸려갈 때가 있고 그렇지 못할 때가 있습니다. 삶의 사이클이 낮을 때 어려움이 찾아오지만, 사이클이 높을 때 우리는 삶을 맘껏 즐깁니다. 삶이 조화를 이루기 위해서는 사이클이 높을 때 자만하지 않고 사이클이 낮을 때 좌절하지 않는 지혜가 필요합니다. 항상 기억해야 할 것은 낮을 때가 있어야 높을 때도 있다는 것입니다."

그러니 당신이 일이 없어 방황할 때는 다음의 도약을 위해 잠시 휴식을 취하는 사이클의 저점에 도달했다고 생각하라. 사이클이 낮은 지점을 통과할 때 우리가 소모하는 에너지의 양은 비교적 많지 않다. 따라서 잠시 모든 활동을 중단하고 정신과 육체에 에너지를 비축하라. 나처럼 늘어지게 늦잠을 자고 영화감상이나 독서같이 많은 에너지가 필요치 않은 활동에 탐닉하거나, 앞으로의 계획을 정리해 보는 것도 좋은 방법이다. 아니면 나의 친구 티나가 했던 것처럼 한달 동안 여행서적을 읽으면서 침대에서 빈둥거려 보자. 발레리처럼 스트레스를 많이 받는 프리랜서 작업을 마치고 나면 선 수련회에 참가해 보자. 사이클이 낮은 지점에 머물 때는 휴식과 새로운 도약을 위해 어떤 일이든 계획할 수 있는 소중한 시간이다.

일자리를 찾기 전의 시간은 '앞으로의 일'을 계획하고 자신을 재정비할 수 있는 기간이다. 그 동안 정신없이 일에 매달려 제대로 돌보지 못했던 가족이나 다른 활동에 관심을 기울일 수 있는 기회로 생각하라. 생계와 관계없이 당신의 삶에서 해보고 싶었던 일들을 되돌아볼 수 있는 더없이 소중한 시간인 것이다. 이 시간을 에너지를 재충전하는 기회로 활용한다면 당신은 사이클이 회복기에 접어드는 시점에 더욱 원활한 변화를 맞이할 것이다.

내 직업을 찾는 마음의 법칙

변화의 시기를 놓치지 마라

나를 상담했던 한 컨설턴트는 변화에 대처하는 가장 좋은 태도는 변화가 하나의 사건이 아니라 하나의 과정이라는 점을 이해하는 것이라고 했다. 그녀의 설명에 따르면, 사건은 한정된 시간 내에 발생해서 쉽게 종결되지만 과정은 여러 주, 여러 달 심지어 여러 해 동안 지속될 수 있다고 한다.

변화를 과정으로 이해한다면 사이클의 상승과 하강은 동시에 일어날 수 있다. 이제 에너지를 충분히 보충했는가? 그렇다면 앞으로 전진하는 일만 남았다. 언제나 상승 곡선을 따라 움직인다고 상상하라. 당신에게 하강은 영원히 오지 않는 것이라고 상상하라. 다시 때가 되면 사이클은 낮은 지점을 통과할 것이다. 변화를 겪는 동안엔 그런 일이 자주 발생한다. 그러나 저점을 통과하여 다시 상승 곡선을 그리는 과정의 반복 속에서 그 기간은 점점 더 단축될 것이다.

첫 번째 적응 기간이 지나면 실직의 이점을 이용해 재정계획을 수립하고 다음 단계를 준비함으로써 기회의 가능성을 높일 수 있다. 당신은 정보수집과 취업 과정에 곧바로 돌입할 것인가? 새로운 방향을 설정하기까지 계약직에 지원할 것인가? 해고통지를 받았다면 시간을 마련해서 학교로 돌아가 경력의 변화를 도모할 것인가? 여행을 떠나거나 아니면 자신의 사업을 시작할 것인가? 당신 앞에는 수많은 가능성이 기다리고 있다.

취업 정보를 수집하기로 계획을 세운 사람에게 한 가지 좋은 소식이 있다. 시카고에 위치한 재취업 알선 업체인 그레이 앤 크리스마스 사의 최근 조사는 "인원감축으로 직장을 잃은 관리자와 전문가의 90퍼센트가 3개월 이내에 비슷하거나 더 나은 여건의 직장을 구했다"고 한다. 3개월이라는 시간은 직업이 없을 때 끔찍하게 길게 느껴진다. 그러나 경력의 대전환이라는 계획을 착수하기엔 너무도 짧은 시간 이다.

내 주변의 여러 사람들이 직업을 구하기까지 컨설팅이나 계약직을 활용하여 실직이란 공백기간을 거뜬히 넘겼다. 어떤 이들은 취업박 람회, 취업관련 워크숍, 인터넷 등을 적극 활용하기도 한다. "적성이 맞지 않는다"는 이유로 잘 나가는 잡지사의 편집기자를 그만둔 한 친구는 '편집 프리랜서' 라고 새긴 명함을 자신이 아는 모든 출판사 에 돌려 실직기간을 프리랜서로서 활동했다. 결국 그녀는 정규직 직 업을 구하기 위한 방안으로 프리랜서를 택한 것이다.

공백 기간을 적극 활용하라

재취업을 위한 여러 방법을 시도한 다음 공백기간을 활용하여 당 신이 할 수 있는 일이 무엇인지 리스트를 만들어 보자. 현재 추진중 인 프로젝트가 있는가? 평소 특별히 시도하고 싶었던 아이템이 있는 가? 늘 하고 싶었지만 별도로 시간을 마련하기 어려웠던 아이템이 있 는가? 이런 리스트를 활용하면 공백기간을 유익한 시간으로 전환할 수 있을 것이다.

한 여성은 근무하던 광고회사 내의 정략적인 암투로 인해 직장을 잃게 되자 분노가 치밀었다. 그래서 그 분노를 삭히기 위한 방안으로 그 동안 미뤄두었던 집안 일을 대대적으로 손보기로 했다. 먼저 먼지 가 가득 쌓인 카페트를 깨끗이 물빨래하고, 서가를 새로 페인트칠하 고, 차고를 전체적으로 재정리했다. 그런 다음 불필요한 물건을 추려

내 직업을 찾는 마음의 법칙

야드 세일 * 를 벌여 처분하고 그래도 남은 물건은 굿윌(Goodwill) 자선단체에 기부했다. 그녀는 일에 흥이 붙자 정원의 잡초를 모두 솎아낸 다음 꽃을 가꾸고 떡갈나무 한 그루를 심었다. 그것은 자신이 아직은 강건하다는 것을 나무를 통해 상징적으로 자신에게 환기시키기 위함이었다.

그녀가 집안 일을 모두 마무리한 다음 느꼈을 성취감을 상상해 보라. 심리적인 측면에서 묵은 집안 일을 처리한 것은 자신의 분노를 방출하고 새로운 분위기를 조성하는 효과가 있었다. 또한 정원을 손질하고 나무를 심은 행위는 새로운 지평을 향해 나아가기 전에 분위기를 일신하고 새로운 마음가짐을 갖게 만들었다. 실제로 그녀는 2개월 뒤에 이전 회사와 경쟁관계에 있던 회사에 자리를 마련함으로써 새로운 지평을 개척했다.

ESL 강사인 앤드류 역시 실직 뒤에 그녀와 비슷한 쇄신의 체험을 했다. 다만 그는 집이라는 공간을 벗어나 더 넓은 세계로 진출했다. 직장을 구하는 기간 동안 양로원에 자원봉사를 지원했다. 비록 보수는 없었지만 그 일을 통해 사회와 단절된 느낌을 겪지 않았고 자신이 그만둔 이전의 직업 외에 아직 수많은 일거리가 자신을 기다리고 있다는 사실을 깨달았다. 게다가 그곳에서 만난 ESL 소속의 동료 자원봉사자를 통해 여러 곳의 직장을 소개받는 예기치 않은 수확까지 거둘 수 있었다.

이 기간을 휴가로 생각하라

앞으로 이런 시간을 다시 갖게 될지는 아무도 장담할 수 없다. 그

---

* 집 뜰에서 여는 중고가정용품 세일

러니 어느 정도의 시간을 할애해 단순히 즐겨보지 않으려는가? 정규
직 직장을 다니는 동안 할 수 없었던 일을 계획하라. 짧은 여행을 떠
나거나 자신이 살고 있는 동네를 이리저리 돌아다녀라. 이전엔 시간
이 없어 가보지 못했던 박물관과 동물원을 방문하거나 공원으로 나
가 백조 보트를 타고 즐겨 보라.

　아니면 자신만을 위한 시간을 마련하라. 나의 친구 중의 하나는 실
직기간 동안 머리를 다듬고, 마사지를 받고, 수영을 즐기는 등 철저
히 건강과 관련된 계획만을 세웠다. 그녀는 처음에는 그다지 내키는
일은 아니었다고 한다. 그러나 계획을 진행하면서 기분이 상쾌해지
고 새로운 힘이 솟아나는 느낌이 들었다. 그녀는 시간이 흐른 뒤에
자신을 돌아보면서 항상 스스로에게 감사하는 마음을 갖는다.

　기분전환에 관한 얘기가 나왔으니 말인데, 당신은 최근에 맘껏 웃
어본 적이 있는가? 벤은 ‘다음에 할 일’을 물색하는 동안 네 살 박이
조카와 함께 코믹 비디오를 빌려보고 재미있는 책을 읽고 동화작가
스위스 박사의 책을 탐독하였다. 그는 그렇게 시간을 보내면서 자신
이 계획대로 휴가를 맘껏 즐기고 있음을 느꼈다. 때로는 웃음이 최고
의 처방이 될 때가 있다.

　별다른 계획이 없다면 마침내 별러왔던 꿈을 실현할 기회이다. 언
제나 마음 한구석에 자리잡고 있던 소설 쓰기를 지금 시작해 보라.
먼지가 수북히 쌓인 족보를 꺼내 늘 미루어왔던 자신의 혈통 연구를
이제라도 시도해 보라. 아니면 불어회화를 연습해서 오랫동안 꿈꿔
왔던 파리 여행을 계획하는 것은 어떤가? 이런 시간이 다시 올 것이
라고 장담할 수 없다면, 당신의 꿈이 무엇이든 지금 그 꿈을 실행으
로 옮기지 않으려는가?

내 직업을 찾는 마음의 법칙

다시 벤에 대해 말해 보겠다. 벤은 풍성한 시간을 적극 활용해 자신의 꿈을 실현하였다. 친구와 함께 오랫동안 시장조사를 하고 토론을 거친 뒤에 퇴직금으로 마침내 중고서점을 열은 것이다. 그는 서가를 정리하고 손님을 기다리는 동안 자신을 되돌아보면서, 당시 벼랑 끝에 서 있던 그 고통의 순간이 아직은 모습을 드러내지 않은 은총의 순간이었음을 깨달았다. 분명히 그것은 은총이었다. 그런 일이 일어나지 않았다면 그는 좌절을 겪지도 않았을 것이고 삶의 변화도 일어나지 않았을 것이다.

낮음이 있어야 높음이 있다는 말은 진리이다.

새로운 영감을 찾아서

재택근무의 심리상태

내가 집에서 일을 한다고 할 때 사람들이 가장 궁금하게 생각하는 것은 하루종일 잠옷바람으로 일하는 것이 아닌가 하는 것이다. 우스개 소리로 하는 말이 아니다. 파티석상에서, 계약직으로 근무할 때, 비행기 안에서, 어디에서나 나의 직업을 거론할 때면 여지없이 그런 질문이 날아든다. 워크숍에 가서 강연을 할 때면 곧 여기저기서 손을 흔들어댄다. 한 20분쯤 시간이 흐른 뒤에는 그날 강연의 주제와 전혀 관계없는 나의 작업 스타일에 대한 얘기가 주를 이룬다. 그래서 나는 한 워크숍에서 사람들에게 재택근무자들이 집에서 어떤 옷을 입고 일을 하든 뭐가 그렇게 궁금하냐고 물어보았다.

반응은 무척 다양했다.

한 여성은 "제가 집에서 일을 한다면 아무것도 입지 않을 것 같아요. 제 말은 귀찮다는 거죠. 선생님도 저와 같은 생각인지 그게 궁금했어요."

어떤 사람은 재택근무를 소재로 다룬 딜버트 만화를 보고 나서 재택근무자들은 모두 컴퓨터 앞에 앉아 아무것도 걸치지 않고 나비넥타이만 매고 있는 줄 알았다고 했다.

세 번째 사람의 말은 내게 중요한 것을 인식하는 계기를 만들어 주었다. "창업에 관한 서적을 여러 권 읽어 봤습니다. 제가 정말 알고 싶은 것은 하루하루 어떤 식으로 일을 하는가 하는 것입니다. 그 방식은 어떤 영향을 미치고 거기에 어떻게 대처하는가 하는 것이죠. 다시 말해, 재택근무의 심리상태라고 할 수 있습니다."

그녀의 말이 이어질수록 사람들은 더 구체적인 것을 알고 싶어했다. 사무실 근무를 대체하는 재택근무가 과연 어떤 것일까 하는 호기심이 더욱 짙어졌다. 그들은 재택근무의 핵심을 보고 싶어하지는 않았다. 이미 시중에 나도는 많은 관련서적을 통해 그 정도는 익히 알고 있었다. 다만, 그들이 알고 싶었던 것은 내가 어떻게 시간의 작은 단편들을 모아 하루를 구성하는지에 대한 세세하고 구체적인 사항들이었다. 그녀가 재택근무의 심리상태라고 표현한 것처럼 실제로 집에서 작업하는 사람의 세세한 심리의 퍼즐 조각들이 짝을 이루어 형성된 하나의 완성체를 보고 싶어했다.

심리학이 까다로운 것은 개개인의 심리가 서로 다르다는 점이다. 마찬가지로, 집에 기반을 두고 하는 작업은 대기업의 정책같이 획일적이지 않다. 만약 4천5백만 이상의 노동자들이 자신들의 작업 일부를 집에서 처리한다고 가정해 보자. 그 경우에는 모든 사람이 동일한 작업방식을 따르기 때문에 하나의 특별한 방식과 심리상태가 형성될 가능성이 짙다. 분명 나와 마찬가지로 딜버트, 젤다 위글스워쓰, 그 외 집에서 작업하는 수많은 이들은 각각 서로 다른 반응을 보일 것이다. 분명 4천5백만에 해당하는 재택근무의 심리상태가 답변으로 주어질 것이다.

그러나 아침이면 자신의 다락방 사무실에서 신사복을 갖춰 입고

내 직업을 찾는 마음의 법칙

근무하는 증권전문가와 차고를 개조한 스튜디오에서 드레스를 차려 입고 일을 하는 북디자이너도 분명히 있다. 하지만 내가 얘기하고 싶은 사람들은 최소한의 의복만 걸치고 일을 하는 이들이다. 나의 경우를 보면 아침에 한두 시간은 대충 잠옷을 걸친 상태로 일을 하다가 잠자리의 나른한 정신이 가시면 다시 옷을 차려입고 작업에 임한다. 정장이나 드레스 같은 복장이 아니라 실망할지 모르지만, 요가복장에 헐렁한 셔츠, 레깅스 등은 작업에 임하기 위한 마음의 준비를 하는 데에 도움을 준다. 나에게 있어 옷을 차려입는 것은 아주 중요한 행사 중의 하나이다. 나는 그렇게 옷을 갖춰 입고 작업에 임할 때 사회인으로서 어떤 역할만이 아니라 내가 실제로 일을 하고 있다는 인식을 갖는다.

반면에 로맨스 소설가인 친구 이사벨은 일을 할 때나 잠을 잘 때나 항상 나이트가운을 걸치고 있다. 집 어딘가에 사무실을 마련해 놓았지만 거의 20년 가까이 그런 스타일을 유지하고 있다. 그녀는 잠에서 깨자마자 곧바로 작업에 임하기 위해 침대 곁에 컴퓨터와 시간예약이 된 커피메이커를 갖춰 놓았다. 그녀는 대개 6시경이면 잠자리에서 일어난다. 그녀의 말처럼, 로맨스 소설을 쓰기에 잠자리보다 더 좋은 장소가 과연 있을까? 자신의 방식이 자신의 심리상태에 가장 적합한 것이다.

그녀의 애정 어린 표현처럼 "그날의 장면을 멋지게 연주"하고 나면, 삶의 다음 단계를 위해 글쓰기 작업에서 손을 뗀다. 보통 오후 2시경이면 그날의 작업을 마치지만, 그녀가 설정한 인물이 얼마나 협조적인가 그날의 장면이 얼마나 복잡한가에 따라 정오가 되기도 하고 4시나 6시가 되기도 한다.

자기 통제

다음으로 가장 많이 제기되는 질문은, 집에서 일을 할 때 밖에 흥미진진한 사건들이 수없이 대기하고 있는데, 어떻게 자신을 컨트롤할 수 있는가 하는 것이다. 좋은 질문이다. 어수선한 창고를 정돈하는 것만큼 신나는 일이 있을까? 양치류 식물을 화분에 옮겨 심는 것만큼 매력적인 일이 있을까? 작업을 제치고라도 최근에 출판된 사이코스릴러 소설을 읽고 싶을 때 그리고 어떤 작가가 썼는지 정말 궁금할 때 과연 제대로 일을 할 수 있을까?

간단히 말해 사람들이 궁금해 하는 것은, 누군가 강요하는 것도 아닌데 어떻게 그런 호기심을 자극하는 일들을 물리치고 작업에 임할 수 있는가 하는 것이다.

나는 두 가지 방법을 활용한다. 먼저, 내가 사장이자 직원이라고 생각한다. 스스로에게 어떤 일을 하라고 지시한 다음 그 일을 수행한다. 이중인격자처럼 보이겠지만 실제로 이 방법은 아침에 먼저 해야 할 작업이 있을 때 상당히 효과적이다. 다음은, 나 자신의 통제는 오로지 생존을 위한 문제라고 스스로에게 주입시킨다. 나를 통제하지 못해 작업을 할 수 없게 되면 작업능률이 떨어져 홀로 서기가 어렵고, 컴퓨터 앞에 자리를 잡고 앉지 않으면 특별히 갈 곳도 없다고 상기시킨다. 그리고 현실적인 문제를 거론한다. 행운의 여신이 갑자기 돈 보따리를 들고 찾아오지 않는 한 금전적인 어려움에 봉착할 것이라고 스스로를 타이른다.

친구 이사벨은 자기 통제에 관한 한 달인의 경지이다. 때로는 냉혹하기까지 하다. 조금의 트릭도 허용하지 않는다. 그날의 작업이 마무리되기까지 침상에 머물러 있어야 한다. 조금의 예외도 없다. 그녀의 관점에 따르면, 그녀는 현재 진행중인 작업 자체가 자기 통제인 것이다. 그녀는 동시에 4건의 계약을 체결한다. 그래서 해야 할 일이 많다는 사실을 스스로 인식하게 만든다. 그녀는 단 두 가지 경우에만 예외를 인정한다. 샤워를 하러 자리를 뜰 때, 개가 심하게 짖어댈 때.

나는 마감 일이 닥치지 않는 한 그렇게 엄격하지는 않다(그래서 이사벨이 50권의 책을 출판하는 동안 나는 단 5권만 출판했는지도 모른다). 처음에 프리랜서를 시작했을 때는 집에서 떨어진 장소에 사무실을 갖추고, 날마다 나만의 의식을 거행하고(특별한 것은 아니고, 몇 분 동안 깊은 호흡을 한 다음 유기농법으로 재배한 수마트라 차를 진하게 마셨다), 상당히 빡빡한 스케줄을 잡는 것으로 작업을 타이트하게 진행했다. 그러나 나만의 고유한 리듬을 발견하고 나서 융통성 있는 스케줄이 나의 작업에 더 큰 도움이 된다는 것을 알았다. 창조적인 작업은 어느 정도 정신의 이완을 필요로 한다. 그래서 정신을 산만하게 하는 요소들과 씨름을 하기보다 함끼 어울렸고, 하루 동안 한 개인으로서의 나와 한 직업인으로서의 나를 분리하지 않는 나만의 리듬을 만들어 갔다. 특별한 일이 없는 한 나의 일과는 이렇다. 약간의 글을 쓰고 …… 생각을 잠시 멈춘 다음 잡초가 무성한 정원을 손질하고 다시 약간의 글을 쓴다 …… 그리고 산책에서 돌아와 다시 글을 쓴다 …… 코스모스를 꺾어 코발트색 화병에 꽂고 다시 글을 쓴 다음 …… 친구에게 전화해서 저녁에 무엇을 먹을지 물어본다. 보통 이런 식이지만 매일매일의 스케줄은 달라진다.

짐짓 고상한 척하는 것이 아니라 나는 평균 6시간에서 8시간을 타이트하게 작업한다(집에서 작업하는 6시간은 방해되는 일이 더 많은

새로운 영감을 찾아서

사무실 환경에서 작업하는 8시간과 거의 비슷하다). 그리고 대개 오전 7시에서 오후 7시 사이에 두 시간 가량은 휴식을 취한다. 남편이 직장에서 돌아올 때쯤이면 저녁식사를 준비하고 야간작업 때까지 일손을 놓는다. 그러나 마감 일이 임박한 경우에는 밤낮없이 작업에 들어가기도 한다.

혜택과 도전

나의 작업 스타일에 대한 사람들의 반응은 두 부류로 나뉜다. 재택근무에 도전하고 싶어하는 사람들과 절대로 영원토록 그런 일은 하지 않겠다는 사람들이다. 이 직업을 택하고 싶어하는 부류는 주로 작업방식의 자유로움에 매력을 느낀다. 하루종일 붉은 색 실크 잠옷을 입고, 스스로 계획을 세우고, 출퇴근이 필요 없고, 아무 때나 불쑥 나타나서 호통을 치는 사장도 없다.

절대로 이 직업을 택하지 않겠다는 부류는 소위 그 특혜라는 것에 대해 전혀 관심이 없다. 이들은 내 친구가 "일과 교회의 분리"라고 부르는 것처럼 개인의 삶과 일은 명확히 구분돼야 한다고 생각한다. 자잘한 사업 문제나 의료보험, 세금공제 등은 사업주가 알아서 해결해야 할 일이라고 생각한다. 이들은 어떻게 하면 회사가 제공하는 혜택을 더 많이 누릴 수 있을까 하는 고민을 즐긴다. 가능하다면 출근조차 하지 않으려 할 것이다. 실제적인 출근의 목적은 생각을 정리하고, 라디오 방송을 청취하고, 어떻게 하면 짧은 시간 안에 세상을 변화시킬 수 있을지 큰소리로 얘기할 수 있는 사적인 공간이 필요하기 때문이다. 이들에게 붉은 잠옷은 별다른 관심사항이 아니다. 그것이 지상에 남은 마지막 옷이라고 해도 생의 마지막을 붉은 잠옷 차림으

내 직업을 찾는 마음의 법칙

로 맞으려고 하지는 않을 것이다.

재택근무를 시도하려는 이들은 지속적인 작업 수주와 원활한 자금 흐름을 위해 자신을 상품화해야 한다거나, 세금의 납부와 면제를 위해 애쓴다거나, 효율적으로 시간을 관리해야 하는 등의 어려움에 대해 심각하게 생각하지 않는 것 같다. 재택근무를 시작하기에 앞서 현실적인 안전장치를 마련하고, 초기비용을 충당할 자금을 충분히 준비하고, 기본적으로 혼자 모든 일을 알아서 처리하기 때문이다. 재택근무를 계획하고 있다면 작업에 착수하기 전에 미리 작업을 의뢰한 사람과 세세한 사항을 협의하고, 사전에 확고한 기반을 마련해야 한다.

또한 재택근무를 열망하는 이들은 집안에 근거를 마련하는 것을 염두에 둔다. 이들은 개인적인 용무와 사업상의 업무가 겹칠 수 있음을 이미 알고 있기에 융통성 있게 그 둘의 요구사항에 기꺼이 대처하려 한다. 고객과 함께 중요한 계약을 체결하는 순간에 갑자기 고양이가 세탁물 바구니에 뛰어들어 더러운 속옷 몇 벌을 사무실로 끌고나온다고 해도, 이들은 그런 일은 집안에서 흔히 일어날 수 있는 '사소한 사건'으로 치부한다. 오히려 '별로 대수롭지 않은 일'이라고 받아들인다. 어떤 사건이 발생하든 기꺼이 대처하려는 마음의 준비가 되어 있다.

바로 이점에서 재택근무를 희망하는 이들의 주요 관점은 좀더 직업적인 자유로움을 창출할 수 있는 기회에 집중되어 있다. 그들은 이렇게 얘기한다. "궁극적으로 얻고자 하는 게 융통성과 다양성 아니겠어? 네가 하고 싶어하는 것을 우리가 하고 있는 거야, 그렇지 않아? 자유여 영원하라!"

그들은 자신들의 자유로운 작업스타일을 최고로 여긴다. 그러나 재택근무를 '반대' 하는 이들은 이런 질문을 한다. "개인적인 삶과 일을 어떻게 구분하겠다는 거죠? 그게 단점 아닙니까?"

그럴 수도 그렇지 않을 수도 있다. 그것은 당신의 작업방식과 성격에 달려 있다. 러시아인 친구인 발은 번역가로 활동하고 있다. 그는 집밖에서 작업을 하고 일과 생활 사이에 분명한 선을 긋기 때문에 일에 집중하기가 더 쉽다고 한다. '작업중' 일 경우에는 사무실 문을 닫아버려 친구나 가족들에게 일반 사무실처럼 자신도 현재 근무시간이라는 것을 암시한다. 하루의 일과가 끝나면 사무실 문을 열어두어 이제 근무시간이 끝났음을 알린다. 그의 방식을 조금 더 자세히 알아보자. 발의 사무실은 가족들과 충분한 거리를 두고 현관 가까운 곳에 자리잡고 있기 때문에 그를 찾는 고객에게는 사무실다운 분위기를 조성해 주고, 그 시간에 집에 있는 가족에게는 업무로 인한 불편을 최소화한다.

발의 경우 이것이 자신이 집에서 일할 수 있는 유일한 방법이라고 생각하는 반면에, 다른 이들은 대수롭지 않게 집 안에 경계도 구분도 없는 사무실을 마련하고 일과 개인의 삶이 뒤섞이는 것을 심각하게 받아들이지도 않는다. 한 친구는 이렇게 말한다. "섞인다고 무슨 문제가 되나? 결국엔 모든 것을 하나로 통합해야 하잖아. 흑백을 구분할 필요가 없지."

나와 친분이 있는 작가들 중 많은 이들이 이런 견해를 피력한다. 그들은 무릎 위에 아이를 올려놓고 글을 집필하거나, 키보드 위에 고양이를 올려놓고 회보를 마무리하기도 하고, 개나 아이를 씻기면서 비누거품으로 목욕실 바닥에 스토리를 써내려가기도 한다. 그들은

내 직업을 찾는 마음의 법칙

주변에서 시끌벅적한 서커스가 열린다고 해도 계속 글을 쓸 것이다. 그들은 일과 삶을 하나로 조화시킨 사람들이다.

미국인과 일본인에게 문화사업에 관한 강의를 독특한 방식으로 진행하는 한 부부 역시 이와 비슷한 방식을 따른다. 일본인 방문객들은 응접실로 초대하고, 미국이나 일본에서 세미나를 개최할 때는 자녀들을 동반한다. 일본을 관광할 때는 가족과 고객이 함께 어울리기도 한다. 그러나 일의 균형을 위해 아이들이 낮잠을 자거나 밖으로 놀러 나갔을 때 고객에게 응답전화를 한다. 그리고 대부분의 일은 아이들이 잠자리에 든 이후의 몇 시간 안에 모두 처리한다. 그들은 시간에 구애받지 않는 자유로운 근무를 결국 질서라고 말한다. 지금까지 그들 부부는 이런 방식으로 일을 진행하면서 별다른 어려움을 겪지 않았다고 한다. 작업이 '마무리' 되거나 개인적인 삶이 요구될 때 그들 부부는 일 년에 몇 주는 전적으로 가족만을 위해 시간을 할애한다.

작업 공동체의 구성

마지막으로 재택근무에 대해 사람들이 종종 던지는 질문은 "외롭다는 느낌은 들지 않습니까?"이다. 이를 로맨스 소설가 친구에게 물었더니 그녀는 비웃듯이 대꾸했다. "외롭지 않냐고? 그럴 틈이 어딨겠어. 언제나 이 수많은 인물들이 정신없게 만드는데?" 이사벨은 홀로 글을 쓰는 상황은 귀중한 만남이고, 작업시간은 파티와 같다고 생각한다. 그러나 나를 포함한 많은 재택근무자들은 때때로 삶의 중심에서 벗어나 있는 듯한 느낌과 치열한 싸움을 벌여야 한다. 나는 이런 이유 때문에 집에서 일을 할 때 작업 공동체를 구성할 필요를 느낀다. 그것은 인간적인 관계를 위한 것이기도 하지만 브레인스토밍

을 할 수도 있고 윤리적인 도움을 구할 수도 있으며 사회적인 접촉에
서 쉽게 나타나는 추진력을 강화할 수도 있다.
　몇몇 동료들과 공동체 구성 방법에 대해 의견을 교환한 끝에 다음
의 결과를 도출할 수 있었다.

- 집에서 근무하는 동료들과 네트워크를 구성하라. 그들은 친구,
  이웃, 이전 직장의 동료, 아이들 친구의 부모 또는 수요일 아침에
  태극권 도장에서 만난 재택근무자일 수도 있다. 전화를 하거나
  일 주일에 한두 번 만나 점심이나 커피를 함께 하면서 유대관계
  를 지속한다.
- 소규모 사업을 운영하는 이들의 단체에 가입하라. 이 단체들은
  신문이나 광고전단지를 참조하거나 지역의 상공회의소를 방문
  하면 찾을 수 있다.
- 일 주일에 한 번은 아침에 공원이나 카페에서 작업하라. 집을
  벗어나 넓은 세상에 나가는 것은 사회에 소속되어 있다는 느낌
  을 준다. 어쩌면 당신과 비슷한 스케줄에 따라 살아가는 사람들
  을 만날지 모른다. 그리고 그들 중 어떤 이는 당신의 네트워크에
  가담할 수도 있다.
- 전자우편(E-mail)이나 팩스를 이용해 친구와 동료들과 유대관계
  를 유지함으로써 가상공동체를 구성하라. 이 방법을 활용하면
  진정한 글로벌 공동체로 성장할 수 있다. 나는 가상공간에서 작
  가 단체와 정기적으로 접촉을 시도하여, 그들과 함께 아이디어
  를 공유하고 서로의 작업에 대해 의견을 교환하고 윤리적인 도
  움을 받는다. 또한 인터넷 교실에 가입하여 약초에서부터 전문

학에 이르는 다양한 주제의 쌍방향 강의를 수강한다. 이처럼 다양한 활동을 통해 소외되었다는 느낌을 최소화한다.

- 점심이나 커피 또는 산책 시간을 정해 놓고 하루에 한 번은 외출을 하라. 밖에 나가서 만나는 사람들과 간단한 대화를 시도하라. 도서관 사서, 상점 직원들과 간단한 인사말이라도 주고받는다. 자주 친구들과 저녁식사를 함께 하라.

- 작업 공동체의 범위를 최대한 넓게 설정하라. 무료급식소에서 자원봉사자로 일하거나 점심시간에 장애자나 노인을 위한 식사배달을 하라. 일 주일에 몇 시간을 할애하여 결손가정의 아이들에게 형이나 누나가 되어 주거나 양로원의 노인들을 방문하라. 재택근무의 장점 중의 하나인 융통성을 이용하여 이러한 활동과 작업이 분리되지 않은 하나가 되게 하라.

- 잦은 상호교류를 필요로 하는 사업을 구상하라. 나의 이웃 엘리자베스는 일본의 건강식품 다단계 판매사원이다. 그녀는 자신이 공립학교의 사회봉사자로서 전시간 근무를 할 때보다 더 잦은 만남을 갖는 고객이나 다른 판매사원 그리고 배급업자들과 많은 시간을 보낸다.

한동안 집에서 근무하다 보면 서로의 작업방식이 비슷한 사람들과 자연스럽게 어울릴 기회가 많아진다. 대부분 사람들이 사무실에서 일을 하고 있을 시간에 공원에서 산책을 하거나 상점에서 물건을 구입하는 사람이라면 거의 다 당신과 비슷한 부류이다. 그들은 아침에 요가수업에 참석하고 오후에 수영을 즐긴다. 이런 이들을 자주 마주치면 한번 대화를 시도해 보라. 단지 집에서 근무한다는 사실 외에

새로운 영감을 찾아서

더 많은 부분을 서로 공유하고 있음을 발견할 것이다.

그들 중 어떤 이는 당신와 같은 동네에 살고 있을 수도 있다. 나 역시 몇 년 전에 그렇게 이웃사람을 알게 되었다. 이런 비공식적인 만남은 작업에 도움도 주고 소속감도 느끼게 한다. 나는 일 주일에 몇 번은 엘리자베스와 함께 산책하거나 조각가 친구 헬렌과 차를 마신다. 그리고 정원을 가꾸거나 우편물을 가지러 가는 도중에 만나는 이웃들과 예기치 않은 대화를 나누기도 한다. 같이 브레이스토밍을 할 수 있는 다른 분야의 전문가를 가까이 두고, 자신의 작업이 아닌 다른 프로젝트에 관심을 갖는 것 또한 많은 도움이 된다.

내가 이웃과 구성한 작업 공동체는 우연한 기회에 이루어진 것이지만, 집에서 작업하는 이들에게 일을 사려 깊게 처리하는 이웃은 더없이 값진 동반자가 될 수 있다. 그들은 사회의 중요한 네트워크를 형성하고 여행을 떠나 집을 비울 때는 "감시인" 역할까지 해준다. 이러한 시스템은 자원과 서비스를 공동으로 관리하여 모두에게 시간과 돈 그리고 에너지를 절약해 준다. 질적인 가족생활, 더욱 단순화된 삶의 양식, 환경에 대한 관심 등은 그러한 공동상황을 창출하기 위한 강력한 동기를 제공한다.

그러나 이러한 조화는 쉽게 변질될 가능성이 많다. 따라서 그 변화에 대처하는 최선책은 공동체가 작업을 방해하거나 사생활을 침해하는 요인이 되지 않는다는 보장을 받고, 이웃과의 공동작업에 몇 가지 기준을 세우는 것이다. 공동휴식시간을 미리 약속하고, 갑작스럽게 서로를 방문하기보다 전화로 연락한다는 등의 협약은 오랫동안 공동체를 성공적으로 이끌어갈 수 있는 좋은 방법이다.

내 직업을 찾는 마음의 법칙

그것이 당신을 위한 것인지 어떻게 확신할 수 있는가?

기술의 진보와 소규모 네트워크 사업의 증가로 인해 대다수의 사람들이 재택근무를 매력적인 직업으로 생각하면서 재택근무자의 숫자가 엄청난 추세로 증가하고 있다. 하버드 경제학과의 최근 조사에 의하면 1983년도의 경제학과 졸업생의 33퍼센트가 졸업 후 5년 이내에 자영업을 택했다고 한다. 이 숫자는 1978년에 비해 19퍼센트가 증가한 것이다. 다른 무작위 표본조사 보고서는 창업과 재택근무를 포함하여 매 16초마다 한 명의 자영업자가 탄생한다고 한다. 나 자신도 믿기 어렵지만 분명 16초라고 했다. 그러나 나는 기본적으로 통계숫자를 신뢰하는 편이 아니다. 어쨌든 초이든 분이든 시간이든 집에서 작업하는 방식은 이제 대부분의 기존 작업 방식을 대체하고 있다. 그러나 그것이 당신을 위한 것인지 어떻게 확신할 수 있는가?

집에서 작업하는 방식을 고려하고 있다면 당신이 다음의 특성과 얼마나 부합되는지 확인해 보라(신뢰할 만한 몇 개의 조사자료에서 발췌하였다).

- 사고가 자유롭다
- 결과를 중시한다
- 자신감(강한 자부심)
- 독립적이다
- 잘 들을 줄 안다
- 전문성과 윤리의식이 강하다
- 지식을 지향한다

새로운 영감을 찾아서

- 기술적인 감각이 탁월하다
- 문제의 예측과 관리능력이 있다
- 융통성이 있고 다방면에서 뛰어나다
- 평범한 작업과 창조적인 작업을 함께 수행할 수 있다

당신이 대다수의 특성에 강한 긍정을 보인다면, 당신은 집에서 작업하는 방식이 어울린다. 다시 말해, 당신은 판매에 성공할 수 있는 제품이나 서비스를 갖고 있고 …… 자금의 흐름에 현실적인 감각을 갖추고 있고 …… 혼자 작업하는 데에 어려움이 없고 …… 성공을 위한 장시간의 힘든 과정에 투신할 의욕이 있다는 것을 의미한다. 또한 당신은 '예배와 일을 분리'할 수 있는 능력이 있고, 일을 수주할 만한 기술을 갖추고 있고, 대부분의 작업을 스스로 처리할 수 있다는 것을 의미하기도 한다. 나는 모든 일을 혼자 해결한다. 이 글을 쓰는 동안 작업의 일부를 두 동료에게 의뢰했다. 그들이 그 일을 완수했을 것 같은가? 아니다. 첫 번째 친구(18년 경력)는 아무런 걱정도 없이 제라늄 옆에 누워 구레나룻을 당겼다 늦췄다 하고 있었고, 두 번째 친구(2년 경력의 초보자)는 컬러 펜을 갖고 놀면서 책상 가운데 떨어진 숱이 많은 자신의 회색 머리털을 만지작거리고 있었다. 한 속담처럼 때로는 진정한 도움을 받기는 쉽지 않은 것 같다. 집에서 작업할 때 명심해야 할 것은 모든 일을 스스로 처리해야 한다는 것이다.

당신의 기질이 앞에 열거한 특성과 많이 부합되고 그 대열에 가담하기로 결정했다면, 반드시 성공으로 이끌어라. 나는 몇 년 간 재택근무를 했던 동료들을 알고 있다. 그들은 재택근무를 결정한 후 죽음이 그들을 갈라놓을 때까지 영원히 변치 않겠다는 맹세까지 했다. 그

내 직업을 찾는 마음의 법칙

러나 몇 년 간 재택근무를 하다가 다시 회사로 돌아간 이들이 있다. 그 당시 그들에겐 최선의 선택이었으리라. 어쨌든 단기간이든 장기간이든 재택근무의 심리상태를 실현하고 싶은 이들에게 이 작업방식은 질적인 풍요로움을 제공할 것이다. 이제 가서 잠옷을 걸쳐라. 이 클럽에 가입한 것을 환영한다.

부업

많은 사람들이 가장 좋아하는 것은 근무시간이 끝난 후에 하는 일이다. 그것은 X사, Ink 주식회사, 채널 워크 사 등 '정규직'으로 근무하는 회사에서 정규근무시간이 끝난 뒤에 하는 다른 일거리 즉 부업을 말한다.

부업에 대한 평판은 별로 좋지 않다. 사람들은 근무시간이 끝난 다음에 하는 일이라 그런지 별로 부업을 진지하게 받아들이지 않는다. 부업은 부업일 뿐이라고 생각한다. 일이 사람의 생계와 관련이 없다면 그 목적이 무엇일까? 별로 중요하지 않은 질문인 것 같다. 왜냐하면 보수를 받든 무보수로 일하든 — 우리가 알지 못했던 수많은 종류의 무료 봉사가 있다 — 가치 있는 일들이 세상에는 가득하기 때문이다. 실제로 위대한 예술, 문학, 음악, 철학, 영성지도, 공동체 봉사, 과학, 기술 등의 대부분은 지금도 부업을 통해 이루어진다.

월래스 스티븐스와 윌리엄 칼로스 윌리엄스의 시를 사랑하는가? 스티븐스는 보험판매원으로 윌리엄스는 소아과 의사로 생계를 해결하면서 그들의 아름다운 시를 썼다. 플라톤과 니이체의 철학을 좋아하는가? 위대한 철학자였던 이들 역시 — 수많은 동료 철학자를 포함

내 직업을 찾는 마음의 법칙

하여 — 정규직 교육자로 일하면서 자신들의 이론을 정립했다.

그리고 선의 대가 샬롯트 조코 벡은 선을 공부하고 가르치는 동안 비서로 일하면서 가족을 부양했다 …… 스콧 아담스는 퍼시픽 벨 사의 관리자로 근무하면서 유명한 신문연재만화 딜버트를 기고했다 …… 미국인 가멜란음악 작곡가 루 해리슨은 리포터, 음반 외판원, 산불 소방수, 동물 보호원 등 여러 '아르바이트'를 통해 모자란 수입을 보충했다.

캘커타의 거리에서 가난하고 병든 이들을 수십 년 동안 돌보았던 마더 데레사의 경우를 보자. 마더 데레사는 "우리가 관심을 가져야 할 것은 위대한 일인가 하찮은 일인가가 아니라 위대한 사랑으로 일을 하는가입니다." 많은 이들이 그렇게 하고 있다. 돈이 목적이 아닌 위대한 사랑과 진지한 배려, 삶과 예술을 향한 열정에서 부업이라는 이름으로 참다운 일을 수행하고 있는 이들을 돌아보라.

다양한 부업과 가능성

부업의 가능성과 그에 대한 이유는 수없이 많다. 어떤 이들은 제3세계의 사람들을 돕기 위해 이 일을 시작했다고 한다. 교사인 보니는 엘살바도르의 외진 곳에서 집을 짓느라 한해 여름을 보냈다. 어떤 이들은 자신의 영적 수행을 나누기 위해 헌신한다. 불교 승려인 한 친구는 보스톤의 교도소에서 명상을 가르친다. 또한 많은 이들이 창조적인 일에 열정을 바친다. 네이트는 뉴욕의 택시운전기사로서 근무가 끝나면 오프브로드웨이에서 공연되는 연극을 집필한다. 아직은 자신의 부업을 순수한 여가활동으로 생각하는 이들도 있다. 지방법원 판사인 헨리는 수상경력이 있는 화가로서 주말이면 산타페 시가 내려다보이는 스튜디오에서 수채화를 그린다.

　어떤 이들은 자신의 부업이 본업에 도움을 준다고 생각한다. 데이비스의 경우처럼. 컴퓨터 기술자인 그는 켈트 * 음악을 작곡하고 연주하는 부업에 대해 어떤 소명의식이 있다고 한다. 음악이 자신을 선택했고 자신에겐 아무런 선택권도 없었다는 것이다. 동시에 그는 자신의 정규직 직업에서도 성취감을 느낀다. 그는 이렇게 설명한다. "나는 기본적으로 양쪽 뇌를 모두 사용합니다. 컴퓨터는 왼쪽 뇌를 활발하게 하고 음악은 오른쪽 뇌를 자극하죠. 따라서 양쪽 뇌에 균형이 이루어집니다."

　내가 데이비스를 처음 만난 것은 말 그대로 우연한 사건이었다. 데이비스는 내가 계약직으로 근무했던 하이테크 회사의 주차장에 차를 주차하고 내리던 중이었다. 그는 한 손엔 도구상자를 들고 한 손에 기타를 들고 있었다. 그의 차에는 내가 끔찍이 좋아했던 범퍼 스티커가 뽐내 듯 붙어 있었다. "예술을 후원하라. 음악가에게 키스하라." 나는 그 표어에 고무되어(솔직히 말해 그의 눈빛이 너무 좋았다) 그대로 따라했다. 큰소리가 나게 그의 오른쪽 뺨에 키스를 했다. 우리는 서로 멋적은 듯 웃으면서 인사를 나누고 악수를 교환했다. 그리고 부업이란 주제를 놓고 서로 의견을 나누었다.

　나는 그에게 기회가 닿으면 음악에 전적으로 종사할 마음이 있는지 물어봤다. 그는 어깨를 으쓱하며 "언젠가는. 하지만 지금은 음악 그 자체로 좋습니다. 정기연주회가 아니라면 별다른 문제는 없죠. 데드라인이나 중압감 없이 자유롭게 할 수 있고, 어떻게 연주해야 한다는 요구에 대해서도 걱정할 필요가 없죠. 나를 억누르는 사람들의 기

---

* 아일랜드, 웨일즈, 스코틀랜드 고지에 사는 아리안 인종의 일파

내 직업을 찾는 마음의 법칙

대감이 없으니 더 깊이 나의 일에 몰두할 수 있습니다.”

그 외에도 그의 정규직 직장은 많은 혜택을 제공한다고 한다. 그의 기술직은 매력적인 업무이면서 수입도 풍부하고 창조적인 에너지를 충분히 보충해 준다. 휴식시간이면 회사의 대형 도서관에 가서 세계 적인 일간지 5개를 읽고 인터넷을 통해 음악관련 정보를 구하고 아 일랜드와 웨일즈 지방 여행을 준비하기 위해 게일어를 공부한다. 그 렇게 일과를 마치면 저녁과 주말에는 자신의 부업인 작곡과 연주를 위해 시간을 할애한다.

데이비스의 말처럼 무엇을 더 바라겠는가? 좋아하는 직업이 있고 수입도 풍부하고 창조적인 작업을 향한 열정도 있다. 그는 속으로 이 렇게 생각할 것이다. “나는 최상의 가능성을 향유하고 있다.”

교사직과 임시 대역 배우로서의 부업

웨이트리스 겸 여배우로 일을 하는 베스는 자신의 직업이 자신의 부업을 실현시켜 줄 스승과 같은 중요한 역할을 한다고 생각한다. 그 래서 자신의 직업을 ‘교사직’이라고 부른다. 웨이트리스는 배우 수 업을 위해 택한 것이고, 연극은 아직 임시 대역 수준이다. 대학에서 드라마를 가르치는 먼시 부인은 자상하지만 강직한 성격의 소유자 이다. 그녀는 베스를 제자로 받아들여 베스의 인생에 큰 전환점을 마 련해 주었다.

베스는 연극을 자신의 본업으로 삼고 싶어한다. 자신의 부업을 본 업으로 전환하려는 꿈을 실현하기 위해 가능하다면 어떤 일이든 다 배우려 노력한다. 아침에 그녀는 레스토랑을 향해 집을 나서면서 자 신은 지금 먼시 부인이 지도하는 수업에 참석한다고 생각을 한다. 그리고 가능한 한 많은 것을 배우기 위해 혼신의 힘을 기울인다.

지금까지 먼시 부인은 그녀에게 더없이 훌륭한 스승 역할을 해왔다. 베스는 하루종일 사람들과 만나면서 발음과 표정연기를 수없이 연습했다. 주문을 기억하는 것은 대사를 외우는 기법을 터득하게 했다. 손님들은 각양각색의 매너와 억양, 몸짓 그리고 사교술을 갖고 있다. 이들은 그녀에게 인물의 성격을 관찰하고 모방할 수 있는 좋은 기회를 제공한다. 또한 손님이 무례하게 구는 상황이 닥치면, 자신이 실제 무대에 선 것처럼 친절하고 상냥하게 대하는 법을 연습한다.

베스는 모든 직업과 마찬가지로 힘든 날도 있다고 한다. 언젠가 기회가 되면 먼시 부인에게 한동안 여행을 떠나겠다고 말하고 싶어한다. 대부분의 상황이 긍정적이기에 그 여행은 실제 업무에 필요한 에너지를 충전시켜 주리라. 베스는 자신의 재능을 예술세계에 바칠 수 있게 도와준 먼시 부인에게 항상 고마운 마음을 품고 있다.

부업 같은 본업

때로는 본업이 부업이 되기도 한다. 치과의사 죠프는 주말이면 마을의 의료원에 가서 봉사활동을 한다. 최근에 한 원예 센터에서 만난 조경사 이안은 근무 외 시간을 할애해 도심의 주택건설현장 주변에 아름다운 정원을 조성한다.

글쓰기는 나의 주된 본업이지만 전에 끝마치지 못했던 선의 정신세계를 다룬 서스펜스 소설 《영원의 탈출(Indefinite Escape)》을 다시 꺼내들었을 때 그 일은 나의 부업이 되었다. 하루의 '본업'이 끝나고 나서 그 소설 작업에 착수하기 때문이다. 그 소설은 연방교도소에서 탈출한 살인자가 나의 이웃으로 숨어드는 상황을 그린 것이다.

내 직업을 찾는 마음의 법칙

나는 이때가 되면 흥이 나서 나의 마음 속의 더러움을 파헤치고 구
성을 조금 복잡하게 만들기 위해 몇 가지 장치를 더 추가한다. 상황
을 복잡하게 만들기 위한 글쓰기의 한 방법이다. 나는 흡족할 때까지
그 어수선한 상황의 주변을 서성거리다가 이런 문장들을 삽입한다.
"살인자와 그의 아내는 침묵의 세계에서 휴가를 떠난 무법자들이
다." 그리고 "추측은 좋은 것이지만, 그 깊은 어딘가에 회피할 수 없
는 사실이 숨겨져 있다." 나는 상상의 인물을 설정하기 위해 그리고
아이디어가 도미노 게임처럼 숲으로 난 길을 따라 이리저리 활보할
수 있도록 시적 파격 어법을 활용한다. 그때는 전화벨 소리로 집이
떠나갈 듯해도 그대로 내버려둔 채 글쓰기에 몰입한다.《영원의 탈
출》은 데드라인이나 편집자, 북리뷰, 생계 등과 전혀 관계없는 일이
기 때문이다. 나의 내면 깊이 파고 들어가는 단어를 이용해 내면의
탐험을 즐기는 것이다.

부업은 사랑과 열정 그리고 마음과 영혼과 관련되어 있다. 부업은
"이 일을 할 거야"라고 말한 다음 그 일이 무엇이든 실천으로 옮기는
것이다. 그것은 깊고 깊은 강물에 주저 없이 뛰어들고, 머나먼 곳으
로 여행을 떠나고, 그 여행길에서 자신에게 솔직한 태도를 견지하는
것이다. 그리고 당신의 작업에 활력을 주기 위해서라면 어떤 일이든
기꺼이 수행한다.

다음에 부업을 하고 있는 사람을 만나면 그 사람을 뜨겁게 포옹하
라. 그 사람은 하나의 이상을 향해 자신을 기꺼이 헌신한 위대한 영
혼이다. 어쩌면 그들은 세상을 혁신적으로 변화시킬 어떤 발명을 진
행하고 있거나, 노벨상을 받을 만한 평화의 봉사를 하고 있거나, 문
화의 진보를 위한 연구를 하고 있을지도 모른다. 이들은 마더 데레사

새로운 영감을 찾아서

못지 않은 성인, 성녀들일 수 있고 또는 우리의 삶을 흥미롭고 상상력과 통찰력이 풍부한 삶으로 변모시킬 위대한 작품을 창조하는 이들일 수도 있다.

어떤 일을 하든 그들은 내면의 소리에 귀를 기울일 줄 아는 사람들이다. 마음을 따르고, 열정을 추구하고, 더 높은 부름에 응답하고, 커다란 이상에 자신을 기꺼이 헌신한 이들이다. 그들은 부업이라 불리는 영혼의 작업을 진행하고 있다. 그것은 더없이 소중한 작업인 것이다.

사회에 환원하기

앨버트 아인슈타인은 이런 말을 했다. "나는 하루에도 수백 번씩 나의 내적인 삶과 외적인 삶은 다른 이들의 노고와 삶과 죽음에 의존하고 있으며, 내가 받은 만큼 되돌려주기 위해 최선을 경주해야 한다고 스스로에게 상기시킨다."

이 말은 참으로 중요한 것을 시사한다. 어떤 이들은 아침마다 한 걸음에 30리를 간다는 동화 속의 구두보다 더 빠른 걸음으로 직장으로 향하고, 어떤 이들은 현실이라는 길의 여행을 떠난 우리를 대신해 대속(代贖)의 길을 가기도 한다. 우리가 이 세상을 함께 살아가고 있음을 알고 있고 또한 더 나은 세상을 가꾸어 가는 것이 우리에게 달려 있음을 알고 있기 때문에, 우리는 지금이라도 각자 자기(自己)만 한 크기의 측량컵을 꺼내들고 받은 만큼 사회에 환원하는 작업을 시작할 수 있다.

이미 많은 이들이 이 작업에 동참하고 있다. 자신이 살고 있는 지역의 농장을 찾아 노르스름한 감자를 캐고, 친구의 문제를 진지하게 들어주고, 가상공간에서 사귄 친구 뱃저처럼 바로 뒤에 있는 자동차의 고속도로 통행료를 대신 내주는 이들도 있다. 의료분야의 연구가

장족의 발전을 거듭하고 있고, 영적 치유를 다룬 책들이 계속 출판되고 있다. 다르가 즐겨하는 말처럼 우리는 현재 당근을 먹고 있기에 그 다음으로 우리가 무엇을 해야할지 분명히 알아야 한다.

이 말은 몇 년 전에 참석했던 한 카리스마적인 신문 발행인이 주최한 크리스마스 파티를 생각나게 한다. 나는 우아한 옷을 차려입고 비싼 음료를 조금씩 맛보면서 테이블 근처에서 서성이고 있었다. 그때 재미있어 보이는 사람이 나에게 다가와 현재 직업이 무엇인지 물어보았다. 그 사람은 이태리 억양이 섞인 것도 아니고 오랫동안 대화를 나누고 싶다는 느낌을 주는 사람도 아니었다. 어쨌든 우리는 고르곤졸라 퐁뒤가 이 세상 밖의 음식이라는 것에 서로 의견의 일치를 본 다음 출판에 대해 의견을 주고받았다. 그리고 자연스럽게 사회 환원이란 주제로 옮겨갔다.

나는 그 발행인을 만난 적은 없지만 가끔 그녀의 사설을 읽어 본다. 그녀의 사설은 사람만한 크기의 측량컵에 대해 얘기하고 나서 각자가 세상에 환원하는 방법은 서로 다른 독특한 방식을 따른다고 했다. 그 주에 그녀의 칼럼은 그녀가 아침 출근시간에 행하는 작은 제스처에 대해 다루고 있었다. 러시아워 속에 다른 차에게 먼저 가라는 양보의 제스처가 그 주제였다. 관심을 갖고 읽지 않았다면 무심코 지나쳤을지도 모를 내용이었다. 나는 "별로 새로운 얘기도 아니네. 이런 일은 나도 여러 번 해 봤는데 말야"라는 말과 함께 다음 기사로 넘어가려다가 그래도 끝까지 읽어 보기로 했다.

나는 그 발행인과 그 칼럼에 대해 토의하면서 고르곤졸라 퐁뒤를 깨끗이 먹어치웠다. 그때 웨이터가 와서 다시 음식을 채워 놓았다. 우리는 그녀가 자신의 칼럼에서 다룬 독특한 방식에 대해 얘기를 나

내 직업을 찾는 마음의 법칙

넜다. 교통이 복잡할 때 다른 사람에게 자리를 양보하는 제스처는 간단한 손짓 그 이상의 의미를 함축하고 있다. 그 제스처를 통해 당신은 타인에게 개방적인 사람이 될 수 있고, 꼼짝달싹 못하는 자동차에 갇혀 있든 아니든 그들 모두와 연결되어 있다는 느낌을 갖는다. 그녀는 가끔 지나치게 가까이 연결되었다는 느낌이 들 때도 있다고 한다. 한번은 한 남자가 너무도 갑작스럽게 끼여드는 바람에 그의 차 뒷부분과 충돌할 뻔했던 경험을 회상하면서, 빙긋이 웃으며 "불현듯 남편의 모습이 떠오르지 않았던들 나는 일부러 큰 사고를 냈을지도 모릅니다"라고 말했다.

차를 몰면서 서로 양보하는 제스처는 기본적인 예의이지만 단순한 손짓 이상의 의미를 담고 있다. 그것은 당신 내면의 깊은 곳과 소통을 위한 마음의 개방이고 날마다 당신이 베풀어야 할 것을 깊이 인식하는 계기이다. 더 많이 베풀라는 초대이고, 일터에서 …… 가족에게 …… 친구에게 …… 공동체 안에서 이와 비슷한 제스처를 취하라는 초대이다. 또한 사회환원을 위한 더 많은 기회를 발견하라는 초대이기도 하다. 이제 그 다양한 방법에 대해 알아토자.

조언자

한 방법은 조언자가 되는 것이다. 호머의 오디세이에서 멘토르는 율리시스가 트로이 전쟁을 승리할 수 있게 도움을 주었던 충실한 조언자였다. 오늘날에도 그 의미는 변함이 없다. 율리시스처럼 대부분의 사람들이 반드시 승리해야 하는 전쟁을 치르는 것은 아니다. 그렇다해도 다른 이의 스승, 조언자, 후원자, 안나자가 되어 정신적인 도움을 베풀거나 자신의 경험을 나누어 줄 수 있다.

폴처럼 공식적인 조언자 역할을 할 수도 있다. 폴은 하이테크 수석 관리자로서 신입사원들에게 회사를 안내하는 역할을 맡고 있다. 30년 이상의 경력을 살려 젊은 소프트웨어 디자이너들에게 기술의 변화에서부터 회사의 규약에 이르는 모든 것을 안내한다. 아니면, 학습지도 프로그램에 가입하여 토요일 아침마다 초등학생들에게 수학을 지도해 보라. 리는 이런 일을 이미 몇 년 동안 하고 있다. 아니면 나의 화가 친구 낸시처럼 도시 빈민가의 지역 센터에서 미술을 강의해 보라.

엔지니어로 일하는 흑인 가쓰는 고등학교를 방문하여 비공식적으로 아프리카계 미국인 고등학생들을 만나고 있다. 그는 이들이 직업의 세계에서나마 유리한 위치를 점할 수 있기를 바라고 있다. 가쓰는 남부지방에서 성장한 자신의 배경, 대학생활, 여러 직장에서 인종차별에 대항하여 투쟁했던 애기, 45세에 컴퓨터 분야에서 박사학위를 취득한 애기 그리고 지금은 포춘지 선정 500대 기업에 드는 직장에서 좋은 위치를 차지하고 있다는 것들을 솔직하게 털어놓는다. 그는 학생들에게 대학에 진학해서 인생의 목표를 설정하고, 노동력을 제공하는 것에 대해 자랑스럽게 생각하라고 권고한다. 그렇게 대화가 마무리되면 자신의 명함을 그들에게 건네준다. 혹시라도 개인적인 조언이나 지속적인 지원이 필요한 학생들을 위해.

그는 왜 그런 일을 하는 걸까? 그는 "현실은 무척 냉혹합니다. 그들 중 한 명이라도 내가 겪었던 어려운 시간들을 다시 밟지 않게 할 수 있다면 그 자체로 가치 있는 일이죠"라고 말한다.

같은 분야에서 일하는 누군가 우연한 기회에 당신을 지명하여 조언자로 일할 수도 있다. 나 역시 그렇게 조언자가 되었다. 제안이나 편집자 주석을 부탁하기 위해 또는 고민을 털어놓기 위해 나를 정기적으로 찾아오는 몇몇 작가들이 있다. 그들 중 한 명은 나를 "코치"라고 부른다. 그는 의문이 있거나, 기분이 좋거나, 그의 표현대로 '출판계의 우울증'이라는 것이 발생하면 나에게 전화를 건다. 과거에 다른 작가들이 나의 고민을 들어줬던 것처럼 나도 전력을 다해 그들의 고민을 들어준다. 그리고는 내가 즐겨 사용하는 말을 들려준다. "출판은 대단한 일이죠", "출판은 정말 골치 아파요", "무조건 밀어부치세요." 이어서 나의 조언자들이 나에게 전해 준 유산을 다시 하나하나 그들에게 전해 준다.

- "작업을 발송하기 전에 완벽하게 마무리했는지 확인하십시오."
- "마지막 원고가 돌아오기를 기다리는 동안 모든 활동을 중단한 채 우편함 곁에 죽치고 있지 말고 새로운 프로젝트에 관심을 집중하십시오."
- "편집자들에게 고마운 마음을 가지십시오. 그들은 당신의 원고인 보기 좋은 검은색 드레스에 은행잎 스카프를 두르거나 금빛 벨트를 하라는 등의 조언을 아끼지 않습니다. 그리고 당신의 소매에 주름이 가지 않았는지 슬립이 내비치지 않는지 꼼꼼히 살펴보고, 당신이 흥분 상태에서 음식을 드레스에 묻히지는 않았는지 항상 점검해 봅니다. 그들은 당신이 최고가 되기를 바라고 있습니다. 그렇기에 당신의 감사를 받을 만한 자격이 충분한 이들입니다."

나는 이런 지혜를 나눌 때마다 타인에게 하는 조언은 나를 위한 조

새로운 영감을 찾아서

언이기도 하다는 것을 기억한다. 로마의 철학자 세네카의 말처럼 가르치면서 배우는 것이다. 당신이 알고 있는 것 그리고 당신이 알아내야 할 것을 항상 살펴보라. 당신의 능력과 한계를 더욱 명확히 알 수 있을 것이다. 비록 당신이 단지 아이디얼 마켓에 갔다가 되돌아온 것 같은 느낌을 받는다 해도, 현재 당신이 어느 지점에 있는지 그리고 얼마나 멀리 왔는지 항상 깨어 의식하라. 조언은 당신이 어디를 가는지, 작업능률을 높이기 위해 어떤 일을 해야 하는지에 대한 감각을 키워줄 것이다. 따라서 당신이 조언을 할 때는 당신이 받은 것을 세상에 환원하는 것이고 또한 당신 자신에게 베풀고 있는 것이다.

당신의 후원자에게 환원하라

또 하나의 환원 방법은 당신의 삶과 작업에서 지원을 아끼지 않았던 이들에게 감사하는 마음을 전하는 것이다. 당신이 데드라인에 쫓기고 있을 때 당신을 위해 밤마다 버마 음식을 가져다 준 후원자에게 감사하라. 칠레 거미가 담긴 카탈로그를 제작하기 위해 카피라이터가 필요했을 때 당신을 기억해 준 이전 직장의 동료에게 감사하라. 현재 당신의 작업이 훨씬 원활하게 진행될 수 있도록 정기적으로 도움을 준 당신의 삶의 동반자들에게 감사하라. 이제는 당신이 그들에게 무엇으로 보답할 것인지 생각할 때이다.

당신이 나와 비슷하다면, 그들의 이름을 적은 리스트가 아마 화성까지 이를 것이다. 아마 그들 중에는 몇몇 화성인도 포함되어 있지 않을까. 어쨌든 그 리스트에는 고용주, 동료, 배우자, 자녀, 부모, 친구, 스승, 학생, 독자, 영적 지도자 등의 이름이 오를 것이다. 캐롤은 고등학교 시절 내게 도움을 줬던 작가이다. 나는 20여 년 가까이 그녀와 연락을 취하고 있다. 레니는 내게 헤르만 헤세와 에인 랜드를 소개했던 러시아의 예술가이다. 한번은 다리미에 불이 붙었을 때 내가 가장 아끼는 드레스를 안전하게 보호해 주었다. 내가 최근에 쓴 책을 구입하기 위해 먼길을 나섰던 나의 종조모 또한 잊을 수 없다. 그녀는 97세로 분명 임시 고용직에 관한 정보가 필요한 나이는 아니었다. 이 작업을 하면서 얼마나 많은 사람이 당신의 리스트에 오르는지 확인해 보는 것은 놀라운 경험이 될 것이다.

친구 앤은 콜로라도에 있는 이전 직장 동료들에게 그녀가 거주하는 캘리포니아의 신선한 아몬드와 꽃을 보내 자신의 감사한 마음을 전한다. 피터는 종종 고용주에게 편지를 쓰고 참고자료를 보내거나, 이전 직장의 상사와 점심을 같이 하기도 한다. 샌디는 임시 관리자를 위해 그의 이력서를 교정해 주었다. 그는 직장을 바꾸기 전에 샌디에게 많은 수익이 보장된 기술관련 업무를 소개했었다. 그가 정당한 대가를 지불하려고 했지만, 그녀는 그를 위해 무엇인가 보답할 수 있는 기회를 가진 것만으로도 흡족해 했다.

내가 애정을 느끼는 이야기 중의 하나는 한 변호사가 자신의 후원자 리스트에 가장 먼저 아내를 기록했다는 것이다. 결혼 초에 아내는 그를 법대에 진학시키기 위해 자신은 학교를 휴학했다고 한다. 그녀는 남편의 변호사 공부를 돕다가 그가 새 사무실을 내고 안정을 찾자 다시 학업을 시작했다. 남편이 확고한 기반을 다지고 나서야 비로소 그녀는 학위를 취득하기 위해 다시 학교에 등록했다. 그는 아내가 자신을 위해 바쳤던 30년 전의 희생을 여전히 감사한 마음으로 기억한다. 그래서 아침마다 자신의 법률 사무실에서 잠깐 휴식을 취할 때면 아내의 스튜디오에 사랑의 팩스를 보내거나 전화를 걸어 그녀가 자

새로운 영감을 찾아서

신의 가장 소중한 파트너라는 사실을 상기시킨다. 그에겐 하루하루가 환원을 위한 날이다.

더 큰 공동체에 환원하라

공동체에 환원하는 방법은 수없이 많다. 그 수를 헤아릴 수 없을 정도이다. 당신 책상의 주 통제 센터에서 버튼을 누르거나 레버를 당기거나 종을 울리거나 호각을 불어보라. 보라. 그 즉시 해답이 나타날 것이다.

- 많은 비영리단체에 기부금을 대신 전달하는 에이전트나 자선단체에 매주 또는 매월 기부금을 자동이체 하라.
- 회사에 공동체 조성을 지원하는 결연 프로그램이 있으면 거기에 지원하라. 친구 호프는 회사의 지원으로 맺어진 필하모니 공동체에 기부금을 보내고 있다.
- 동료들과 함께 음식을 수집하여 지역의 무료급식소에 기증하라.
- 동료들의 중고물품을 수집하여 여성의 쉼터나 특수아동단체 또는 상이용사단체에 기증하라.
- 동료들에게 걷기 대회나 자전거 대회의 후원을 부탁하여 근육장애, 암, AIDS 등의 연구기금을 마련하라.
- 회사가 공동체 행사를 후원하도록 유도하라. 그러면 사원들은 하루를 정해 주택을 수리하거나 보도를 보수하거나 공동체 지역의 쓰레기를 처리한다. 한 생체공학관련 회사는 1년에 이틀은 이런 행사를 벌인다. 그 행사는 평일에 열리고 그 행사에 참여하는 모든 사원은 정식급료를 받는다.

- 회사가 자원봉사에 참가하는 사원을 위한 보상제도를 실시하고 있다면 자원봉사에 지원하라.
- 동료들의 오래됐지만 쓸만한 물품을 모아 불용품 추렴판매 바자회를 개최하라. 그 수익금은 자선단체에 기증한다.
- 더 이상 사용하지 않는 회사의 사무기기나 가구가 있으면 직업학교나 공동체 프로그램에 기증하라.

또 다른 환원 방법은 자신의 전문기술을 활용하는 것이다. 발레리는 한 달에 한 번 홈리스 쉼터에 가서 무료로 회계업무를 봐준다. 체육교사인 제이는 10대를 위한 단체를 방문하여 레크리에이션을 지도하는 자원봉사를 한다. 어떤 이들은 이보다 한 단계 더 나아가 국가에 도움이 되는 무역이나 기술을 습득한 다음 자신들의 새로운 기술을 활용하여 다시 공동체에 환원하기도 한다.

몇 개의 아이디어를 소개했지만, 아다 당신도 몇 가지 아이템을 갖고 있을 것이다. 그것들을 합치면 공등체에서 일할 수 있는 기회는 더 많아지리라.

어린이를 위한 환원

'일터에 아이들을 데려가라' 는 구호를 들어봤을 것이다. 그러나 나는 아이들이 생계에 대해 긍정적인 태도를 형성하도록 도울 것을 제안한다. 아이들에게 일찍부터 의미 있는 직업관을 심어 주는 것은 어떤가? 한나에게 이에 대해 의논하자 그녀는 농담조로 받아넘겼다. "아이들에게 공룡모양의 자주색 비타민을 날마다 먹이지 튼튼하게 자라라고. 이건 해당 안 되니?" 해당이 되고 말고. 건강보다 더 소중한 선물이 어디 있겠어? 나는 이렇게 생각했다.

교육사회사업가인 한 친구는 불우한 환경의 어린이가 단 한 사람의 긍정적인 성인에 대한 모델만 갖고 있어도 자신의 삶에서 많은 어려움을 극복할 수 있고 개인적인 성공을 거둘 수 있다고 주장한다. 그녀는 나에게 이런 말을 했다. "불우한 어린이뿐만 아니라 모든 어린이에게 우리가 제공할 수 있는 이점을 상상해 봐. 우리가 그들의 말에 귀기울이고, 그들의 진가를 올바로 인정하고, 자신의 관심사항을 탐구하도록 격려한다면 그들이 어떤 사람으로 성장할 수 있을지 상상해 봐. 이런 일들을 할 때 우리가 세상의 미래에 기여하고 있다는 것을 생각해 봤니?"

한나처럼 기회가 되면 아이들을 일터로 데리고 가서 일에 대한 학습 프로그램과 학업과 일, 학교와 직장을 연계하는 프로그램을 지원하여, 아이들에게 배움과 직업에 드는 시간을 균등하게 분배하는 법을 알려 줄 수 있다. 동시에 우리의 일이 많은 것을 의미하기도 하지만 더욱 중요한 것은 가족과 친구라는 사실을 일깨워 줄 수도 있다.

나의 동료들은 자녀들과 함께 작업하는 것 외에 방과후 프로그램을 통해 자원봉사활동을 한다. 한 상사는 일 주일에 한 번씩 오후가 되면 그의 '어린 친구'와 함께 야구경기를 관람하거나 도보여행을 떠난다. 친구 벅은 어린 시절 도움을 준 여러 체육선생들을 기억하고 있다. 그는 몇 년 동안 초등학생들에게 소프트볼과 하키를 지도하고 있다. 나는 종종 인터넷 채팅방에 들어가서 10대들을 만나 그들의 말을 '들어주곤 한다'. 그들은 나에게 메시지를 보내 자신의 삶에서 일어나는 잡다한 사건을 얘기하고, 때로는 조언을 구하기도 한다. 하지만 그들이 가장 바라는 것은 누군가 관심을 갖고 자신들과 '대화'를

나누는 것이다. 나는 그들에게 성인의 세계를 접할 수 있는 기회를
제공함으로써 사회에 환원하고 있다는 느낌을 갖는다. 또한 나의 삶
에 적용할 수 있는 유익한 것을 그들로부터 배우기도 한다.

조심스런 언행

　나는 항상 조심스런 언행을 통해서도 사회에 환원할 수 있다는 사
실을 스스로에게 상기시킨다. 내가 무슨 일을 하든 어디를 가든 나의
언행은 항상 타인의 일터와 연관되어 있다. 그곳은 버스나 지하철,
슈퍼마켓, 도서관, 도로보수공사중인 복잡한 교차로가 될 수도 있다.
나의 언행(비록 말이나 행동을 하지 않아도)이 그들에게 어떤 영향
을 줄 수 있음을 기억한다. 그들의 일터에서 내가 하는 말과 행동과
태도는 그들의 작업에 영향을 미칠 수 있기에

　한번은 사람들이 북적대는 레스토랑에서 식사를 하고 있었다. 그
때 웨이트리스가 나에게 다가왔다. 그녀는 더 이상 음식은 가져오지
않고, 나에게 재촉하지 않아서 고맙다는 인사를 했다. 깜짝 놀란 나
는 "설마 주문한 식사가 이게 다는 아니죠?"라고 물었다. 그녀는 "아
니에요"라고 대답한 후 그 이유를 설명하기 시작했다. 대부분의 사
람들이 급한 듯이 음식을 빨리 내오라고 요구하고, 주문하는 즉시 음
식이 나오지 않을 때 참지 못하고 불평을 터뜨린다고 했다. 식사를
빨리 마쳐야 다른 일을 할 수 있기 때문일 것이다. 그런 일들은 그 웨
이트리스를 몹시 분주하게 만들고 스트레스를 주기도 한다. 그러나
사람들이 여유를 갖고 주문할 때 그녀는 훨씬 여유 있고 즐거운 마음
으로 일을 한다고 했다. 내가 여유롭게 식사를 하는 것이 누군가의
일에 긍정적인 영향을 미친다는 사실을 이전에는 깨닫지 못했다. 이

런 행동을 통해서도 사회에 환원할 수 있는 것이다.

나의 편집자 친구 역시 이와 비슷한 체험을 했다. 이전에 그녀는 담배를 피웠다. 그녀는 날마다 하루의 일과가 끝나면 재떨이의 내용물을 쓰레기통에 쏟아버리곤 했다. 그녀가 늦게까지 작업을 하던 어느 날 저녁, 경비원이 쓰레기통을 비우기 위해 그녀의 사무실에 들어왔다. 그를 지켜보던 그녀는 깜짝 놀랐다. 쓰레기통에서 이리저리 흩날리던 담뱃재가 그의 얼굴까지 날아들고 있었다. 전혀 생각조차 못했던 일이었다. 그 사건을 겪은 뒤로 그녀는 담뱃재를 조심스럽게 비닐봉투에 담은 후에 그것을 쓰레기통에 버렸다. 그녀는 더 나아가 주변에 '드러내지 않고 일을 하는' 사람들에 대해 생각했다. 사무실을 청소하는 사람들, 눈을 치우는 사람들, 고장난 것을 수리하는 사람들은 눈에 드러나지 않으면서 참으로 중요한 일을 하는 사람들이다. 그녀는 자신의 신중한 언행이 사회환원이라는 관점에서 볼 때, 그들에게 힘이 될 수도 있다는 결론을 내렸다.

때로는 누군가가 자신의 일감을 들고 직접 우리를 방문하기도 한다. 책 외판원이 현관문을 두드리거나 텔레마케터가 전화를 걸어오는 경우가 그렇다. 우리 삶의 울타리 안에 무례하게 침입해 들어와서 물건을 사달라고 요구하는 이들의 행위를 반길 사람은 거의 없을 것이다. 그러나 이들 역시 우리와 같이 생계를 위해 애쓰고 있다는 사실에 동의한다면, 이들을 친절하고 기쁜 마음으로 맞이할 수 있을 것이다. 오직 생계를 꾸리기 위한 노력에서 어둡고 차가운 현관문 앞에 서 있어야 하는 느낌이 어떤 것인지 상상해 보라. 이제 문 밖으로 한 발 더 나아가서 그들을 맞이해 보자. 나에게 이런 전환점의 계기가 된 것은 ESL 강사였던 친구 티나가 자기 분야에서 직장을 구하지 못

내 직업을 찾는 마음의 법칙

해 텔레마케터로 나서야 했던 사건 때문이었다. 이제 나는 불필요한 전화를 받을 때마다 이 사람도 생계를 위해 노력하고 있는 것이라고 생각한다. 나의 친구 티나처럼. 그 사람 역시 생존을 위해 노력하고 있는 것이다. 바로 나처럼.

*

언젠가는 이러한 언행이 우리가 베풀어야 할 최고의 선물이 될 것이다. 전화를 건 책 외판원에게 친절을 베푸는 것, 나의 담뱃재가 다른 이의 얼굴에 날리지 않게 하는 것, 복잡한 교통체증 속에 다른 이에게 자리를 양보하는 것. 언젠가는 이런 언행을 통해 가장 친절한 사람으로 변모된 자신을 발견할 것이다. 한 동료가 한번은 나의 친구 닉에게 이런 말을 했다고 한다. "너는 사람을 정말 편안하게 해줘. 자신만만하고 당당하고 ……. 네 옆에 있다는 것만으로도 활력을 느낀단 말야."

언젠가는 우리 삶의 단순한 사건에 감사하는 마음만으로도 충분히 사회에 환원한 것이 될 것이다. 한 친구는 컵으로 물을 마실 때마다 이렇게 말한다. "내가 본 중에 최고의 컵이야." 농담으로 하는 말이 아니다. 그녀는 진심으로 우러나서 하는 말이다. 그녀가 찬물을 입가에 갖다대는 순간은 정말 감동적이다. 그녀가 물을 한 모금 맛보는 것은 당신이 온 세상만물에 감사하는 것과 동일한 행위인 것이다. 이러한 행위를 통해 이미 당신의 삶은 사회 환원 운동에 가담하고 있는 것이다.

일을 초월하여 성장하라

내가 마지막으로 하고 싶은 말은 작업 마무리에 대한 것이다. 3년을 끌어오던 이 책을 마무리지을 때가 가까워오니까 자연스럽게 이 주제가 떠올랐다. 장기간의 프로젝트가 종종 그런 것처럼 이 작업 역시 참으로 긴 여정이었다. 한편으로 순례자와 같은 느낌도 들었다. 나는 지금 수많은 질문에 시달리고 있다. 다음 프로젝트로 넘어갈 때 수많은 가능성 중에 어떤 것이 나에게 모습을 드러낼까? 다른 작업에 몰두하는 동안 그 가능성은 나를 어느 곳으로 인도할까? 나는 엘리베이터 안에서 어떤 인물을 만나게 될까? 어떤 산을 오르게 될까? 나의 새로운 상황은 가능성이 있을까?

이런 질문들을 진지하게 고려하는 동안 광야의 유혹은 내가 이 글을 끝마치기도 전에 서서히 사라져갔다. 그 유혹이란 것은 잠깐 시간을 내서 한두 문장을 교정한 다음, 새로운 가능성을 찾아 큰소리로 떠들고 다니고, 그 결말은 사랑스런 독자의 의견에 맡겨버리라는 것이었다. 조금은 무책임하게 들릴지 모르지만 그렇게 나쁜 것도 아니지 않은가? 어쨌든 직업의 신이 제아무리 탁월한 지혜를 선사하더라도 결국 우리는 작업의 결말과 대면해야 한다. 분명 우리는 그 지혜

로부터 배울 점이 있다. 그러나 궁극적으로 그 일을 마무리지을 사람
은 우리 자신인 것이다.

이 책을 끝내기 위해 이 장을 마무리지어야 한다는 것은 부인할 수
없는 사실이다. 나는 《아날로그 산》이란 책을 읽은 적이 있다. 그 책
은 문장 중간에 쉼표를 찍어 결말을 짓고 있었다. 그 책의 저자 르네
도말은 이에 대한 합당한 이유가 있었다. 책을 쓰는 동안 죽음을 맞
았던 것이다(그 당시 나는 '죽음의 쉼표' 라는 용어가 가장 어울린다
고 생각했다). 그러나 작업을 진행하면서 그런 느낌을 받기는 하지만
우리들 대부분은 르네와 같이 작업을 끝마치기 전에 죽음을 맞지는
않는다. 계약을 완수하기 위해 작업시간 내에 일을 마무리해야 한다.
마지막 문장을 깔끔하게 정리하고, 완벽한 마침표로 일을 끝내야 한
다. 그 후 다음 작업에 착수한다. 책이든 프로젝트이든 어떤 일을 맡
았든 간에 최선을 다해 완벽하게 결말을 맺어야 한다. 그것은 의무를
완수하거나 정상에 오르기 위해서이고, 우리의 순례를 끝내기 위해
서이기도 하다. 그리고 해낼 수 있다고 믿는 우리의 깊은 내면과 만
나기 위해서이고, 일을 통해 외부세계와 우리를 연결해주는 공간을
만나기 위해서이기도 하다.

아마 당신은 "시작이 작업에서 가장 중요한 부분이라면 결말은 그
다지 중요한 것이 아니지 않은가?" 하고 의아해 할지도 모른다. 정확
히 핵심을 찌르는 질문이다. 시작이 우리의 작업에서 가장 의미심장
한 부분이라면 그 결말은 그보다 중요하지 않다는 것이 정확한 논리
이다. 그러나 결말은 곧 시작이라고 할 수 있다. 왜냐하면, 결말을 통
해 다음 단계를 시작하는 하나의 사이클이 완성되기 때문이다. 결말
은 다음 가능성을 기쁘게 맞이할 수 있는 단계를 자연스럽게 인도한

다. 그리고 우리는 삶과 일이라는 사이클을 지속한다. 항상 시작이 있으면 끝이 있고 다시 시작이 돌아온다.

존 스타인벡은 이런 말을 했다. "인간은 우주의 삼라만상과 달리 자신의 일을 초월하여 성장하고, 자신의 개념의 계단을 따라 오르고, 자신의 업적에 앞선 존재이다." 나는 이를 처음 접했을 때 이 글이 담고 있는 이면의 세계에 정신없이 빠져들었다. 그 말은 수많은 선택사항을 담고 있고, 인간은 서로를 이끌면서 앞으로 전진하는 존재라는 인식을 강하게 일깨우기 때문이었다. 실제로 우리가 어쩔 수 없이 끌려가는 상황이 아니라면. 그렇다. 우리는 끌려가는 것이 아니다. 우리는 매 단계마다 삶을 창조하면서 우리 스스로 이상을 향해 외부로 나아가는 것이다. 우리는 삶을 만들어 가고 있다. 비록 가끔은 어느 곳으로도 나아가고 있지 않다는 느낌이 든다 해도 우리는 우리의 업적보다 또한 우리 자신보다 앞선 존재인 것이다.

정체되어 있다는 생각이 드는가? 이 책을 쓰고 있는 동안 나도 그런 경험을 했다. 나는 아주 오랫동안 산밑자락으로 미끄러지고 있었다. 다시 앞을 향해 나아갈 수 있을 것 같지도 않았다. 초안은 거의 완성 단계에 있었지만, 그 초안을 다시 작업했다. 갑자기 몰려온 두려움, 한계 같은 사나운 짐승과 한바탕 싸움을 벌였다. 머리위로는 수천 마리의 대머리독수리가 날아다니고 있었다. 모든 상황이 충격 그 자체였다. 글쓰기 작업이든 다른 프로젝트이든 지금까지 나의 작업은 큰 무리없이 순조롭게 진행되었는데 이런 경험은 처음이었다. 나만이 알고 있는 '주문'을 외우면 마치 마법처럼 글쓰기 작업이 저절로 이루어지곤 했었다. 이처럼 나 스스로의 힘으로 해결할 수 없는 상황은 거의 겪어보지 못했다. 작업을 방해하는 것은 나 자신이 아닌

다른 존재가 그 원인이었다.

발레리는 내가 이전에 한 것은 진정한 글쓰기가 아니었고, 나의 깊은 내면을 진지하게 들여다보지 않았다고 조심스럽게 조언하였다. 그녀는 내가 나의 일 속에서 성장하지 못했다고 했다. 그렇다면 어떻게 일을 초월하여 성장할 수 있을까? 그녀는 나에게 참으로 소중한 조언을 아끼지 않았고, 나의 내면의 싸움을 하나의 교훈으로 생각하라고 했다. 그것은 독특한 방식으로 사건들과 결합된 나의 자아가 이제 그 무거운 짐을 벗어버릴 수 있는 기회라고 했다. 그리고 지금은 모든 작업을 제쳐두고 나의 관심을 필요로 하는 내 삶의 소중한 사적인 영역을 돌봐야 할 때라고 했다. 또한 이 모든 사건은 내가 일을 초월하여 성장할 기회라고도 했다.

그 당시 나는 교훈이나 성장에 대해 생각할 정신적 여유가 없었다. 다만 어떻게든 어려움을 모면하고 가능한 한 빠른 시간 내에 다음 프로젝트로 넘어가고 싶었다. 그러나 발레리의 예리한 통찰력에서 나온 폐부를 파고드는 지적을 나는 끝내 인정하고 받아들여야 했다. 그리고 다시 마음을 가다듬고 그간 공들여 작업했던 수많은 단어를 깨끗이 지워버린 다음 산밑자락부터 다시 등산을 시작했다.

일전에 들었던 일본 사찰의 한 고승에 대한 이야기가 생각난다. 그 스님의 이름은 텐조였다. 그는 수십 년 간 사찰의 모든 이를 위해 날마다 음식을 마련했다. 사람들이 그에게 당신이 하는 일의 어떤 점이 좋은가 하고 물으면 그는 어제 제대로 준비하지 못했던 것을 오늘 정성껏 마련하는 데서 기쁨을 찾는다고 했다. 나는 그 이야기에 무척 감명을 받았다. 내가 책을 쓰든, 강의를 하든, 잡지 기사를 편집하든, 봉투를 채우는 일을 하든, 그 스님의 원칙을 나의 작업에도 적용할 수 있으리란 생각이 들었다. 그래서 나는 날마다 나의 노력에 관심을 기울이고, 나의 능력을 한곳에 집중함으로써 전날보다 더 나은 하루의 작업을 준비할 수 있었다.

또 하나의 성장은 당신이 세상을 바라보는 관점에서 일어난다. 이 성장은 알츠하이머병을 앓고 있는 가까운 친구와 함께 한 지난 몇 년간 나에게 너무도 명확하게 드러났다. 나는 그 병이 그녀의 삶의 단편들을 하나하나 앗아가는 것을 지켜보았다. 그녀는 이제 겨우 50대이지만 더 이상 사진작업을 하거나 요가를 가르칠 수 없다. 차를 운전하는 법을 기억하지 못했고, 간단한 산술능력도 깨끗이 사라져버렸다. 그러나 친구와 간병인의 도움을 받아 정원을 가꾸는 새로운 방법을 찾아냈고 그림 그리는 일을 새로 시작했다. 비록 알츠하이머병을 앓고 있지만, 그녀는 자신의 일을 초월하여 성장하고 있는 것이다.

우리는 일요일마다 함께 산책을 한다. 가끔 그녀의 의식이 모두 빠져나가기 전에 얼마나 더 함께 산책을 즐길 수 있을지 얘기하곤 한다. 어떤 때는 그녀가 죽음을 맞이할 때 어떤 일이 일어날지 추측해보기도 한다. 여전히 그녀는 현재 남아 있는 능력으로 작업을 추진하고 있다. 변함없이 그녀는 매주 산자락을 바라보며 이렇게 얘기한다. "아직 이 세상에 있으니 우리는 운이 좋은 거죠?" 그러면 나는 그렇다고 동의한다.

참고 문헌

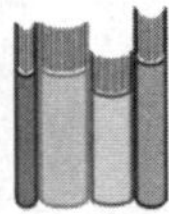

Dalai Lama, A Policy of Kindness: An Anthology of Writings by and about the Dalai Lama(Ithack, NY: Snow Lion, 1990)
달라이 라마, 《친절함의 책략》, 달라이 라마가 자신에 대해 직접 쓴 명문집(Ithack, NY: Snow Lion, 1990)

Daumal, Rene, Mount Analogue(Boston: Shambhala, 1986)
르네 도말, 《아날로그 산》(Boston: Shambhala, 1986)

Dominguez, Joe, and Vicky Robin, Your Money or Your Life: Transforming Your Relationship with Money and Achieving Financial Independence(New York: Viking Penguin, 1992)
조 도밍게즈와 비키 로빈, 《돈인가 삶인가》, 돈을 통한 인간관계의 변화와 경제적인 독립의 획득(New York: Viking Penguin, 1992)

Elgin, Duane, Voluntary Simplicity: Toward a Way of Life That Is Outwardly Simple, Inwardly Rich(New York: William Morrow, 1993)

듀안 엘진,《스스로 택한 검소한 삶》, 외적으로 검소하고 내적으로 풍요로운 삶을 향해(New York: William Morrow, 1993)

Suzuki, Shunryu, Zen Mind, Beginner's Mind(New York & Tokyo: Weatherhill, 1970)
스즈키 순류,《선의 정신》, 초보자의 정신(New York & Tokyo: Weatherhill, 1970)

Trungpa, Chogyam, Shambhala: The Sacred Path of the Warrior(Boston & London: Shambhala, 1984)
초감 트룽파,《샴발라》, 신성한 전사의 길(Boston & London: Shambhala, 1984)

Weil, Simone, Gravity and Grace(London: Routledge & Keegan Paul, 1952)
시몬 베이유,《중력과 은총》, (London: Routledge & Keegan Paul, 1952)

Wing, R. L., The Illustrated I Ching(New York Doubleday, 1982)
R. L. 윙,《그림으로 보는 역경》(New York: Doubleday, 1982)

■ 새로운 세계를 여는 도서출판 물병자리의 책들

누구나 쉽게 배울 수 있는
펜듈럼 길라잡이
시그 론그렌 지음
김태윤 옮김
15,000원(펜듈럼 포함)

움직이는 진동추로 수맥을 찾거나 미래 예지, 기(氣) 측정, 숨겨진 비밀, 건강진단 등을 알아내는 고대로부터 내려오는 기술인 펜듈럼 다우징의 세계를 국내 최초로 소개하는 책이다. 책 속에 부록으로 들어 있는 펜듈럼과 다양한 그림 차트 들을 통해 독자들이 직접 배워서 활용할 수 있게 만든 책이다.

피라미드 에너지
빌 케렐 · 케시 고긴 지음
김태윤 옮김
5,500원

피라미드 에너지란 한마디로 피라미드 모양의 골조나 조형물 안에서 신비롭고 놀라운 에너지 장이 형성된다는 것이다. 이 책은 피라미드 에너지의 발견에서부터 그것을 입증하는 연구 성과들과 실생활에 응용할 수 있는 실험과 방법들을 담고 있는 이 분야의 가장 권위있는 책이다.

밀레니엄의 대예언 1 · 2
존 호그 지음
최환 옮김
각권 8,000원

에드가 케이시, 라즈니쉬, 노스트라다무스, 블라바츠키, 신 · 구약 성서 등 89명의 예언자들의 102가지 원전에서 뽑은 미래에 관한 777가지 투시와 예언이 담긴 예언서의 결정판.다가오는 천년의 무한한 가능성을 적절히 보여주며 지금 우리가 무엇을 어떻게 해야 할지를 역사상의 위대한 예언들을 통해 제시하고 있다.

자본주의의 종말
고철기 지음
7,000원 ·

이 책은 경제학자이자 명상가인 저자가 위대한 인도의 성자 사카르의 비전을 통해 밝힌 미래서이다. 경제 대공황, 물 위기, 식량 위기, 기타 자연적 대변혁으로 20세기말 자본주의는 필연적으로 붕괴하고 그 대안으로 제시된 프라우트와 네오 휴머니즘에 의해 21세기에는 새로운 신문명이 도래할 것이라 예언한다.

카발라
찰스 폰스 지음
조하선 옮김
8,800원

카발라란 비밀의 유대 신비주의를 말하는 것으로 서양 비교(秘敎) 철학 전통의 중심에 있는 체계이다. 국내 최초로 본격 소개되는 카발라의 모든 것을 알 수 있는 책이다. 카발라는 오컬트 및 정신세계 전반을 탐구하는 사람들에게 꼭 한번은 부딪히게 되는 관문으로, 이 책은 최상의 입문서로 권할 수 있다.

로즈웰 파일
필립 J.코르소 · 윌리엄J.번스 지음
최환 옮김
7,800원

1961년 육군 외국기술과장으로 있던 코르소 대령은 뉴멕시코 주 로즈웰에 추락한 외계 인공물들에 대한 모방 공학 프로젝트를 수행하였다. 아직도 공개를 거부하는 로즈웰 파일을 정보의 핵심에서 관리했던 미 국방성 퇴역 대령이 폭로하는 미국 정부의 충격적인 UFO전략.

그대를 변형시킬
새로운 연금술
오쇼 라즈니쉬 강연
김성식 옮김
7,800원

신지학회의 회원이었던 마벨 콜린스의 신비서 《길을 밝히는 빛》에 대한 오쇼 라즈니쉬의 강의록. 오쇼 라즈니쉬의 초기 경전 강의록으로 그의 초기 사상이 고스란히 담겨 있는 책이다. 육체화되지 않은 신성한 존재들의 지혜를 담은 《길을 밝히는 빛》을 오쇼는 깊은 깨달음의 통찰로 명쾌하게 강의하고 있다.

돈을 끌어오는 마음의 법칙
사나야 로만 · 듀엔 패커 지음
주혜명 옮김
7,500원

우주의 모든 만물은 우주의 에너지 흐름에 따르고 있다. '돈' 역시 이 에너지의 흐름을 따르고 있다. 저자들의 영적 안내자들로부터 채널링된 메시지를 통해 서술된 이 책은 명상을 통해 우주의 흐름을 터득해 돈과 부를 얻을 수 있는 방법을 제시하고 있다.

진실만 말하면서 세상을 사는 법
브래드 브랜튼 지음
정현숙 옮김
6,500원

현대인의 마음은 거짓말로 지어진 감옥이다. 이 책은 그 감옥에서 탈출하여 자유를 얻을 수 있는 방법을 제시한다. 게슈탈트 요법의 대가인 저자는 만천하에 자기 자신으로부터 발가벗어 보임으로써 정직과 진실만으로 세상을 새롭게 사는 법을 공개한다. 통쾌하리만큼 과격한 언어로 우리의 의식을 일깨운다.

예언자의 노래
칼릴 지브란 지음
이석태 옮김
4,800원

《예언자》라는 불후의 명작으로 20세기의 단테로 일컬어지는 칼릴 지브란의 작품으로 사랑과 믿음, 명상과 깨달음의 주제로 삶과 영혼을 노래한다. 칼릴 지브란의 언어는 고통과 고뇌의 길고 긴 삶의 여정에서 만나는 맑고 투명한 샘물처럼 우리의 영혼을 적신다.

히란야 에너지
야마다 다카오 · 데바 히데오 지음
한준호 · 안홍균 옮김
6,800원

'히란야'라는 말은 산스크리트어로 '황금'을 의미한다. 육각형의 별 모양에서 발생하는 이 놀라운 에너지는 인류 문명의 새로운 전환을 가져 올 실마리이다. 이 책은 피라미드 에너지에 이어 또다른 과학 혁명을 가져 올 히란야 에너지의 실체를 밝히며 무한한 우주와 우리의 정신세계를 사로운 시각으로 펼쳐 보인다.

민정암의 기
민정암 지음
15,000원 (CD포함)

국내 최고의 기공사 민정암 선생이 전하는 氣의 원리와 태극기공의 모든 것. 이 책은 건강과 행운을 가져오는 강력한 氣가 흐른다. 그리고 민정암의 살아 있는 氣가 담긴 CD가 책 속에 들어 있다. 200여 장의 그림이 실려 있어 누구나 쉽게 氣와 氣功의 원리를 배울 수 있다.

베일 벗은 천부경
조하선 지음
15,000원

천부경에 대한 완전한 입체적 해석이 담긴 이 책은 삼일신고, 다물 홍방가, 도덕경, 팔괘 등을 천부사상에 입각해 풀이하고 있다. 그리고 그 전체적 조감을 위해 전세계의 종교 · 신화가 총망라되었다. 이 한권의 책에서 우리나라 상고철학과 인도 중국 등의 동양철학과 서양의 에소테릭, 오컬트 철학이 유기적으로 통합된 것을 만난다.

성공을 끌어오는 마음의 법칙
쉬브 케라 지음
백지연 옮김
7,800원

세계적 경영 컨설턴트인 쉬브 케라가 세계 여러나라의 유수한 기업 및 정부기관에서 교육했던 내용들의 에센스이다. 이 책의 가장 큰 장점은 읽기 쉽고 상식적이며 실질적이라는 점이다. 쉬브 케라가 인용하는 글들은 재미있고 감동적이며 또한 독자로 하여금 공감과 의욕을 불러오게 한다.

밥 따로 물 따로 (까치)
이상문 지음
(근간)

그동안 수많은 사람들 사이에 입에서 입으로 전해져온 '음양감식조절법'의 모든 것을 담은 책. 저자의 음양감식조절법은 난치·불치병 환자들에게 기적과 같은 치유를 보여 왔다. 소문 없는 베스트셀러였던 저자의 책들을 한권에 담으면서, 보다 알기쉽고 상세하게 재구성한 책이다.

타로카드 (까치)
줄리엣 샤만 지음
주혜명 옮김
(근간)

국내 최초로 공개되는 타로카드의 모든 것. 서양 점술의 핵심으로 오컬트 및 신비주의 근원을 이루는 타로카드는 단지 점술(占術)의 차원이 아니라 중요한 신화학적 인문학적 가치를 지닌다. 직접 타로카드로 점을 칠 수 있도록 최고급 카드가 별책부록으로 들어 있다.

명당 만들기 (까치)
설영상 지음
(근간)

수맥·지기를 잘 알고 다스릴 줄 알게 되면 누구나 명당을 만들 수 있다는 것을 보여주는 책이다. 과거에는 풍수가가 명당을 찾아서 양택이나 음택을 삼았으나 현대에는 자신이 살고 있는 곳을 명당으로 만들어서 살아야만 하는 실정이다. 따라서 이 책은 자기 스스로 명당을 만들어 건강과 행복을 찾는 방법을 일러 준다.

숨겨진 예수 (까치)
콜린 드 실바 지음·김철호 옮김
(근간)

예수의 2세부터 30세까지의 생애는 아직도 밝혀지지 않는 수수께끼이다. 이 책의 저자는 독일에서 명성을 떨치는 작가로 중근동과 소아시아 역사와 문헌에 정통하다. 이 소설은 성서에 나오는 동박박사로부터 이야기의 실마리를 풀어간다. 긴박감과 재미는 물론 해박한 지적 모험을 함께 할 수 있는 웅장하고 멋진 소설이다.